载欣载奔

过一过中国人的好日子

薛仁明——主编

中华书局

图书在版编目(CIP)数据

载欣载奔:过一过中国人的好日子/薛仁明主编. —北京:中华书局,2024.8. —ISBN 978-7-101-16745-0

Ⅰ.K203

中国国家版本馆 CIP 数据核字第 2024R9R988 号

书　　名	载欣载奔:过一过中国人的好日子	
主　　编	薛仁明	
封面题字	杜忠诰	
策划编辑	李　猛	
责任编辑	杜艳茹	
特约编辑	徐　涛　潘艳丽	
封面设计	周　玉	
责任印制	管　斌	
出版发行	中华书局	
	(北京市丰台区太平桥西里 38 号　100073)	
	http://www.zhbc.com.cn	
	E-mail:zhbc@zhbc.com.cn	
印　　刷	三河市中晟雅豪印务有限公司	
版　　次	2024 年 8 月第 1 版	
	2024 年 8 月第 1 次印刷	
规　　格	开本/920×1250 毫米　1/32	
	印张 10½　插页 6　字数 180 千字	
印　　数	1-10000 册	
国际书号	ISBN 978-7-101-16745-0	
定　　价	68.00 元	

本书编委会

主　　编：薛仁明

执行主编：管维莹

编　　委：王　冠　过菊英　吴　篁　杨秋丹

孩子给课堂里的"天地君亲师"牌位上香。学习做弟子，涵养心中的敬意，是中国人的早教。

家族三代全家福。(《忆父亲》)

浙江奉化泰清寺国际灾童教养院的手绘图。(《忆父亲》)

母亲常年劳作的手，慢慢拍打着我的脚背、脚底、小腿肚子，仔仔细细的，好像我还是小时候玩沙子的小女孩。（《夹缝中悠游》）

千百年来，中国人典型的生活方式是礼乐生活。

在被忽略的戏曲里，看到中国人该有的样子。

无锡热闹的舞龙现场。

村子里的婚礼，土气的背后有着和气、喜气，生生不息，让人喜悦。
（《有村子，就有明天》）

行走的风景。

有孩子出生，大家把家里的旧被单剪下一块，做成一条百家被。一条百家被，二十多人要做一天。在这一针一线的光阴里，藏着大娘大姑们的满满心意。

上海的同学展示端午期间收到的小礼物——香囊。

建水古城是一个让人向往的地方。图为书有"天清地宁"的牌匾。

序

仿佛若有光

岁次癸巳，2013，我在台北书院开课。底下一群"学霸"，有教授，有博士，还有不少台大毕业生。平均五十多岁，比当时的我还年长。他们上课很认真，既专注又肯思考，我备课也用心，觉得与这群"高知"上课，很能够"教学相长"。四年后，讲课记录付梓，书名《天人之际》。

甲午年，2014，北京辛庄师范开课。这是在大陆上课的嚆矢，至今，十年了。当时的学生比台北的学生年轻了一二十岁，但他们上课同样认真，我备课也一样用心。因此，讲课记录几年后也在两岸先后出版了，名曰《乐以忘忧》。

可事实上，当时上课的效果并不好。

既然师生都用心而认真，讲课内容还能出版成书，为什么又说"上课效果不好"呢？

一句话：人没啥变化。

至于为什么没啥变化，可笑当时已惘然，我是真没弄明白。虽然，我知道要当"人师"而非"经师"；也自觉谈"生命的学问"，传授的是"道"，而非仅仅国学"知识"；甚至，都已目睹了学生时不时恍然大悟、深有触动。可是，为何却没啥明显变化呢？

后来，有意无意之间，自觉或不自觉，课堂有了调整。我不再让学生提问，也不再那么在意学生聪不聪明，甚至也不太关心他们悟性高或不高，而是开始关注个别与整体的气息。过了几年，无意间又读了《庄子》说的"无听之以耳，而听之以心；无听之以心，而听之以气"。才明白了问题的症结。

原来，台北课堂算是"听之以耳"，从耳朵通大脑，这是擅于思考的"高知"的长项。而后大陆各地课堂开始有了更多的触动、感动、心有戚戚焉、恍然大悟等，则更多是"听之以心"；全世界的宗教、现在很流行的"身心灵"、乃至于宋明的陆王（陆象山、王阳明）传统，都可算是"听之以心"。

但中国文明的主流，尤其礼乐文明，重点却在"听之以气"。

于是乎，我上课的重心渐渐从经典的讲解、动辄高谈儒释道，转移到每个人都可以具体实践的礼乐文明。礼乐文明背后固然有一套完整的思维模式，但重点则在于一整套完整的行为模式。礼乐文明很难"坐而论道"，必然是行动的、实践的。只有在行动里、实践中，才会产生所谓的气息，也才能够"听之以气"。因此，我概念说得少了，具体的例子说得多了；内心探索变少了，真实故事变多了；伟大的事儿少了，平凡的人儿多了；干货少了，水货多了。而且，干货、水货还常常混在一起，庄重与戏谑也搅成一团，学生变得不太有办法记笔记（更多是压根没打算要笔记），甚至，他们都不太知道怎么转述这种汤汤水水的课到底上了啥？

如此混在一起、搅成一团，好之者，固可美其名为阴阳虚实、一气周流；恶之者，自然也可以訾议成大杂烩、一锅乱炖，简直不知所云。但不管如何，关键是：上课的效果的确变好了；换言之：学生开始有变化了。

这些变化，有时是目睹了，有时则是听闻到的。某些学生会笑了、脸放松了、变亮堂了，这应该是属于流行语所说"肉眼可见"的范畴。至于某些学生堵点慢慢打通、郁结逐渐散开、生命变得厚重，或者具体到譬如夫妻关系改善了、孩子像样了、婆媳之间融洽了，这些貌似家长里短、婆婆妈妈却实则是礼乐文明的最核心，凡此，有些是听学生聊起的，有些是课堂上听学生分享报告的，另外，还有一些则是他们写成了文章，而后在《我心安处 天清地宁》公众号发表的。

如今，文章成书。全书的内容参差，文字也谈不上讲究。至于文章的真假与虚实、究竟有几分可信，凭读者如炬之目光，自然分辨得了，就毋庸赘言了。我想说的是，书中的作者们倘使真有那么一些变化，无非是沾了咱们老祖宗礼乐文明的光。礼乐文明是当下中国人精神层面譬如信仰、教育、家庭、婚姻等问题的最佳解决方案。过去，礼乐文明让我们的祖宗气息绵长、延亘数千载；未来，礼乐文明也可以让我们的子孙生生不息、信实安稳。这些文章只是最初阶的实践报告，刚刚起步，离真正的礼乐文明当然路途迢遥。但只是这初初几步，已让人隐隐感觉有种明亮，前面，仿佛若有光！

甲辰年（2024）端午，薛仁明于上海

目　录

卷三　戏曲里的教化

卷四　重建人世好风景

卷一

老家的养料

十里洋场的土包子

胡兴旺

一

我生长在山西黄土高原的一个村子里。

小时候，最大的梦想就是进城。城里多好啊，有汽车，有楼房，有电影院，有自由市场，车水马龙的，热闹。村里太小，放不下我。村里太土，又脏又破。城里洋气，那才是我要去的地方。当我考上大学，到了沿海城市大连，终于离开了又土又破的老家，第一次看到了海。我觉得世界好大，好开阔，真是"天高任鸟飞，海阔凭鱼跃"。

在大连混了十一年，"跑路"到了大上海。由于工作的关系，经常陪洋人到一些"洋气"的场所。外滩的夜店，新天地的酒吧，衡山路的舞场，陆家嘴的景观餐厅……我完全够得上专业导游水平了。去过的，我都会特意存下电话号码，有客人或外地的朋友过来，我就带他们到那些地方玩，让他们也体验一把大上海的味道。东方明珠，我累计上去过三十多次，一度连那些导游们的解说词，我都背熟了。每次陪老家来的朋友吃饭，看到他们啧啧赞叹大上海的"洋"气、"抱怨"宝莱纳的一杯啤酒都要八十块钱时，我的内心就升腾起一种快感。那种快感似乎是在昭告世人："咱村里人终于进城了。""再来一杯！""我干了，您随意！"爽！

然而，土人就是土人，即便是生活在大都市，穿上西服，也还是个土人。每次打领带，我都觉得有种要"上吊"的感觉，浑身不自在。我身上那个"土"是来自骨子里，是流在血液里的"土"，难以改变。

二

在外漂泊三十多年，我对各地的饮食都基本适应，但骨子里还是喜欢山西的面食。十几年前，在上海的山西餐馆很少见，味道也不纯正。有一天，我突然在南京路附近发现了一家叫"三晋春秋"的家乡菜馆，味道比较正。我如获至宝，每隔一段时间，就乘公交车一个多小时，到南京路吃碗"剔八姑"（老家的一种面食），再美滋滋地坐车回去。一个来回，半天就过去了，但我觉得很值！如果长达半个月没去吃碗面，总觉得肚子里的肠肠肚肚没有安顿好。

我的工作相对自由，忙起来需要好些天连着转，不忙的时候好几天没什么事。有空时我喜欢漫无目的地闲逛，在上海的老弄堂里瞎转悠，看那里的老人们打牌，小孩们在狭小逼仄的过道里玩，或者找个路边的茶房看书，甚至干坐着发呆。

在许多朋友眼中，我这个人有点"怪"，不可理喻，是典型的"不务正业"。身边的许多朋友不断地打拼，赚钱，换工作，换房，换车，换身份，我却始终对这些事情提不起兴趣。有朋友一直误以为我赚了很多钱。"赚够了钱"，闲得无聊才有资格"不务正业"的。其实这是天大的误会，我比身边的大多数人都穷，我只是难以脱离"缸里有米就能睡着觉"的农民心态。就像我老家的农民，"今年收成不好，还有来年"，这样的心态让人心很安定。让我去琢磨跑几个客户，开发点新业务，赚更多的钱，换房换车，我是断然不会的。

我特别怀念老家的农民蹲在门口大树下抽旱烟的场景。我不知道我为什么要赚更多的钱，总觉得钱够用就可以了，我对于金钱和物质的欲望不强烈。就像我老家村里的农民，除了春天播种，夏天除草，秋天收割，和一些婚丧嫁娶、生老病死的事情，有大把的时间"无所事事"，聊天、走亲戚、晒太阳。我觉得农民的生活才是真正的"过日子"。老婆赚钱比我多，对我赚钱的期望值不高。抛开我早些年"逃荒跑路"的日子不说，大多数时光，我压力不大。

在上海，我虽然看起来是过着都市的生活，但本质上还是个农民。我的思维模式、行为模式，还是一副农民的习气。

三

2014年夏天，有一段时间我比较空，一天我突发奇想，决定独自开车去逛一逛。于是带了简单的行李，开车上路。车上高速，我还不知道自己要去哪里。快到苏州时，我想起我有个堂姐可能在苏州与孩子同住，便电话联系，想去看看他们。结果不巧，他们因故没在，我便改道北上，往苏北方向开去。

车到盐城界，想起了大学的同窗室友"洪老二"的老家就在盐城，他姓"洪"，"老二"是他在我们宿舍按年龄的排行。他每次寄家信要钱，信封上写着的地址我还记得：江苏省盐城市楼王镇楼范村四组。何不去老同学老巢一看！我马上定位导航，开到了他老家，打听找到了他的老屋。洪老二在东北经营企业，已经是开7字头宝马的"洪总"，父母均已接到城里，老家的房子已经废弃，房前被邻居种了密密麻麻的玉米，房门都无法靠近。遇到洪老二的一个婶子，聊了半天，我才离去。

第二天，我去看了盐城的新四军纪念馆，去了射阳沿海滩涂丹顶鹤基地，然后一路北上，向连云港方向开去。快到花果山地界时，我联系了老家在连云港的朋友，得知花果山景观多为近年人造，便打消了前往的意思，一路向北。

这种没有目的地的旅行非常自由，让我当下的每一秒都成了最美的风景，绵延无尽的道路，远处的群山绿树，天边的夕阳彩虹，前后穿行的车辆……一切都是完美的。我觉得自己融化在天地里，成了飞鸟，忘记了自己的存在，只有当下的自由。

看到"日照"的地标，我想起了"日照香炉生紫烟"的诗。虽然此"日照"与李白的诗并没什么关系，但我觉得很有意思。生活中有很多事毫无逻辑关联，但确实能带给人灵感和快乐，挺好玩。

逻辑常常令人紧张。爱讲逻辑、讲道理的人往往不够可爱。我喜欢孩子，孩子们没有逻辑，个个都是天使。

当晚，我下榻日照，到海边看了海，买了个形状像屁股一样的珊瑚，还看到不少当地的老年人在海边游泳，身体确实都很好。当晚，我在路边的烧烤摊吃海鲜，喝啤酒，和当地的人聊天，摇摇晃晃地回了酒店。

告别日照，我独自开车去了乳山、威海、烟台，渡船去了大连、天津、河北、北京，五台山，顺便回了趟老家，又去了长治、河南周口，经蚌埠、南京，折回上海，行程4500公里，见了不少有趣的人和事，一切都是非常的美妙。在烟台海滩，看到有人把车开到海滩趟水，我也把车开了进去，结果车陷进沙子里。他们开的都是四驱的越野车，我开的是两驱轿车。看着即将涨潮的海水不断逼近岸边，我吓坏了。幸亏一个开越野车的小兄弟，赶在涨潮前帮我把车拖到岸上，我们后来成了朋友。几个月前，他和女朋友吵架，还请我帮忙出主意。

若不是机缘巧合，灵光乍现，我断不会做那样一次说走就走的旅行。那次旅行给我很多启示，让我反思了许多问题，某种程度上改变了我生活的态度。那次旅行让我意识到：我们很难"规划"自己的生活，因为真正的生活是"生发"出来的，不是规划出来的。我们智慧太浅，而生活很宽，我们只有顺应它，懂得了在生活中的"进退出入"，才能让自己的身心安顿。

四

那次旅行以后，我变得更加"散漫"了：对于生意上的伙伴，更多是当作朋友一样相处，即便是没有生意往来，也经常关注。有些外地朋友多年没有生意，也不来往，但他们来到上海，我会尽量抽空接待。大家吃饭聊天，发现彼此除了生意，还有生活，还有那么多有趣的东西可以分享。与许多人成为朋友，反倒是大家在没有了业务合作以后。

每个人都有"主业""本职""身份"之外的很多面向，那些面向，比我们直面的那个有目的性的"业务""正事"更加精彩纷呈。当我们目的性很强的时候，往往难以看到那些有趣的面向。

许多冲着"结婚"目的找对象的，有不少都离了。人的许多面向，是在生活中慢慢显现的。

与我合作的工厂，有很多外地来上海打工的，老人孩子留在老家，云南贵州四川的都有。他们的生活很枯燥，整天在车间里做着机械的重复工作。偶尔和他们在一起干点活，男男女女的，听他们聊老家的故事。个别工人"不怀好意"地故意说点"黄段子"让旁边的女工听到，引来对方一阵哄笑和骂声。以前遇到这种场景，我觉得他们"粗俗"，因为我是"读书人"，有"文化"，现在我觉得他们挺真实、挺有趣。

外地有朋友来上海，我会尽量抽空陪他们玩，如果恰好有国外客户来，我会把他们聚在一起，大家吃饭聊天，彼此认识。有人觉得我这样把两拨毫不搭界的人撺掇到一起很不好，但我看挺好，他们也乐意，觉得很有意思。国内的朋友借此了解了我的客户，国外的客户借此看到了我国内朋友圈和他们的生活。彼此的世界因我更加开阔。

五

在上海这个重效率、讲"投入产出比"的环境，我的思维和行为方式是比较另类的，常让人难以理解。难以理解，就会产生分歧和矛盾。身边的很多朋友觉得我是"小农思维"，经常做一些"毫无意义"的事情，与现代文明社会格格不入。我也觉得我头脑中存在"小农思维"，一度也非常纠结，感觉自己或许有问题，但想不清楚自己"错"在哪里。

2018年6月，有缘接触到薛仁明先生。薛先生很"土"，走在农田里，十足一个种地的农民模样。这样的人讲历史、讲京剧，讲得活色生香，让人听得欲罢不能，又哭又笑。听着听着，我才渐渐地品出点味道来，自己一度曾经非常纠结的许多问题都慢慢消解，让我更加清楚地看清了自己。

反思自己，我一直是以自己的"土"而自卑的，从当初一心要冲出家乡的"土"地方，到后来在上海尽情地消费"洋玩意儿"，不断带朋友逛那些现代、新潮的场所，其实都是想证明我自己不再"土"了。有了微信，我给自己取了个"胡胡"的名字而不用实名，多半也是觉得"兴旺"这名字太土气了。自从上学以来，我对我妈从《毛主席语录》里面取出的这个名字就很不满意，觉得这名字比"铁蛋""狗娃"之类的好不了多少。所以，多少年以来，别人叫我本名时，我一直是有点羞于答应的。到了上海，一直在外企，大家都用英文名字，我延用起了大学外教给我起的名字"亚当"。没人再叫我的"土名"，自信心接连三个涨停。自取"胡胡"的名字，只因我爱"胡思乱想"和"胡说八道"，觉得好玩，关键是这个名字不"土"。

六

近墨者黑，薛先生的"土"，唤醒了我的"土"。我有点惊讶，原来一个"土"成薛先生这样的人，居然也可以博学多才，活得一身喜气。原以为博学多才一定要"法相庄严"，至少也要"道貌岸然"才对。处久了，发现薛先生的才气和喜气，是从他的"土气"中滋生出来的。或者可以说，他本身就是一块"土"，无论你泼脏水，还是倒大粪，他都"来者不拒"，经他一"化"，开出花、结出果。同学、舆论无论如何取笑、批评他本人，无论如何吐槽家人、社会，薛先生都能"笑纳"，从中"提炼"出"养分"，以朴素而风趣的言语讲给同学，让听者有所共鸣，得到滋养。

薛先生长得土，让众多女生一眼看上去，绝对不会有任何多余的想法和冲动，所以反而能够沉下来静静地听课，关注他所讲的内容。不知道这是不是薛先生的"诡计"。我发觉，薛先生这块"土"很厚、很沉，里面埋藏着很多宝贝，我在里面刨到了许多：孔子、刘邦、萧何、张良、司马迁，还有京剧、婚礼、葬礼、祭祀这些我们近在咫尺，却又不知其好的传统文化和习俗，还有一帮活色生香的同学、朋友。孔子、刘邦们是千年之前的人，但在薛先生这块"土地"上，他们又活了，我们又看到了他们的音容笑貌，听到了他们的心跳。

薛先生让我看到了，我们的生活原本是有"诗意"的、有趣的。自己在大上海，衣食无忧，却过得很无趣，没有"诗意"。听薛先生课，让我在历史中看到了"诗意"，在京剧中感受到了"诗意"，生活也不再那么"失意"。我看到了"无用"原来那么"好用"，看到了生活中的许多细节和感动原来可以那么生动有趣。

在上海这个都市，身边很多的人过得很富有、很成功，但也很紧张、很"务实"，缺少了点"诗意"。的确，"诗意"这玩意儿，不能吃不能喝，不能还房贷，也不能抵税。人到上海，多会变得比较精明，图个"实惠"，这点我一直不太能适应。在我们老家的农村，大家的生活，除了劳作、养家，还有人情往来，还有大把的时间晒太阳、做些"没意义"的事。我觉得，那是在养神、养气。这是我在薛先生的课上认识到的。

薛先生让我看到了"土"的好，也让我对"土"的感情由厌恶转变为自豪，让我越来越觉得又"土"又"丑"原来是我的"资源禀赋"，原来自己糊涂，一直把自己那个"土气"作为"不良资产"进行"剥离"的。活了大半辈子，居然把自己的财富当作了负担，真是愚钝！

我的"土"，是骨子里的，和我们老家那黄土一样厚重。

黄土地看起来很脏，但春来花开，秋来结果，是真正能生发、孕育生命的根本。

城里人不愿到我们村里，觉得尘土很脏，茅厕很脏，缺水，不讲卫生。我觉得有道理，村里的条件确实与时代有些脱节。见到薛先生，我发现他似乎不仅自己"土"，还喜欢"土"，赞美"土"，甚至喜欢"脏"。有一回一起吃饭，薛先生发现夹起的一个丸子里有一根长长的头发，他竟然一边开玩笑一边把那个丸子吃掉了。当时看得我目瞪口呆。后来我终于明白了，薛先生打趣的背后，是对主人的体谅。

要想开出莲花，就得扎根在污泥里。这是薛先生的言行给我的启发。

薛先生让我看到了"土"人的希望。

又到花开季，好想回去看看，踩一踩那厚厚的黄土。那片厚土上，杏花、梨花又该是漫山遍野了。

有村子，就有明天

胡兴旺

一、消逝的村庄

在挖掘机的轰鸣声中，一片片房屋倒下了，尘土与瓦砾中，一个村庄即将消失。

这次回家，正遇上邻村下峪村被整体拆除。说"拆除"，而不是"拆迁"，是因为一年后，村民将回迁到这里，住进像城里一样整齐的楼房，原先的老院子、老窑洞将成为历史。据说这个村子的东山一片地卖给了开发商做墓地开发，效益可观，村里已经拿到一千多万，用于安置村民，每户十万，自找落脚处，等待新家落成。

这个村离我们村二里地，我们在梁上，他们在沟里。小时候经常来玩，村里有好几个我初中的同学。由于我今年要修缮自家老宅院，特意过来看看，看能否收罗一些旧砖瓦，说不定到时候能用得上。本地的老宅院多为清代建筑，用的都是老青砖，很有年代感。小时候经常在这样的老院子里玩耍、走亲戚、居住，如今，附近的村庄大都面目全非，被开发、改造成"洋气"的模样，再难看到原来农村的光景。年轻人大都离开村子到城里生活，因为孩子要读书，村里没有学校。居住在村里的人，越来越少，村里的宅院和地便成了可以开发、搞产业的资源。

走在人已搬走的一个个宅院中，看到那些历经岁月的门楼、窑洞被推倒，许多老的农具、家具、日用器皿被丢弃，让人颇感凄凉。附近村庄的一些村民，开着电动三轮车在废墟中"寻宝"，把一些可以利用的东西捡回去。废墟中的旧砖瓦，有些还是完好无损的，完全可以再用。眼看着一面嵌着精致图案的神龛墙被推倒，上面的花砖也被掩埋，非常可惜，我连忙过去把尚未被埋掉的一块雕有狮子的花砖捡出，放在车上带了回去。

还有许多漂亮的筒砖、瓦当，上面都有非常精致的图案，在挖掘机的轰鸣声中被推倒，当作垃圾被运走。一些老砖则被人捡去，或者垒墙，或者卖掉换点钱。山西古建多，除了被开发为旅游景点的部分被修缮和保护起来，大都散落在民间各处，像这样有几十户人家的村子，通常都会有几个旧时富庶人家的院落，修建时颇费资材，指望世代在此安居繁衍，谁料想，时代变迁，落得如今无人居住，坍塌损毁，直至被整体清除。

时代的车轮滚滚向前，一些人、一些村子都会被碾压得粉碎，变成一道痕迹，有的连个痕迹都留不下。

我的童年在这样的村子里度过。那时候，生活节奏很慢，大家衣食不是很富足，但过得踏实，没有如今那么多焦虑。守着厚厚的黄土，只要勤劳吃苦，日子总是过得下去的。大家虽然盼着日子过得好一点，但对于物质欲望并不是很强，很容易满足。村里的婚丧嫁娶、祭祀、唱戏、走亲戚之类的事，一点也不马虎。小时候，每年要走上几个小时的山路，顶风冒雪去亲戚家磕头、拜年。如今交通便利，开车二十分钟能到达方圆几十里的亲友家，但人们的往来却少了。

这是时代的变迁，老一辈人走了，年轻人都在奋斗，时间就是金钱。

每次回老家，都是有喜有忧。喜的是，每次回村还能看到村里老的街坊、老宅院，老的生活方式尚在延续，让人有真正"回家"的感觉。忧的是，生怕村子被哪个开发商"相中"。好在我们村"保守势力"比较顽固，从领导到村民，没有被外力左右，让这个几百年的老村子延续到今天。

在外多年，内心总是挥不去对老家农村的那份情结。许多年来，自己也说不清为什么。在上海二十多年，有家有业有朋友，无灾无病无欠债，但就是没有"根"的感觉。

没有根的感觉，让内心总有隐隐的不安，和财富、事业、地位无关。

2018年，我融入传统文化课堂，一浸五年。许多东西慢慢发酵、沉淀，让我在上海也有了一个"村子"。这个"城中村"是我们这些缘于一起听课、一起喝酒、一起看戏的朋友慢慢形成的一个"自然村"。应该说，这个"村子"的氛围与上海这座城市多少有点格格不入。上海是现代文明的桥头堡，西方文化气氛浓郁，大家彼此界限感很强，邻居间也几乎不走动，朋友也很少请到家里吃饭，更不会打听别人的婚姻、收入等"个人隐私"。人潮人海中，大家过着一种各自安好的生活，即便转身离开，今生再不相见也两不相欠。一场疫情，封城三月，让上海人在危机之中不得不展开邻里互助，人与人的距离空前亲密。疫情一过，一切恢复到从前。

上海人务实、精明、拎得清，日子过得紧致而有条不紊，按部就班，只是缺了点村里的气息。许多在上海打拼的外地人，整天像电脑程序一样运转，绷得很紧，压力很大。"薛家村"的出现，让许多人找到了"回村"的感觉，那里炊烟袅袅、人情流动，给了这些身在异乡的"新上海人"许多温暖和慰藉，甚至许多老上海人也被"拉下水"，变得越来越像"村里人"。

五年的熏染，让我对老家农村的种种思绪也越来越清晰。

二、父亲的葬礼

去年一年，老家村子一共走了十七个老人，其中绝大部分是腊月寒天走的，当然多少与疫情有关。父亲也在其中。那段时间，管控放开，疫情尚在，医院根本住不进去，殡仪馆排起了长队。许多老人走得猝不及防，丧礼只能简单操办一下。

父亲八十六岁，身体一向很好，每天生活极其规律。早上四点多起床，打扫房间，自己做早饭吃。上午外出散步、下棋、买菜、打水。午饭后小睡、出门下棋、散步。晚饭后，七点便关上自己的屋门看电视、睡觉。父亲性情开朗，从不为自己管不了的事情操心，也从不愿给别人添麻烦。他经常挂在嘴边的话就是"不给你们添麻烦"。父亲饭量比我还大，大姐说，冬至那天中午，父亲吃了二十个饺子。

原计划今年回村里修缮老宅，把父亲安置回老家村里住几年。毕竟，一个八十六岁的老人，在城里每天爬四楼，在车来车往的街道行走也多有不便，况且修缮老宅也是他多年的愿望。虽然之前父亲的一些迹象让我心里对他的身体状况有几分担心，但没想到他会走得这么快。

大姐说，冬至前五天，父亲在街上摔了一跤，被两位好心的大姐扶起，自己走回家。爬到四楼，用钥匙捅了半天，却怎么也打不开门。大姐开门一看，父亲满身是土，赶忙扶他进屋。至此，家里就不让父亲再出门，外面车多路滑，劝他在家里休息。稍微安下神来以后，父亲自觉没事，又出去几次。有一回在楼道里又摔了，对门邻居看到，才把他扶上来。

两次摔倒，家里绝对不让父亲出门了。父亲不允，姐夫托说是我从上海打来电话，告知不让他出门了。有了儿子的意见，父亲才同意，他掏出一百块钱给姐夫，说那买菜的任务就交给你了。父亲不出门，胃口依然很好，但窝在家对他来说确实有点无聊，他擦地、切菜，帮着做些家务。腊月初，周围许多人都陆续"阳"了，姐姐、姐夫也出现了症状，父亲也未能幸免。他起初有点发烧，感觉身体不适，偶尔咳嗽，但行动、饮食如常。我在上海，正在"阳"后恢复中，不时电话询问一下家里的情况。腊月初五那天上午，父亲让大姐给他做了点拌汤吃掉，之后便不再吃东西。夜里，他睡不着，老是醒来，要坐起来，言语也开始模糊，喘气有点急促。大姐感觉不好，初六一早便让姐夫给我打了电话。

接完电话，我马上订机票，当天的航班要到下午才有，我马上买了杭州起飞的机票，转乘高铁由杭州飞回太原。

到家是下午两点出头，父亲躺在床上，眼还睁着，但已经说不出话来，不停地喘息。我摸了脉，极亢。我赶忙配了些中药煎好，唤二姐一起，扶起父亲喂药。父亲被扶起的那一瞬，停止了呼吸。我一摸，脉已停。我瞬间泪如雨下，大姐二姐哭成一团。当时是下午三点五十分。

丧事操办由姐夫张罗，虽然事前有所准备，碰上这个特殊时期，还是遇到一些麻烦。老家丧礼操办必须由"阴阳先生"操持，有一套固定的仪轨。联系了一圈，"阴阳先生"们早已忙得分身无术，日程排到若干天以后，所有与殡葬有关的人员都在超负荷运转中。

在老家有这点好，遇到这种大事，亲戚朋友全来了。不到一小时，几乎所有本地的亲戚全都到位，大家各领各的活，很快就都忙碌起来。姐姐、姐夫的朋友闻讯也纷纷赶来，帮着料理各种事务。妻子放下手头的事情，从上海匆匆赶回。

我常年在外，除非自家亲人的婚礼丧礼，家人都不会通知我。他们觉得我在外打拼不易，回来一趟耗时耗力又花钱。多年来，我缺席了许多亲友的大事。早些年，我也曾有点庆幸，离家在外，的确是省去了不少应酬，落得个清爽。

前年9月，父亲回村，与老友攀谈，这些年的浸泡，让我开始意识到自己缺席的，绝不仅仅是亲朋好友的一些"人情往来"。

在我回来后一个多小时，父亲离世。或许，父亲最后的时间，只是在等我回来。他常挂嘴边的话就是"不拖累你们"。父亲老来生活无忧，无病无灾，家中一切安好，临终前没受什么病痛、手术之苦，对我们子女而言是一种宽慰。

虽然仍在疫情之中，许多亲属、同学、朋友还"阳"着，不少家里尚有症状较重的老人。虑及现实的情况，我只告知了两三个初、高中同学。结果，很快就有十来个同学出现在我家，还有部分人一直待在我家，随时听候差遣。他们都戴着口罩，有的还在不时咳嗽，人多时，家里连站的地方都没有。事后清点，一共有二十四名同学直接或间接地参与了父亲的葬礼。

自家在村里有地，按照传统，我们选择了土葬，回村里安葬父亲。土葬需要很多人力，凌晨一早就要去地里启坟，各项安排都有固定的时辰。多年不联系的族中远近亲戚、发小，都是呼一声就到位，没有半点拖延。发丧那天，等队伍回到村里，到达坟地，一切都已就绪。

父亲离去的那几天，村里有几家也在丧礼中，有些人需要兼顾几家，诸多事情颇有掣肘。仰仗亲友扶助，父亲的葬礼不算隆重，但很圆满。我们做子女的，该哭就哭，该忙就忙，几天下来，悲伤且疲惫，但也心安。

按老家规矩，亲人去世后的每个"七"都有事情要做。算日子，父亲犯"六七"，我们要在前一天的凌晨，把八十八根谷草和白纸做成的小白旗，从家里一路插到坟头，好让父亲的魂魄沿着旗子找到回家的路。"八十八"是父亲的年龄数加二，一为天，一为地。

许多安排，我自己已经完全陌生，只是听从安排照着做。如今看来，这些仪轨虽然繁琐，甚至可以说"带有浓重的封建迷信色彩"，但是我做来心安。一件件事情忙完，父亲得到了圆满的安顿，我们做子女的也逐渐从悲伤中走了出来，各安其心，各就其位，继续当下的日子。

父亲的葬礼，让我再次对家乡传统的"礼"有了深切的感受，和老家有了一次深度的连接。当然，如果没有过去五年的经历，我不会有今天这样的体会。

三、一个婚礼

正月十八，是村里永旺家姑娘的婚礼。

按老礼，父亲故去，尚未出七，我不适合参加别人的婚礼。今年情况很特殊，村里先后走了十七位老人，不算本家，各家之间因为兄弟、姐妹、姑表之类都是亲戚关系，婚丧大事，也只能"特事特办"了。

永旺和我家不是亲戚，两家之间本没有"礼"。大概七八年前的一天，我在上海突然接到一个电话，是我们村民杰哥打来的，之前我们从未有过任何联系，我上小学，他已经离开村子外出读书了。如今他是大学领导，位高权重，此次来上海开会，特意找来我的电话，要看看我。

在上海，但凡老家来人，我是肯定要接待的。我连忙开车去了他开会的地方，聊了许多村里的往事。他带我到他们的饭局，介绍我和他的老师、朋友们认识，待我像是自家的亲人、兄弟。我有幸给他当了一天司机，蹭了两顿大餐。民杰哥还嘱咐，村里永旺家姑娘在华师大读研，都是一个村的，离家在外，要经常关照一下。民杰哥离开后，我邀请永旺家姑娘到家里做客。之后，我们一直有联系。我回村里，也会顺便到永旺家坐坐，聊聊姑娘的情况。永旺夫妇对孩子"奔三"还没有对象很是焦虑。后来孩子毕业，到北京工作，找到了心仪的伴侣，由于疫情，婚礼一再拖延，直到今年才得以办成。

永旺家姑娘的婚礼，正逢我在老家，民杰哥也回来，还有村里多年不见的人，于是我决定去一下。婚礼要办三天，我头两天去吃了两顿，见到了村里许多几十年未见的乡亲，感受到了久违的气氛。世事沧桑，彼此在街上照面都不敢相认，如今见面，感慨万千。面对村里的凋敝，大家都很无奈，虽然都有把村子搞好的愿望，但奔波在外，各忙各的，也没机会一起议事。在这种婚礼场合，大家聚到一起，反倒聊出许多兴致和想法。大家原本各有各的资源，只是没有聚到一起，把村里的事务商量一下。民杰哥这些年为村里做了很多实事，大家都很赞叹，也希望村里越来越好，不要被"开发"掉。

村里的婚礼，我也有几十年没有参加了。我像一个外来游客，观察、感受着婚礼的一切。婚礼的形式有了许多时尚感，但操作模式，依然是那样的土气，土得厚重、土得冒烟、土得生机一片，那股气是貌似土气背后的和气、喜气、阳气、生生不息，让人喜悦。村里一年走了那么多人，确实有点悲伤。春天要来了，这样的婚礼给村子带来了一股生发之气。

正月十八是迎亲的日子，那天我回村办事，本没计划参加当天的仪式。但一回村，那地动山摇的锣鼓声就把我震住了。村里自己的锣鼓队，正在为婚礼助兴，那声音、那节奏、那劲头，让我无法不停下来欣赏他们的表演。

这些婆姨们平日在家揉面、喂猪、洗刷、种地，敲起鼓打起镲来，像是换了个人，颇有男儿气概，火力十足、豪情万丈。当天大风降温，不时有尘土刮来，我用手机录了一段，感觉手都要被冻掉一样，她们却打得不亦乐乎，越打越来劲。村里的人不擅表达，问她们敲鼓打镲有什么感受，她们也说不出个道道，只是两个字：高兴。

我脑子里突然蹦出来几个字："听之以气"，这是我在课堂上听来的。村里这些没有多少文化的乡亲，大都话少，但做起事来有一股"气"，就像她们敲锣打鼓的状态。她们说不出太多道理，但她们会"听之以气""操之以气"。人活一口气，她们的"气"，比我足，比我顺。

当初我听到"勿听之以心，听之以气"时，以为此话甚妙。如今，身临其境，泡在老家乡亲们这阳气灼灼的锣鼓声中，我才恍然：他们过的日子，举手投足，都是在"理气"。

葬礼、婚礼、祭祀、看戏、敲鼓、打镲，这些平常的事情，哪个不在"礼乐"之中呢？村里大多数人文化不高，言语不多，但做事做人，有"礼"、有"利"、有"节"，让人感觉"气顺"。他们待人接物的韵味，常常让我这个自以为有点文化、有点见识的人汗颜。

此次回乡，感触很多，深觉村子之好，那是被厚厚的尘土包裹起来的好，若非"听之以气"，可能难以感受。

我们的村子万万不能像邻村一样，被"开发"掉。

院子没了，老树没了，窑洞没了，祖坟没了，村子没了，"根"就没了。

开春，我要回来修缮自家的老院。我会动员更多的发小、乡亲们回来，把自家院子、窑洞修好。这不仅是在安顿我们自己，也是时代的方向，乡村承载着中华文明的灵魂。

有村子，就有明天。

刘邦·沛县·天人之际

韩正文

上了中学之后，很不喜欢被问到的一个问题就是"你祖籍哪里？"。

八九不离十的场景会是这样：当我小声地说出"江苏沛县"后，通常对方会立刻瞪大眼睛看着我。直白一点的人就会接着问"就是那个土流氓刘邦的那个沛县吗？"我只能心虚地回答"是"。文雅一点的人就会说，就是那个烹太公、踹小儿的刘邦的沛县吗？我只好尴尬地回应，"正是"。当下气氛就会变得有点诡异，好像太公是我烹的、小儿是我踹的似的。所以我很少会主动跟朋友提我的祖籍，以免被那"声名狼藉"的刘邦所累。

九十年代常随父亲返乡探望爷爷。从台湾出发、香港转机飞南京或郑州之后，搭火车往徐州。到了徐州，得再搭好几个小时的车才能到沛县。爷爷住在沛县的乡下，于是又是几个小时的颠簸。那时总想不通，不就是一望无际的小麦田吗？不就是一个不太富有的小村子吗？要山没山、要水没水的，怎会让父亲魂牵梦萦一辈子？

多年后，父亲在临终前执着我的手，特别交代我，一定不能跟沛县老家断了联系。我红着眼眶跟父亲承诺，一定做到。但这个承诺却随着异国求学与之后忙碌的工作，始终未能兑现，变成心中对父亲一个挥之不去的纠结。

尔后，在职场上浮沉。受西方法学教育的我，凡事离不了证据，言必称逻辑与理性。以为这样做，人世间多数之事，都能迎刃而解。可人生岂是这么简单？于是在父亲离开后的十几年里，走得跌跌撞撞，摔得遍体鳞伤，人到中年过得郁郁难安。就在人生最困顿的时候，因缘际会地进了台北书院，上了薛仁明老师的《论语》《史记》课。

老实说，一开始上《高祖本纪》的时候，心里是有点抗拒的。你看，刘邦"为泗水亭长，廷中吏无所不狎侮，好酒及色"，就是这个形象，让我受害多年，抬不起头来。但在老师听似天马行空但其实是抽丝剥茧的讲述之下，刘邦的形象，从一个好酒及色的无赖，慢慢转变成一个出入天人之际、不黏不滞的将将之才，带领着萧何、韩信、张良、陈平这些难得的将才，在秦末群雄并起的乱世里，惊心动魄地击败项羽，打下汉朝四百年的江山。

楚汉相争的经过，大家耳熟能详，我与同学们都读得津津有味。但其中最触动我的，不是刘邦擅闯吕公筵席却无所讪的自在，也不是被项羽一箭射中胸部却瞬间转化成射中脚趾头的机智，更不是在天下大势底定后自我剖析为何能击败项羽的超然通透，却是那刘邦击败黥布，拖着年迈老病的身躯，在回长安之前，绕道老家沛县的那一段。

2013年人在青岛，那个纠结在心中对父亲的承诺，一直在召唤我。但事隔多年，早已物换星移人事全非，几乎和老家的人断了音讯。我深深地自责，拼命地打听可能联络到的人。皇天不负苦心人，辗转问到父亲小学同学王伯伯的电话。于是在父亲离开后快十年，我第一次在没有父亲的陪伴下，一个人踏上返乡之途。

老家的人接到我的电话，既意外又高兴。到的那天，天色已晚，但堂嫂已在门口等候多时。一下车，人还没站定，嫂嫂就已经红了眼眶。分散在各地的侄辈们，也分别从上海、南京赶回来见姑姑。在家族亲人的陪同下，我这异乡人在爷爷奶奶的坟前，上了香、磕了头，在老家度过了几天亲友环绕话家常的美好时光。回青岛前，免不了又是一阵泪眼婆娑。婶婶怕我在路上饿着，起了个大早，烙了许多我爱吃的饼，还准备了一袋子水煮蛋。一阵推托之后，我带着一堆烙饼，红着眼眶频频回头跟家人们挥手道别，直到他们消失在地平线的尽头。回到青岛，打开行李袋，发现在一阵混乱之中，婶婶竟然还是神不知鬼不觉地把那水煮蛋趁乱塞进了我的行李。当下，终于忍不住哭了起来。在心中跟父亲说，我从没忘记对他的承诺。

其实，沛县并不是个山明水秀或是物产丰饶之地。它有的是黄河常夺淮河入海，动辄泛滥成灾；它有的是因为靠近徐州这兵家必争之地的连年征战。在艰苦恶劣的环境之下，生存对沛县人来说，从来不是理所当然或是岁月静好。除了天生的坚毅，沛县人懂得在人世间的爱恨嗔痴之外，还有那以万物为刍狗的老天爷的存在。所以，只有豁达，很少抱怨。我想，这可能是两千多年前，沛县这个贫瘠之地能够孕育出一批英雄好汉，建立一个伟大王朝的原因之一吧！

刘邦对乡亲说："吾虽都关中，万岁后，吾魂魄犹乐思沛。"读到这段话时，我想起2013年一个人的返乡之旅。我似乎看到一辈子处于天人之际的刘邦，在乡亲父老面前，在《大风歌》的舞蹈歌声里，终究还是一个有血有肉的思乡游子。

　　而我也渐渐能够理解，为何每每跟老家的人谈起刘邦，总是换来他们"那已经是历史，有啥好提的?"反应。因为，再伟大的朝代，结束就是结束了；再多的丰功伟绩，过了就是过了。老家人的反应，不正是持续体现着那位两千多年前的离乡游子刘邦，不黏不滞的精神吗? 而我猜想，刘邦若是知道现在沛县父老对他过往霸业的"淡漠"，他的态度应该会是哈哈大笑地继续耍着他的刘氏冠，去狎侮别人吧?

　　透过学习，我第一次了解，什么是"天人之际"。我惊觉自己常常陷溺在周遭的爱恨嗔痴而过得既黏又滞；自以为是地以管窥天让整个人变得又矜又伐。《高祖本纪》仿佛一记当头棒喝，彻底地将我打醒。就如同2013年一个人的返乡之旅结束后，我再也分不清沛县究竟是父亲的故乡还是我的故乡；两千多年后的今天，在《史记》课上，借太史公悠游于天人之际的笔，我重新认识了那位曾经"害我不浅"的刘邦。

稠林人不知，明月来相照

老放牛娃

六月十五一大早，电话铃就响了起来。

妻问这么早谁来的电话，我说，"老家二哥打来的，父亲身体不太好，让这几天回一趟老家，你今天抽空把行李收拾一下吧"。妻略有迟疑，"二哥这么早给你来电话，咱不用马上就走吗?""也是，那就今天走，你现在就收拾收拾"，不过心里却在嘀咕："前几天我和二哥才通过电话，父亲的身体还行啊，不至于吧。"

行李还在收拾，二哥电话又打进来了，妻说"待会儿我来开车吧"，"不用，虽然不愿接受，我还是有准备的"。三年前娘亲去世，父亲身体不是很好，面对我们的担心，父亲安慰道，"不用担心，都好好上班去吧，我还得有个两三年呐"。未曾想竟被他老人家言中了。

从北京驱车回家约莫十二个小时，路上妻几次要替我驾驶一段，都被我拒绝了，知道她的担心，但我只想早一点到家。其实，也不是意气用事，说不悲伤是假的，但的确也没到悲不自胜的地步。就这样开着车，我的思绪却禁不住浮现父亲的点滴日常。

父亲出生于安徽桐城的一个小村庄，在家里弟兄五人中行四，上头还有个姐姐。解放前后，因家中人多地少无以为继，十几岁的父亲便与二哥、五弟一起从江北闯荡到江南来开荒。本来兄弟三人想着同在一处落脚，但事与愿违，当地生产队只能接收两人，父亲便主动退出，落脚在几十里地之外的稠林村。

小时候我还常问娘亲怎么我们家没和二伯、小叔家在一起，他们那儿多好多好。娘亲总是敷衍了事，长大后才从大人们的聊天中得知这一缘由，具体情况倒也不很清楚。总之，父亲就在这稠林村扎下了根，两位哥哥、姐姐和我都生于此、长于此。在我儿时记忆里稠林村这个地方，晴天一身土，雨天两腿泥，只要是外地亲戚来到家里，总要感叹几句这山里的路实在没法子走。每当这时候我心中忍不住又冒出个声音：还好吧！你们就是来太少，多走走就习惯了。不过于我们而言，生我养我的稠林村虽谈不上嫌弃但确也无有好感的。

父亲于我也是这种感觉，至少在我三十岁前是这样的。这感觉有自身的经历，也有来自哥哥姐姐们的渲染。我在家中是老小，最小的哥哥比我大八岁，小时候他们常一本正经地告诉我，我是父亲在外面捡来的。一开始我是不信的，但又被适时地提醒着，"你不是捡来的咋父亲对你那么凶？"我犹豫了好久终于没忍住去问娘亲，娘亲听后也只是笑了笑道："你这孩子，你咋是捡来的？不是捡来的。"信心满满的我再次找哥哥姐姐们理论时，却被告知"娘亲能告诉你是捡来的吗？只有我们能对你说实话"。彻底凌乱的我哭着喊着向娘亲求证，被娘亲笑骂着问道："你怎么就是捡来的啦？"我说："父亲确实对我比对哥哥姐姐们凶多了，我肯定就是捡来的。"娘亲笑着说："等你长大了、懂事了，你爸自然就不凶你啦，你哥哥姐姐们也都这么过来的，你怎么就是捡来的啦，这孩子！"虽然觉得娘亲说的有道理，但也没敢再找哥哥姐姐们理论此事。不过父亲的严厉，一直是我小时候真真切切的感受。

我小学的时候是不喜欢放暑假的，并不是因为天气热，热不怕，而是暑假期间我每天早上、下午都得出去放牛，没法和小伙伴们玩耍不说，还把下午播放的《西游记》给耽误了。这一缘由也不敢对家里人说，知道说了也没用，不招来一顿打就算是运气了，只好自己想办法解决。于是吃完午饭我就嚷嚷着要去放牛，父亲则说，"中午这么热，牛也没法好好吃草，等会儿我们下地干活了你再去"。原打算早去早回不耽误看电视，这下只好隔三岔五早点赶回来了。只是父亲每天晚间给牛喂草料的时候总会围着牛看一会儿，很担心他能看出来我下午早早把牛牵回来，没把牛放好。担心归担心，《西游记》确实太好看了。终于有天父亲在喂草料的时候把我叫了过去，已经记不得自己是怎么走到牛栏的，这一路都在盘算着用什么理由搪塞，挨打是肯定的，只希望老天保佑能被打得轻些。父亲果然问道，"你下午怎么放的牛？看着牛肚子还是瘪的"。本来路上想好了一堆借口，在父亲面前却一个都不敢往外说，真没出息！我正在暗骂自己的时候，父亲又指了指牛说，"人家是哑口畜牲，我们不能亏待了它！"老天显灵我确实没有挨打，只是也没有丝毫庆幸之感。

我除去放牛外，上午会和奶奶一起在家择菜、准备全家人的午饭。奶奶和娘亲不一样，是个爱唠叨的人，时常会和我说起以前的事儿。那时候日子可怜，兵荒马乱，之后日本鬼子又打过来了，她和乡亲们一起跑反，被撵得到处跑，去过像武汉、长沙那些大码头，说大码头那人多得和蚂蚁一样数都数不清，没出过远门的我对于大码头甚是羡慕。又说现在日子比以前好过多了，不用成天饿肚子了。每当这个时候我都会反驳奶奶几句，总觉得现在的日子哪有奶奶说的那么好，是不用成天饿肚子，可也没吃什么好吃的啊！还不让出去玩儿，还时不时被恐吓着“你要再不听话就让你爸收拾你”，当然这句话是不敢说出口的。

奶奶就会说，现在日子还不好过？以前大集体都饿死过人呐，一年到头哪能吃顿肉？那时候每年汛期家家户户都要派人到长江大堤上防汛挑堤，由于都是下力气的活，每半个月左右公家会给挑堤的劳力发一小碗红烧肉，那肉多精贵啊！别人都自己吃了，你爸每次都带回来给我和你爷爷吃，他挑堤那么辛苦还把肉带回来，我们哪里吃得下去。这件事儿我没亲眼目睹，当时只恨自己出生太晚，我出生时已经包产到户了，但类似的场景我并不陌生，那时家里吃饭只要这餐有肉，吃饭时父亲就会劝奶奶多吃肉，还不时往奶奶碗里夹着，以至于奶奶常骂父亲是个愚倔之人，她哪里吃得下那么多，让他和孩子们都一起吃。奶奶常说父亲是个孝子，让我们长大以后也要像父亲那样。父亲是个孝子我是深信不疑的，尽管对父亲没有好感可言。

话不多是村里所有人对父亲的印象，他对子女也是如此，几乎从不说问题、讲道理，反正一个字“打”就好了。有时候想想这么多年下来我们和父亲一起说话的时间加起来也不知道够不够一天。很多时候我们都被打得莫名其妙。记得有一次我在房间里玩自行车，将自行车后轮飞快地摇转起来，再将小树枝扔向车轮，“嘣”的一声树枝就会被弹飞出去，甚是有趣，只恨车轮转一会儿就停了下来。于是下次将车轮摇转得快些、再快些，正在我乐此不疲、如入无人之境时，头皮突然一紧，疼得我几秒钟才缓过神儿回头一看，父亲站在后面，吓得一动也不敢动，父亲却自顾自挑着粪桶出门了。我挨打了吗？是父亲打的我吗？我一直在恍惚之中，直到脑壳上怒放出个大包来，我才确定无疑。委屈着跑到娘亲那儿告状，娘亲只是笑了笑道："不会吧，好好的你爸打你做什么？"我说"就是啊"，并给娘亲展示了脑袋上的大包。本以为娘亲会口伐父亲几句，没想到却只说了句："那看来肯定是你哪里做得不对呗。"虽然没在娘亲这儿得到想要的回应，但我还是愿意和娘亲在一起的。

不只是我，哥哥姐姐们也都是如此。我们没事儿都躲着父亲，但一有时间就缠着娘亲说话，有时候娘亲忙不搭理我们也没关系，只要在娘亲身边待着就好。后来长大了些，虽然父亲不打我们了，但我们还是更愿意听娘亲的话。

当然也有例外，我小时候一直理着小平头，从小到大都是这样，也没觉得有什么好和不好的。直到在镇里上了高中，看见男同学们个个留着港台明星的新潮发型，我也开始蠢蠢欲动起来，也想着留长发搞造型，和娘亲提起过几回都被拒绝了。不同意也没关系，那就先斩后奏，高中我们住校，具备先斩后奏的条件。那时古惑仔的片子很流行，我就和同学们一起留了个古惑仔式长发。

有次娘亲来学校看到后直接把我押进一家理发店，十分钟后镇子上多了一个土里吧唧的小平头，我很气愤，以至于在回家的路上与娘亲吵了起来。娘亲看着抓狂的我，说了句："好，你也长大了，以后我不管你了。"听娘亲这么说虽然很后悔自己的行为，但也很庆幸自己以后可以不用再留那个什么小平头了。说干就干，一段时间后，镇子上那个多出来的小平头终于换回古惑仔式飘飘长发。这期间娘亲来过学校，确实什么也没说，渐渐地我也就理所当然地蓄起了长发，直到我回家见到父亲。通常回家见了父亲喊他都会有回应的，但这次明显气氛很怪，在家待的一天多时间里父亲没和我说一句话，甚至都不愿意多看我一眼。从小就想着父亲最好别理我，这下梦想成真了，明明应该很高兴的，为什么我心中却如此不安呢？以至于现在回想起来那种感觉仿佛就在昨天。困惑不安的我问奶奶、问娘亲，我爸怎么了？最后，多次追问下还是娘亲说了句："你还是把头发剪了吧，你爸看着不舒服。"真心不想剪，好不容易才留起来的，但是没办法，谁让他是我爸呢！在下次回家前特地去了趟理发店把自己变回了小平头。我还记得回家后没等我向父亲问好，父亲就冲我笑着说了句："这样好看多了。"哪儿好看了？都土死了，自己土就算了，还妨碍我赶时髦，心中虽然不平也只好认了。

日子就这样继续着，转眼间就到高考了。仔细回想在高考前那段时间，除了娘亲时常唠叨几句要我加强营养、多注意身体之类的话，确实没感受到家里对我有什么不同。父亲还是那样，我回家从不问我学习，也没一句鼓励的言语。直到拿到大学录取通知书，父亲看了也只是笑了笑，能感觉到他很开心，但还是没有一句赞赏的话。算了，他不表扬也不妨碍我很开心。父亲虽然没有特别的表示，但村里破天荒地出了个北京的大学生，还是很轰动的，门前屋后的邻居都到我家院子里来表示恭喜，言语中夸我有出息，要让自家孩子向我学习什么的。我也谦逊地回应着叔伯们对我的夸赞，其实心里还是很爽、蛮傲娇的。在我正回应说"哪有那么厉害，是运气好啦！"突然听到父亲很大的嗓门嚷道："就凭他自己十个都白给，这都是老天保佑、祖宗保佑着呐！"啊……彻底受不了了，您倒是让老天保佑也考个大学试试，哪有这样的，自己不夸也就算了，别人夸，您还有意见。

对，他一直都是这样，总在你得意之时浇一盆冷水，从那以后我打定主意以后不要成为父亲那样的人。以至于婚后，妻有时会对我说，你和爸真像，我都第一时间予以反驳："你到底啥眼光。"直到后来父亲、娘亲来北京帮我们带孩子，多年一起生活，这一想法才慢慢有所松动。

城市是个神奇的存在，本以为自己成家、立业已成人，没想到孩子一出生立马被打回原形。上班族如何看护学龄前孩童是我们这一代人的难题。幸好老人家愿意远离故土来北京帮衬着我们这对小夫妻。我的父母是地地道道的农民，大字不识几个，一直在农村老家生活惯了，到城里来本身就有诸多不适应。况且妻从小生长在城里，新中国第一代独生子女，父母眼中的小皇帝，这样的组合被缘分安排生活在一个屋檐下，磕磕碰碰在所难免。好多次我找机会试着向父母解释一二，可还没等我开口，娘亲都会说你媳妇很好，有副好心肠，谁还没点儿脾气，日子长了就好了，我们现在日子比在农村那会儿不知道好多少，享了你们的福啦！娘亲每次这么说都让我很是汗颜，父亲还是和往常一样，一句话也没有。

生活就这样继续着，磕磕绊绊走过了两三个年头，自从妻走进传统文化的课堂，家里的氛围也慢慢地发生了改变。妻从开始的无法忍受，到后来时常和我叨念老人家对她和孩子们的各种好。有一天父亲突然和我说，"你小子还真有两下子"，吓我一跳，这么露骨地被父亲夸赞还真是第一次，连忙问道"怎么了"。父亲说，"之前那么过不到一起去，现在你俩对我们能这么好，确实是你好德性、好度量啊"。听父亲如此说，让我无地自容，愣了好久对父亲说："是您好德性、好度量，包容我们这么久，给了我们回头的机会。"真是谢天谢地，祖宗保佑！

之后的日子虽偶有小别扭，总体而言却也其乐融融。也很期望这样的生活能长久下去。但天不遂人愿，2019年，突如其来的新冠肺炎改变了所有人的生活，于我这个小家庭而言，却是娘亲的离世，父亲回老家由二哥照料，这彻底改变了以往的生活轨道。从此以后，只有在过年回老家和日常视频中孩子们才能与爷爷短暂相聚，这也成为孩子们最愿意做的事情。

在车上孩子们还不时问起这次回家看爷爷能待多久，打算着和村里的小伙伴们比试哪些新技能。我一直没有回答，直到下了高速，才告知他们爷爷今天去世了，我们是回家来奔丧的。孩子们没忍住在车上就大哭了一场。

村里人说，"有福之人六月走，无福之人六月生"。"无福之人六月生"我是能理解的，说的是过去六月三伏天妈妈们生孩子，在屋里坐月子，天气热得厉害，有的妈妈身上都起了褥疮，很是遭罪。但"有福之人六月走"从何说起？却无从知晓。不过心里很赞同这个说法，父亲是有福之人，这是他老人家一辈子与人为善修来的福气。父亲葬礼那些天，天气甚是炎热，最高温到了38℃，像极了儿时放牛的夏天。

2022年中秋节，妻偶感不适，我带着孩子们在家门口的公园里赏月，孩子们聊起之前放学后爷爷奶奶常带他们来这儿玩的情景。姐姐说爷爷喜欢来公园走动，很喜欢凑热闹，就是说话别人听不大懂。我对他们说，爷爷之前在老家就闲不住，没事儿就去田畈里转转，看看庄稼、捞捞水。嘴里说着心中才突然意识到，父亲一辈子都是这样在尽自己所能努力地生活着，默默照顾好这个家的方方面面。这两年父亲腿脚不太方便，仍每天早睡早起，在家中独坐，直到去世前两天才不下床。这也许就是人们常说的"天行健，君子以自强不息"吧。

仰望天上那轮满月，回想以往种种，憧憬着自己这辈子也能活成父亲那样的人！

夹缝中悠游

杨秋丹

一

在中国最南边的海南岛上，有一个村子，叫作古城村。

1991年，村里出生了六个孩子——五个男孩、一个女孩。我是那个女孩。听娘亲说，是在镇上卫生院生下的，奶奶很不高兴，甚至都没有立刻去看我。不过，作为父母的头生女儿，在三岁之前，还是很受父母宠爱的。村里人说我小时候，脾气又坏，长得又丑，别人一碰就哭。

娘亲和奶奶的关系非常糟糕，在生了我第二年，娘亲就有了精神分裂的症状，还在精神病医院住了几个月。娘亲虽然会打我，但她也说过，你小时候一哭，上厕所上到一半，都要立刻提裤子出来哄你。

这样的日子，在第二胎生出来仍然是女儿的时候，整个家都无法继续下去了。父母究竟因何离婚，我也不清楚，听说是娘亲提出来的。

娘亲带走了我，不到一岁的妹妹留给了父亲。父亲那时候，还不到三十岁，在海口上班，根本无法带一个孩子。奶奶有白内障，眼睛在治疗中。父亲当时一起工作的好友，三班倒地轮流看顾妹妹。

如此不是长久之计，只好把妹妹送人。一开始是送给陌生人——海口的一对夫妇，一个是记者，一个是律师，有体面的生活。妹妹已经被抱过去养了，后来，奶奶舍不得，去人家那边抱了回来。

妹妹还是没有人带，只好再送人，这次是送给姑姑。对奶奶来说，只是孙女变成了外孙女的差别。娘亲和姑姑关系特别糟糕，就去姑姑那儿闹得鸡犬不宁，说姑姑抢她女儿，妹妹又被抱回来了。

父亲还是很年轻，又勤劳，妹妹还小，很快父亲就有了再婚的机会。

在父亲要结婚的时候，娘亲把我送回去了，不愿意再抚养我。因着娘亲有精神分裂的医学证明，在法律上不需要承担弃养的责任。

当时要和父亲结婚的阿姨，不能接受我，只能接受养妹妹一个，不然就不结婚。如果父亲也不要我，我就会变成流浪儿童。

父亲选择了养育我，放弃了即将开始的婚姻。

奶奶带着我和妹妹在村里过了一段还算平静的生活。父亲在海口工作，偶尔回来看我们，会给我和妹妹买新裙子和小零嘴。至今想来，仍觉怀念。

二

可惜好景不长，某天，奶奶去地里干活，不小心摔了，就中风了，右半身瘫痪加上老年痴呆，偶尔说话会不清楚，不认得人。

那会儿我大概六七岁的年纪，只好当起了"家庭主妇"。可能接下来描述的内容，会让人觉得有点辛苦，但身处在其中时，并不完全那么苦。

真正让我心里苦的，是我的回来使父亲失去了一段婚姻，奶奶不能早日抱孙子。此时能够为家人承担，那份心里的苦是变轻了的。

那时候，我每天五点钟起床，煮粥。家里没有钱买肉煮粥，我就去田野边挖一种野菜，很像香菜的味道。再把姜切成姜末，和切碎的野菜放在粥里，加上一点点盐，可好吃了。

煮粥的时候，我坐在小板凳上看火，偶尔透过厨房的门看看天上的启明星，还有越来越淡的晨雾。村庄还没有醒来，心里很宁静舒适。

粥煮好了，先端给奶奶吃，再带妹妹吃早餐。吃完早餐，再带她去村里小学做早操。上课的时候，妹妹就躺在我腿上，或者坐在我和同桌的中间。学校老师知道我们家的情况，基本上也是默许的。

偶尔她睡着了，从我腿上滚下去了，也不哭，自己爬上来躺好。

前几天，妹妹还和我开玩笑说："你小时候睡觉总是掉到床下去。我从来没有掉下去过，肯定是因为我躺在教室长凳上睡觉练出来的平衡感。"

大概还真是这样的。放学了，带妹妹回家，做午饭，一样伺候奶奶吃饭，再等爸爸干活回来一起吃午饭（因为奶奶生病了，爸爸只好放弃海口的工作回家务农了）。

吃完午饭，收拾停当，再洗个澡，海南天气热，一天至少洗两次澡。给妹妹也一起洗干净，再一起午睡。

给妹妹洗澡很简单。一个大红盆，放满水，把妹妹放进去坐着。先让她自己玩水，玩得差不多了，再帮她洗一下脖子、胳肢窝、关节、手腕的地方，就可以抱出来，用毛巾擦干。如果长痱子，再扑些爽身粉或者花露水，穿上干净衣服，又是一个香喷喷的小妞了。这一刻，觉得特别幸福。

让她自己去床上玩，把她的小衣服洗干净，直接晾上，大太阳一晒，下午就干了。等晚上洗完澡又可以穿了。她总共就这么几身衣服。

我没有带孩子的概念，除了让妹妹安全、吃饱、有得穿、尽量干净一些，其他的，我都不管的。是一个"没心没肺的，山寨版的妈"。

午睡醒来，再带妹妹上学，下午四点钟放学后，再回家做晚饭，给奶奶洗澡，伺候奶奶吃晚饭，给自己和妹妹洗澡。等爸爸回来吃饭。等爸爸洗完澡后，再洗全家人的衣服，晚上八九点钟就可以休息。

我从来不写作业——没时间写，考试差不多都是第一名。不知道是不是上天眷顾。

第二日清晨五点，继续晨光熹微中煮粥。

三

这样的日子，听起来很辛苦，却是我至今为止的人生里，最安稳、最踏实、最宁静的日子。像潺潺的流水，心里有一首乐曲在流动。

相比起我后来在中学住宿，不需要做家务，只需要考试学习的生活，这样每日照顾家人的日子，是有生命力的、有气息的、真实的。

早晨清凉的雾，妹妹洗澡后的香气，晒在绳子上的衣服，等爸爸回来吃饭的心情，宁静的夜里，家人都在安睡，听着衣服刷子在刷衣服的声音，都使我感到宁静和安稳。

周末不用上学，我会把衣服放在铁桶里，带去河边洗。河边有洗衣台，还有一棵大树。那棵大树下，每天上午十点左右都有村里的婶婶、大娘一边洗衣服，一边聊天。

我就一边洗衣服，一边听她们聊天，村里的家长里短，偶尔她们还会开我的玩笑："哎呀，以后谁要是能娶到你，真是有福气喽。"

听了也就笑笑而过。脚踩在河里，在水泥台上洗衣服的感觉，真舒服。头顶是印度紫檀叶子的树荫，还有从河面上吹来的风。

洗完的衣服不带回家里晾，就一件一件搭在灌木丛上，下午再过来收回去，衣服上都有植物和阳光的香气。

当然也有我真的觉得辛苦、找不到乐趣的事。

其中之一就是妹妹偶尔会尿床。尿床其实没什么，换了被罩，把凉席擦一擦，接着睡就好了。但是，妹妹一尿床就会哭，我都是被她哭醒的。半夜一边哄她，一边换被罩，清洗，给她换衣服，再哄她睡觉，第二天还要早起，就觉得有些辛苦。

好在这种时候并不多，就偶尔，不是常态。

另外一件日常里辛苦的事情是，奶奶半身瘫痪，不能走到洗手间去上厕所。我们家的房子从房间出来，要穿过堂屋，院子，才能到厕所。

奶奶只能在房间里,在桶里如厕。桶不能太矮,不然奶奶蹲得太低,就起不来。桶还要有重量,奶奶要坐在桶上大小便,如果没有重量,桶就会移动,奶奶会摔倒。

每天,我都要把奶奶的便桶拿去厕所倒掉,然后清洗厕所和便桶,再放回去。当时我也就比那个桶高一点,桶本身又重,虽然只是装了奶奶一天的排泄物,对我来说还是一件吃力的事。味道又难闻。这差不多是唯一一件我找不到任何乐趣,只是觉得很辛苦的事。清洗的过程中,难免会沾到身上或者衣服上。偶尔去邻居爷爷家看电视,爷爷说闻到臭味,让我回家换衣服。虽是和善的,年纪小,仍觉难堪。

更辛苦的是,有一次,奶奶上厕所,还是摔倒了,骨折了。父亲请了接骨郎中来看了,第二天,奶奶仍然觉得疼,在床上难受地翻腾。

父亲不在家,我就走路去镇上请接骨郎中。太阳很大,心里越急,越觉得路途远。走得累,又晒得满身汗,又担心奶奶有事,走在河堤上,四周没人,干脆放声大哭。一边哇哇哭,一边走去镇子上。好不容易走到了,接骨郎中还不在他的小木屋里。我知道郎中的家在哪里,再一边抹眼泪,一边走去那个村子。

走到郎中家门口,还是没人,说去找草药去了。我只能在门口等,绝望,无助,哭……

接骨郎中终于回来了,我说奶奶腿疼,请他去家里看看。

他带上草药,用摩托车带着我一起往家里去,空气里散开了一股草药香,心里那股郁气也跟着散开了。

郎中看了奶奶的情况,让我去煮草药,给奶奶热敷。忙活一阵后，奶奶安稳地躺下了，郎中也走了。去倒药渣的时候，觉得整个世界又明亮了。

四

家里穷，奶奶的中风瘫痪一直没有得到很好的治疗。具体应该怎么治，我也不知道。奶奶只是在家里躺着，偶尔打点针，吃些药。

除了生病之外，奶奶还有一个心病，就是父亲他生活不顺。父亲不信鬼神，也不觉得被祖宗保佑，没心情祭祀。

到了初一十五该祭祀的时候，奶奶的心情简直非常低落。

没有钱让奶奶得到好的治疗，我没有办法。祭祀，我还是可以做的。

父亲出去干活了，奶奶就把她的私房钱给我，让我去镇上买一对咸鱼、一块五花肉、一点酒，再把家里祭祀用的小酒杯、碗筷拿出来。按照祭祀的方式，把两碗饭扣在一起，再把一个碗拿开，就是一个形状超级漂亮的一大碗饭了。

然后倒上米酒，再拿出买的香火蜡烛，拿到同宗的爷爷家——我们两家一起祭祀。爷爷带着我做，我代表奶奶。

只见爷爷拿着香，对着祖宗牌位念念叨叨，一会儿又问我："阿丹，你要向祖宗求什么，就和祖宗说。"

啊，我不知道啊。

"爷爷，你等一下，我回去问我奶奶要求什么。"

一溜烟跑回家问："奶奶，您想向祖宗求什么呀？"

奶奶说："求祖宗保佑你爸爸娶上媳妇，奶奶能够抱上孙子。"

我再跑回去，拿着香跪下："祖宗，我奶奶说，求你们让我爸娶上媳妇，我奶奶抱上孙子。"

一场祭祀完成，可开心了，觉得帮奶奶做到了一件让她高兴的事。

父亲回家看到了祭祀用的东西，问我："你去拜公了？"

小声答："奶奶让我去的。"

父亲没说什么，等于默许了。他还是不拜公。

奶奶病了一段时间，去世了。终年六十九岁，没看到父亲再娶媳妇，也没抱上孙子。

丧礼是按照传统习俗办的，姑姑们哭得肝肠寸断，我参与了全过程，也给奶奶的墓里填了土。

父亲没有参与祭祀，但他喜欢看热闹。镇子上有很多祭祀活动，一般是在小学门口的关岳庙里。

我们读小学时，一边在教室里读书，一边听关岳庙祭祀的吹拉弹唱，下课后就立即跑去看热闹。

晚上有时候会唱琼剧，就在我们学校的操场上。唱戏，是给祖宗和神明看的。我们一边排队上香，一边商量上完香之后玩什么。看戏的地方很热闹，会卖很多小玩意，有煮玉米、荧光条、小零食等。

我喜欢看戏，看字幕觉得那些台词特别美，故事也很美。

有一次，父亲去关岳庙看热闹回来，一夜没睡，就坐在椅子上看电视。后来电视都变成雪花状了，还坐着。

第二天，听父亲和一个邻居叔叔说话。

那个叔叔问："你昨天在关岳庙怎么倒下了？"

父亲说："我也不知道，想起来，就是起不来。"

这个事情后，父亲开始虔诚地祭祀了。

五

我们家邻居是木匠，到隔壁镇上某个村里的某户人家盖房子。听说，那户人家有一个近四十岁的女儿还没出嫁，就介绍给了父亲。

听说，木匠邻居是这么说的："我有个邻居，三十多岁，人很勤劳，有两个女儿。"

这些事情都是后来才听说的，一开始我什么都不知道。

父亲完全没有说他要再婚了，更不用说征求我的意见之类的。大人的事，小孩子不要管。

有一天，正爬在这个木匠邻居家的屋顶上玩——我也不是天天上屋顶，偏偏那天，就在屋顶上。

远远看到父亲和他的几个朋友，还有几个亲戚，这群人中还有一个陌生的女人。大家都散发着一种心照不宣的神秘。

这种氛围意味着有一些不寻常的事要发生了，最不寻常的是那个陌生的女人。

"我要有继母了。"三秒钟内，我就做出了判断。然后，看着他们慢慢走过来。

去我们家的院子门，要经过木匠邻居的房子，走近了，父亲看到我在屋顶上站着，愣了下。

然后大吼一声："你还不快下来做饭！"

我一溜烟儿从屋顶上滚下来，再一溜烟儿跑回家，一溜烟儿跑进厨房。看厨房的圆桌上有什么菜，我就做什么。我还记得，其中有一道菜是苦瓜炒肉丝。

奶奶期盼已久的时刻到了，我可要好好表现了。刚刚给父亲小小丢了一点脸，立刻用六菜一汤补上了。亲戚夸我做饭好吃，火候调味都好。

我和未来继母没有任何交集，席上仍然弥漫着一股心照不宣的神秘。都在讲一些无聊的话，但我知道，和我猜的差不多。

吃了一会儿，我就离席收拾东西了。大人们都在堂屋吃饭，继续聊着天。我从厨房出来，穿过院子，想去外面透透气。

没有想到，那个神秘的、陌生的女人，正在院子外面那棵黄皮树下踱步。

出院子门，我就碰了个正着。

她看了我一眼，脸上有点忐忑。我先是有些吃惊，马上就淡定了，冲着她眯眯一笑，喊了一声："妈！"

我未来的继母就很不好意思地应了一声："哎……"

在广州课堂上，分享到这一段时，薛仁明老师说："这一声妈，省去了多少人一辈子几十年和后妈争斗的时光。"

薛仁明老师又问："这一年，你几岁？"

答："十岁。"

我心里并没有把她当作我的后妈，而是奶奶的儿媳妇，能不能有孙子，还得看这个女人愿不愿意嫁给父亲。

虽然父亲仍年轻帅气勤劳，但是家里穷得叮当响，又有两个"拖油瓶"女儿。

没过俩月，在家里请了两桌亲戚，祭拜了祖先，我妈就嫁到我们家来了。外婆说爸爸只给了四百块钱红包，没有聘礼。外婆家还送了很多家具当嫁妆。第二年，就生了我弟。

我觉得祖宗又显灵了，谢天谢地。

有了弟弟之后，父亲的精神头特别好，干活都不知道累了。虽然继母和父亲会吵架，但孩子们都不会和继母吵架。连继母娘家的表姐都说："没见过对继母比亲的还好的。"

她在我们家那么难的时候嫁给父亲，让我们有了完整的家庭，还有了弟弟，是亲情，也是恩情。

父亲和继母只见了两面就结婚了，没什么爱情，风风雨雨共同养育了三个孩子，都供我们读了大学，恩情深重二十年。两人婚姻在五十岁以后更是渐入佳境。

"你继母不仅仅是娘亲，还是恩人。"父亲如是说。

六

继母性情温厚宽和，弟弟也是。爸爸的生意也做得比较顺，我和妹妹在学业上也很出色。

2009年，我以全市理科第十四名的成绩，考入中央财经大学。2012年，妹妹以全市文科第三名的成绩，考入了中国人民大学，历史单科还是全省第二名，学校都贴出横幅祝贺了。

父亲更加努力做生意、挣学费，家庭和美，日子过得蒸蒸日上，圩上的人很是羡慕。

娘亲那边，我原本想着，反正该见面就见面，每年能给点钱就给点钱，毕竟生养了我们一场。

然而，娘亲并不满足于此，总是说着奶奶当年对她多么不好，爸爸多么不好。娘亲早已改嫁，也生了一个弟弟。

大家各自安生过日子就是了。

奶奶去世后，我根本就受不了娘亲说奶奶的坏话，她还要给父亲写信，或者和我说父亲、奶奶、姑姑当年对她多么不好。

2017年，我实在忍无可忍，就戳穿了娘亲。她每天发短信对我破口大骂，后来，我就把她给拉黑了。渐渐就不再见面，也不联系了。

妹妹是我做什么，她就跟着。我不跟娘亲见面了，她也不见。

2020年疫情刚起，娘亲说，没法出去打工，需要一笔钱。我们如数转过去了。

在常州课堂听薛仁明老师讲《坐宫》，也触碰到了我的深水区。杨延辉那么难，都要去见娘亲。想来，我和娘亲之间，并没有难到这个地步。

不过这事不能着急，事缓则圆。

唯一的行动是，在疫情中，坚持回家，和父母过年。这个春节，没有去看娘亲，好好过了一个年。

到了清明节，给娘亲寄了一封信，和一个平安扣玉佩，还有一笔钱。希望她安心踏实过日子。

听钟馗的戏，说对坏人，不要被气死，要比她高，笑一笑。

我对娘亲能不能笑一笑，现在还做不到。还没去看娘亲之前，妹妹又收到了她阴阳怪气的短信，都是委屈、抱怨、责怪，说我们没有主动去看她，还说自己很心累。

看到这里，我居然笑了。娘亲就是这样的人。在这个世界上，只有她的痛苦是痛苦，别人的痛苦都不存在。只有她的委屈才是真的，别人受的苦，都不存在。

奶奶在病中去世，她仍旧不放过一个老人家的身后名声。以前一想到这个我就气。现在，就不气了。

气，是我蠢，是我傻，明知道会这样，还会气，还会抱有幻想，希望她不要这样。

接受了这些之后，心里就平静多了。管她什么阴阳怪气，需要去看她，那就去看，何况我还想祭奠外婆。

没有娘亲，我连外婆坟墓在哪里都不知道。我们不仅是母女，娘亲还是外婆的女儿，我是外婆的外孙女。娘亲如此对我，外婆死不瞑目。我如此对娘亲，外婆也不能安息。

俱往矣，惜今人。

7月初，和妹妹一起开车去见娘亲。她比我想象中要平静，我们一起去给曾外公、外公、外婆扫墓。在坐车过程中，发现娘亲很会聊天，这个世界上，只有她记得我在外婆家的事。

"丹啊，你记得吗？外婆去世的那个头七，有一条大蛇缠在院子的门栓上，我要去喂猪，那条蛇不下来，不让我开门。我一直站在院子里喊你。你从外面跑回来。那条蛇看了你一眼，才下来了。那是外婆回来看你了。今天在路上，看到两条蛇在跳舞，我看了好久。没想到你们俩来看我了。前几天还梦到你妹妹回来看我了，居然梦想成真了。"

和娘亲一起扫墓的过程中，偶尔闲聊几句。娘亲的几头羊容易生病，卖掉了。现在换了一头牛来养。

外婆家的老房子推倒了，没了，变成了果园。还说我小时候生病，高烧，每天带我去诊所打针都不好。后来是一个爷爷用姜擦洗关节处，居然就退烧了。

说完，娘亲又说："那个爷爷去世了。"

这次和娘亲见面我才感受到，她一个人，一直一直回味着我小时候的那些事，如数家珍。那些人和事，我都不记得了。娘亲记得。

祭拜外婆时，我以为会心中悲恸，大哭。没想到，是笑着给外婆烧香的。

回去前，我们还去海边看了海。没有刻意一起拍照，也没有刻意亲近。

光着脚玩水，沾上了很多沙子。上车前，我随便拍了两下就要穿上鞋子。

娘亲走到我身边说："脚上的沙子都没有掸干净，脚底也都是。"

她常年劳作的手，慢慢拍打着我的脚背、脚底、小腿肚子，仔仔细细的，好像我还是玩沙子的小女孩。

我没有制止，也没有感谢，只是感受到，这一刻，我们真的是血脉相连的母女。

娘亲有她的缺陷，偶尔精神分裂，有嫉妒、委屈、愤怒、痛苦、不安，我曾经很担心她再次伤害父亲的家庭。

此刻，我感受到，她仍有一颗做娘亲的心。

过往一些片段开始浮现。

"你小时候读书太好了。一年级时，你一出考场，就说，数学100分，语文96.5分。试卷发下来，果然是你说的分数，每一门都第一名。"

"要是你读书没有那么好，跟着我过，也能把你养大。但是，你是要读大学的，妈妈没有能力让你上大学。只有你爸能做到，他会供你上大学。"

舅舅是八十年代的大学生，家里是有读书基因的，只是1992

年左右，当警察的舅舅意外去世了，加剧了娘亲精神状况的恶化。

让我读书这件事上，娘亲是清醒的。她清晰地判断了我以后要读大学，只有父亲能够供我。这一刻她一点都不疯。

我不是被利用的工具，而是娘亲真正的目的，她的女儿以后是要读大学的。

送我回到父亲身边后，她的确没有再做过什么事。再一次出现，已经是九年后，我快读完初中时。

那些话，娘亲以前不是没说过，她说我天资过人，不能只是长大出去打工、嫁人。

我只是不信罢了。

薛仁明老师说："父母被孩子气得要死，孩子只要冲他们笑一笑，就没事了。"

娘亲的心，所作所为，怎么被理解都没关系，她想做的事，做到了。

这几年，我心里茫然，不知所措，与娘亲几乎断联。有这样一个海边的下午，一起去祭拜外婆，这样的一点亲近，娘亲就平静而满足了。

七

奶奶去世以后，家里只剩下父亲、我和妹妹三个人。

那段时间，父亲对我的态度并不算好。有一天，我把家里的闹钟弄坏了，父亲就勃然大怒，甚至要把我赶出家门。

他把我的行李扔出来，还把钱扔在我身上说："你去找你妈。"

那时候是晚上，我不可能出门，只是定定地看着他，不哭，也不说话。

父亲继续发脾气。到了很晚，他就去睡了。

看父亲去睡了，我也去睡了。

第二天，父亲没有说要把我赶走，我就正常上学，中午做饭，继续等爸爸回来吃饭。

"爸，吃饭。"

爸爸过来吃饭了，没事了。

午睡前，默默把行李袋里的衣服拿出来，放回我的衣柜里，行李袋收起来。日子继续悠长地过下去。

电影《隐入尘烟》中，有一段台词："被风刮来刮去，麦子能说个啥？被飞过的麻雀啄食，麦子能说个啥？被自家驴啃了，麦子能说个啥？被夏天的镰刀割去，麦子能说个啥？"父亲也是三十出头的黄金年纪，一段即将开始的姻缘突然被斩断，突然瘫痪的娘亲也已去世，独自带着两个年幼的女儿，忍受着穷得叮当响的光景。

这样子对我发一顿脾气，甚至扬言让我走，已经是忍耐到极限了。父亲不可能真的把我赶走，他不是这样的人。

平时父亲是一个沉默的、付出的、不说痛的人，我们父女俩一年都说不到十句话。说最多的就是："爸，吃饭。"

他从未提起过去，也没有说过娘亲的任何坏话，只是告诫我："你娘亲说什么，你都不要相信。"

娘亲则有许多的揣测："肯定是你爸教你这样气我的。""你爸教出来的女儿能对我好到哪里去。"

以前听到这些话，真的能把我气死。父亲失去那么多，默默承受着，默默地活着，奶奶亦然。为什么娘亲没有愧疚感，没有抱歉，还要说那么多父亲的坏话，良知都被狗吃了。好人总是被坏人气死。默默对照了一下自己，气了这么久，也是傻蛋一个。

海南多台风。偶尔，父亲带我去看台风过境的田野，他先是站在田边，看看大体情况，看着庄稼倒伏了一地，连一声叹息都没有，父亲就去收拾残局。那些还能活的，救一救。不能活的，就迅速拔除，趁早补种。

我和父亲一起打理被台风摧毁的香蕉地，这些是带给我受用终生的珍宝。

日后，无论我遇到多么大的挫折和失去，无非就是一场台风过境。能收拾就收拾，不能收拾，就重新开始。不要浪费时间。

沉默的父亲，总是带着泥土回到家里的父亲，在我心里，是我的太阳和高山。我所经历的困难，都没有父亲那么难。毕竟我还有父亲带来的安稳和依靠，父亲则要自己面对一切。

父亲什么都没说，我亦什么也不说。

有一次，坐父亲的车回老家，那时我都已经读大学了。每次回去，父亲都要带我们回去看老房子。他说过："孩子不管走多远，都要认祖归宗的。"

那天路上，父亲突然说："小时候没有条件让你过好日子，爸爸有能力了，会让你幸福的。"

我说："嗯，爸爸，我现在很幸福。"

老师说过，家人之间，不要讲互相伤害这种话。

只要气息相通，就能在心里化开种种，把日子过得有意思，一如既往与家人好好相待。

2021年深秋，父亲和村里的兄弟喝酒吃饭，正好我在家，也带了我。

　　酒过三巡，父亲和一个叔叔提到我，说："这个孩子特别有运气。从小到大，但凡和她有关的事，不管多难，到最后都能摆平。一切都能摆平。"

　　原来在父亲心里，我是一个吉祥的孩子，心里觉得很圆满呢。

我们仨
——记姥姥、妈妈和我

黄小米

曾经读过杨绛先生的散文集《我们仨》，讲述他们一家三口几十年相助相守、相聚相散的故事。俗话说三个女人一台戏，小时候我们家五口人，爸爸是唯一的观众，也是我们的保护神，从来没有想过有一天我们会走散。姥姥走后，我提笔写下《我的姥姥》，就没了下文；后来妈妈也离开了我们，我只是改了题目——《娘儿俩》，无从下笔……一直有个心愿写点儿什么给儿孙留个念想，至此把《我们仨》的故事细细讲给大家听。

我的姥姥

姥姥生于1921年，是典型的二零后女性。弟兄姊妹十个，姥姥排行老八，是家中最小的女儿。娘家距离威海城四公里，村上的人都姓戚，那个年代崇尚"女子无才便是德"，男子出去读书上学堂，女子在家绣花干家务。比姥姥大十九岁的大姨姥姥还裹了小脚，姥姥说她小时候也裹了脚，后来全国劝禁又放开了，还好没有落下残疾。

因为是家中小女儿，上有姐姐嫂子，姥姥除了绣花，洗衣做饭这些家务活都轮不到她，平时主要是帮哥哥嫂子带带孩子，侄子侄女跟她年龄相仿，也能玩到一块儿。以至于后来姥姥老年患上阿尔茨海默病，她的记忆又回到了那个时候，也许那是她一生中最快乐无忧的时光吧。

1945年，姥姥年芳廿四，有人上门提亲，男方崔姓，跟她同龄，城里中产人家，读过高中，当过教书先生，一表人才。老话说丈母娘相女婿，是指成亲之前女婿可以见到未来丈母娘，见不到待字闺中的女儿，姑爷拜见过岳母大人，女儿的相貌也就猜得八九不离十了。可是偏偏姥姥和大姨姥姥容貌都不随太姥姥，以至于娶亲当日大姨姥爷大呼上当。估计太姥姥当时也是暗自窃喜，为女儿们都相到了如意郎君。就这样，身高一米四五、相貌平平的姥姥，嫁给了身高一米七八、斯文儒雅的姥爷。如今看来这种既不门当也不户对的城乡结合，不匹配度在99%以上，只能说姥姥上辈子肯定是拯救过银河系吧！

《老子》讲"祸兮，福所倚；福兮，祸所伏"，福祸从来都不可能永恒。姥姥婚后第二年，妈妈出生了。姥爷作为家中长子，无疑妈妈的出生是不受欢迎的。时属战乱年代，婚后为谋生计姥爷奔走于烟台、青岛等地，给人做账房先生，几个月才能回家一趟。1947年的冬天，就在妈妈刚满周岁不久，姥爷突然就失踪了，从此便杳无音信。同一时期，也有好多人突然消失，据说一部分是被国民党抓壮丁拉到了台湾，还有一部分是为了躲避被抓逃去了香港。

姥爷的失踪给娘儿俩本不如意的生活雪上加霜。没有文化又不太会干家务的姥姥，经常被婆婆冷嘲热讽、指桑骂槐，妈妈很小就学会看人眼色行事，主动去帮爷爷奶奶干活，不至于母女俩整日挨骂。这样忍辱负重的日子并没有持续很久，在妈妈五六岁的时候，她们搬回了娘家。那个时期，类似状况的女人为了养育孩子，不少都改了嫁，带过来的娃也随着改了夫姓。太姥姥心疼闺女，准备再寻一门亲，可姥姥死活不同意，她说"亲爹亲妈就一个，我一个人能把闺女拉扯大"。于是娘俩又搬回城里，租了一位孤老太太的房子住下来，从此母女俩相依为命。

我的妈妈

姥姥不识字，平时帮人绣花、洗衣服、带孩子，干些杂活勉强度日。妈妈七岁就上了小学，班里的同学都大她几岁，她个子瘦小，平时很少讲话，可是学习成绩一直很好。1958年妈妈上了中学，适逢全国上下闹饥荒，正值身体发育期却吃不饱肚子，故而个子没长起来，还留下了一些营养不良的后遗症。单靠姥姥一个人打零工很难维持娘俩的生计，于是考上高中的妈妈决定休学。她进工厂从学徒工开始干起，1963年正式成为一名工人。

1966年开始，进入了长达十年的"文革"时期，因为没有及时跟姥爷的家庭脱离关系，档案中父亲一栏备注"1947年被国民党抓壮丁下落不明"，家庭出身也由贫农变成了上中农。从此"进步"这个词就彻底与她无缘，工作干得再好，也不能入团、不能当民兵、不能被评先进、不能参加组织活动，甚至对她有好感的男工友也都避之不及。

所以很庆幸我爸爸勇敢地走进了这个家，当了养老女婿，扛起了养家的重担，因而也就有了我和妹妹。也因为这一缘由，我们从出生就管"姥姥"叫"奶奶"。爸妈是双职工，虽然我们过得并不富裕，平时他们省吃俭用，1980年我们家买了全院第一台黑白电视机，12英寸、三洋牌，每天吃完晚饭左邻右舍都来我家炕上看电视，很热闹，我们也度过了快乐无忧的童年。

这样的日子持续到1987年，我上高中了。爸爸妈妈突然忙起来了，拿着翻洗的一叠姥爷年轻时的黑白照片到处去打听。原来我一直以为我的姥爷早就不在了，也从来不关心这些事情。1987年两岸关系缓和，可以通信甚至可以回乡探亲了。背井离乡四十载望眼欲穿的台湾老兵们终于在晚年见到了曙光，联系上亲人的很快就办了台胞证，纷纷踏上了回乡的路途。我们城市不大，隔三岔五就听说谁家谁谁从台湾回来了，这也让沉寂在姥姥心中多年的一潭死水泛起了涟漪，爸爸妈妈都看在眼里，于是开始了他们的寻亲之路。其实这并非一件易事，台湾看似不大，找人却似大海捞针。四十年，一个人从几近而立到年近古稀，照片上的容貌已经起不了多大参考作用了，除非是曾经的旧相识。这样一寻就是一年多，能找得到的爸妈都送去了姥爷的照片，眼看冲洗的照片就快用完了，一天姥姥说，"别找了，就当他已经死了吧"。

俗话说天无绝人之路。1988年的一次登门拜访，终于有位台胞爷爷说认识我姥爷，他愿意回去帮忙打听。一个夏日的午后，妈妈收到了一封来自台北的航空信件，她揣着这个沉甸甸的信封第一时间回到家跟姥姥分享了心中的喜悦。听妈妈念着信，姥姥泪流满面。姥爷信里说，1947年他在青岛一家军用服装厂做会计，随军撤到台湾之后也一直没有再娶，盼望着有一天能回乡跟爹娘妻儿团聚，退休后感到回乡无望，就和一位奶奶结伴养老。他说会尽快办手续安排回乡探亲，我们立马请人拍了全家福和妈妈的回信一起漂洋过海了。

1989年，姥爷年近七旬，一个人拖着行李，第一次踏上了日思夜想的返乡之路。中间要经过香港转机，再飞青岛。那时往返青岛要十几个小时的车程，姥姥坚持要跟车去接机。我曾设想过无数个他们见面的画面，大概会像电影里一样抱头痛哭吧。可是并没有，他们只是拉着对方的手，静静地看着彼此很久，好像要从眼前这个陌生人身上找到消失在四十年光阴里仅存的一点记忆。我妈也生平第一次喊出了那个久违的"爸"字。那一年我们家第一次拍了六口人的全家福。

我们仨

我和妹妹是姥姥一手带大的，她虽不识字，却教会我们背很多顺口溜，还会给我们讲《岳母刺字》和《木兰从军》的故事。姥姥会告诉我们女孩子在家应该怎么做，出门应该怎么做。上小学时姥姥教我绣花，做手工活。平时我们剪一些出口的绣品来补贴家用，活儿急的时候，全家齐上阵。别的同学都在外面玩，我不得不跟着爸爸妈妈姥姥坐在炕上剪绣品，心情浮躁就容易剪坏，姥姥再用针线修补好。一旦有机会让我出去，就撒丫子玩到天黑也不回家，姥姥走街串巷去找我，回来一顿打是免不了的。每次都是妈妈动手，下手狠，我偏偏死鸭子嘴硬，打死都不服软，姥姥在旁边一直说，"快认错儿，你妈就不打你了"。后来我妈叫我"滚刀肉"，每打我一次，就要牺牲我们家一把扫炕的笤帚，那时估计她心疼笤帚都多过我。

我们家一切传统节日都保持得很好。爸妈上班根本顾不上，都是姥姥想着，日子到了就带着我们大家一起过节。按照威海的传统，正月十五晚上要点灯，就是用面把每个人的属相捏好蒸熟，到了正月十五的晚上插上蜡烛，就叫点灯。除了家里人的属相，还要捏驮钱龙、看门狗、鸽虼子鸡（跳蚤）、老财主（蛤蟆）、金鱼、元宝，还有象征十二个月的菊花灯，等等。祈求新的一年风调雨顺、四季平安、年年有余、五谷丰登。

清明节姥姥会用面蒸燕子，大燕子驮着小燕子飞。有时把彩色的小燕子串起来，挂在门口。"杏花零落清明雨，卷帘双燕来还去"。农历五月五过端午。姥姥会在早上太阳升起前，去山上拔带着露水的艾蒿，回家捆起来挂在大门口，再煮一大锅粽子和鸡蛋，每次在我和妹妹睡醒前，姥姥都会用煮好的艾蒿水抹到我们小孩眼上，洗掉眼屎。农历七月七，牛郎织女鹊桥会。姥姥会用面做五颜六色的花馃子，穿成串儿挂在小孩脖子上。有姥姥在，妈妈一直对这些节日习俗不太上心去学。反倒我像个小尾巴似的跟着，时不时就动动手，这些习俗在姥姥去世后，就由我来传承了。

唯一没有学到姥姥的手艺是糊笸箩，用纸浆和花纸，糊出方的圆的深的浅的，大大小小、形色各异的笸箩。这些花笸箩如今都成了我的珍藏，也给它们起了个洋名——初代"LV"。

认识的人都说姥姥人好心善，晚年等来了姥爷，福泽深厚。我们都知道跟姥爷一起去台湾看看一直是姥姥的一个心愿，可是她从来没跟姥爷提过一个字。我为人妻后常为姥姥感到不值，有次问她："奶呀，您觉得这辈子等的值吗？"她说嫁到婆家不到两年，俩人真正在一起的时间只有几个月，就分开了，这么多年是死是活都不知道。有生之年还能见到他，已经是老天的恩赐，她很知足，不能再要求什么了。

2000年，姥爷已八十高龄，往返探亲已有些力不从心，走不动了。安顿好台湾的家事，他就准备回来养老，叶落归根。这对姥姥来说是一件天大的好事，内心的喜悦溢于言表。姥爷回来后，走到哪里，她就跟到哪里，形影不离。姥爷爱看京戏，她看不懂也坐在身边陪着，有时候坐着就睡着了，可是这几年也是她一生中最满足最幸福的几年，整个人的面相也越来越和善慈祥。八十五岁之后，姥姥患上阿尔茨海默病，慢慢地不认识我们每一个人了，她的记忆回到了童年的家里，管女的都叫侄女，男的都叫侄儿。一直到八十七岁姥姥安然离去，都是面带笑意，她的一生圆满了。

我和妈妈的故事说来也很长。我上高中时曾经有一段时间很叛逆，因为不喜欢某个老师而厌学，成绩也下滑得很厉害，妈妈担心我考不上大学，成天唠叨，搞得母女关系一度很僵，无法交流。我一直以为小时候妈妈总打我，不打妹妹，是不亲我。每次都是我拿着第一名的考试成绩回家才能得到她的表扬，所以我一直很要强，小学到初中连续八年都担任着学习委员。进了高中，她怕耽误我学习，不让我继续留辫子，就给剪了像男孩子一样的短发。可能老师看我有点像假小子，性格也不扭捏，让干团支书，我妈为此好不高兴。那段时间我跟妈妈出去买东西都保持在疫情期间的安全距离以上，她回来总抱怨说，看人家闺女跟妈都是依依脉脉的，哪有像你这样的……

我们关系真正缓和是在我上大学以后。当时报志愿觉得离家越远越好，我妈反希望能离她近点儿。第一次离开家，住进学校很兴奋，心想这下可摆脱我妈了，不用听她唠叨，可以想干什么就干什么。可是住了不到两个星期，每到周末，看到青岛的同学都回家了，我就开始想家。没办法就到教室给我妈写信，满篇都是苦水。后来适应了，每周也给我妈写信，一般都是报喜不报忧了。我和我妈就是在这些往来信件中理解了彼此，威海有句话"打是亲，骂是爱，不打不骂是祸害"，可能就是说的我，小时候被打被骂，原来都是具有地域色彩的关心和爱护；同时我也看到了她的辛苦和不易，开始心疼她，每次放假回家都抢着帮她干活，出门逛街也很自然地挽着她的胳膊。大学期间我当学生干部，入党，获得优秀毕业生，成为了她想让我成为的样子，看得出她很自豪。

1993年冬天，在我大学毕业前夕，收到了妹妹的来信，说妈妈病了，我蒙着被子哭了一晚上，第二天做了一个决定，放弃了系里每年唯一的一个留校名额。本来是打算先留校再考研，以后可以去上海发展。可是我妈病了，生了很重的病，医生说最多她只能再活五年，我还能有什么更充分的理由不回到她的身边？那一年妹妹高三在读，全家压力山大，妈妈工作之余还要照顾两边的老人，身心俱疲，本就瘦弱的身体不堪重负，倒下了。从我选择回到她身边那一刻起，仿佛千斤重担从她瘦弱的肩上卸了下来。那一年春节，我第一次围上了围裙代替妈妈上灶做了年夜饭。

我妈是个生性好强的人，从母女相依为命到后来成家立业，她事事亲力亲为，不甘人后。妈妈最大的心愿就是我们姐妹俩能上大学，完成她没能实现的理想。当我和妹妹陆续拿到大学录取通知书时，高兴之余她也早早做好了长期抗战的准备，并没有打算借助姥爷任何经济上的支持。

从她开始决定寻找姥爷，完全发心于不舍眼睁睁看着自己的老娘亲一生苦等，旧梦难圆。对她而言，四十多岁从天而降的父亲并非命运的馈赠，"爸"字只是伦理上的定义，生而不养缺少了那份血浓于水的骨肉亲情。而且还让她的人生平白遭受了莫须有的连累，更谈不上所谓的理想和抱负。故而当姥爷决定回乡靠她来养老送终时，心理的极度不平衡让妈妈心生怨气，虽然生活上对姥爷的照顾无微不至，实非心甘情愿。此谓薛仁明老师所讲的"伐善"和"施劳"，有因才有果，时久必会伤身。妈妈曾不止一次对我说，这一切都是她的命，让我千万不要学她，在心里去怨恨一个人，走她的老路。

时至今日，我从没有为我的选择后悔过，四年后妹妹毕业也回来了，我们的守护延长了妈妈的生命，二十年的陪伴作为女儿虽有万般不舍，对她来说也可谓圆满。

妈妈离开后，照顾姥爷和爸爸成为我义不容辞的分内之事。姥爷是个生活非常自律的老人，像《黄帝内经》里所说的"饮食有节，起居有常……而尽终其天年……"他信奉基督教，95岁驾鹤西归，我们按照基督徒的仪式送走了姥爷。"树高千尺，叶落归根。倦鸟知还，游子思亲。"一位百岁老人成为了中国近代史百年沧桑到巨变的亲历者和见证人。

至此，一切是是非非恩恩怨怨都随着历史的滚滚洪流画上了一个圆满的句号。

青山霁后云犹在
——记我的爷爷

吴 篁

　　我的爷爷是"云"字辈，他们兄弟几个分别叫"添云""正云""庆云"。奶奶的名字里也有个"云"字，这是我长大后才知道的。

　　小时候，我跟爷爷奶奶不亲。我跟父母住在县城，爷爷奶奶在乡下，两地相隔四十多公里，这条土路，晴天尘土飞扬，雨天泥泞不堪，汽车若不小心陷到泥坑里，还得人下去推。路上还有多个高高低低的土坡，坐在车上，能把人颠起飞。路途远，交通又不便，我们只有过年过节和暑假才能回去。见面不多，心里就有些疏隔，总觉得爷爷奶奶偏爱每天能围绕在他们身边的堂哥们，并不疼爱我和弟弟。

　　大概八岁那年暑假，父亲送我和弟弟回乡下看爷爷奶奶。那时，叔叔伯伯们和爷爷奶奶一起生活在老式四合院中。一天，弟弟跟堂哥们追逐打闹时不小心把新买的电视弄坏了。在那个物质贫乏的年代，什么都要凭票购买，电视机对于一个普通家庭来说有多贵重，年少的我没有概念。堂哥们知道闯祸了，混乱中，不知谁把事情报告给了爷爷。身穿长衫，平时很少言语的老古板爷爷来到"事故现场"，不分青红皂白，把弟弟揪出来骂了一顿，说弟弟这调皮小子，不知道爱惜东西。我在一旁独自玩耍，听见弟弟被教训非常气愤，弟弟才四五岁，他能比堂哥们更有破坏力吗？怎么也不问清楚再说。平时在家中，也没见弟弟闹出多大的动静啊！我笃定弟弟是被"奸佞"的哥哥们给"谋害"了。身为亲姐姐，我不能让弟弟受这不白之冤，于是脑壳一热，有了个主意，准备吓吓他们。我学着《西游记》里唐僧师徒启程前裹包袱的样子，顺手找了块布把衣物裹上，并沿对角打上结，再到墙角抓了根打狗棍把包袱从打结的地方穿过去扛到肩上，然后带上弟弟打道回府。唐僧师徒是西天取经，我是带弟弟"逃出"让我们蒙受冤屈的"恶地"。

南方的盛夏，又是中午，我拉着懵懵懂懂的弟弟，顶着四十多度的高温，像一名壮士雄赳赳气昂昂地出发啦！回县城的路我有点模糊的印象，但不知道路也无妨，在气头上的我，可管不了那么多。可惜，才走出二里地，就被爷爷发现了，他喊大伯追上来把我们带回了家。这是一次失败的"逃亡"，但我还是得到了些许满足，觉得这次"壮举"让自己和弟弟多少还是受到了重视的。

现在想起这桩糗事就很羞愧。弟弟小时候顽皮，偷偷地干了不知道多少捣蛋的事，家里的玩具无一能逃脱他的魔爪，任凭质量多好的玩具几分钟就能将它五马分尸。爷爷教训他，是要他做事有规矩、有分寸。八零后的我，从小接受着自由民主平等的观念，哪里能理解老一辈对后代深沉的爱。

后来慢慢长大，在外求学、工作，就更少回去了。只在过年时，一定会抽时间看看他们，给上点钱。直到有一年，我迁居到西安，得到机缘联系上爷爷的故交夏爷爷，从他的口述中得知爷爷的为人，又细细回忆起从小所听所见，敬佩之情油然而生。

之前我只知道两家几代交好，但不知其中缘由。原来夏老太爷（夏爷爷的父亲）与我的曾祖父之间还有一段惊心动魄的故事，使他们成为那种戏曲里演的老式中国人之间的生死之交。

这个故事得从解放前说起了。那时，夏老太爷从外地搬来，在曾祖父家旁边开了一家茶馆。突然有一天，夏老太爷被一些当兵的抓走了，一走就是很长时间，生死未卜。留下孤儿寡母，艰难维持生计。旧社会的女人大门不出二门不迈，遇到这样的事，完全不知道该怎么办，每日只能以泪洗面。

眼见着一天天过去，夏老太爷音信全无，心急如焚的夏家太奶奶举目无亲，只好寄希望于我的曾祖父，看看他能否帮忙打探一下消息。曾祖父分析局势后，决定冒死去找当时驻扎在地方上的部队长官。为什么说是冒死去找？因为当时兵荒马乱的，搞不好就会被杀头。后来终于打探到，因为时局变化，这个部队在地方上待不住了，准备撤走，临走前需要筹集一些粮饷。他们不敢扰动镇上的地头蛇，就抓了几个外乡来此做生意的，拿得出钱就放人，拿不出钱就要命。

曾祖父打听到了这个消息，连夜将夏家太奶奶手里头的钱和自己的家底凑一块筹集了上百个银圆交上去，把夏老太爷赎了出来。要知道，当时情况危急，这些兵老爷又是惹不起的，再不出手随时都有可能丢了性命。因我曾祖父为人仗义，在村里有些威望，所以人家也给几分薄面。

我父亲和大伯他们只知道两家不同姓也无亲缘关系，但几代人都亲如一家人，不知道到底什么原因。因我的曾祖父临终前将此事只告诉了他的大儿子，并交代大儿子严守秘密，因此其他人并不知情。听到这里，我很是诧异，老一辈人对待友情和现代人太不一样了，现代人对人有一点点帮助就好像对人家有天大的恩，还大肆宣扬，生怕人家不回报。老一辈人却将自己对别人的恩情埋藏在心底，不求索、不张扬，这种情义太让我震撼了。

拜访完夏爷爷，我感慨万千，点点滴滴涌上心头。

爷爷十三岁丧母，二十四岁失去父亲，曾祖父去世时，爷爷和奶奶刚成家，爷爷奶奶一结婚就扛起了整个家，他们还没有自己的孩子，就先接下了照顾襁褓中的同父异母的残疾弟弟、尚未成年的二弟和妹妹的重担。

爷爷很难，可毕竟是他的同胞手足，奶奶则是刚嫁进吴家，就得负责这一大家子的吃喝拉撒。结婚那年，奶奶还不满二十岁。这个婚前只有个小名"九儿"的女人，大名是丈夫取的。爷爷叫吴添云，他给奶奶取名"陈瑞云"，他们携手走过风风雨雨，奶奶可真正是家里一朵祥瑞的云，这两朵云照拂整个吴家几十年。

二爷爷与爷爷相差十二岁，失去了爹娘的二爷爷，只能靠兄嫂抚养。而爷爷奶奶对待弟弟，可谓全心全意，无有半点怨言。他们供二爷爷上完小学、初中，又辛辛苦苦卖毛边纸攒够了三十块现大洋做学费，送二爷爷进入南昌鸿声中学念高中。

二爷爷在南昌读书期间，正值解放前夕。战事频仍，学校里人心惶惶，大家四处逃散，与二爷爷一同出来的同乡，一个个都返乡避难了。二爷爷陷入了两难。离家时，他怀揣着兄嫂几乎全部的积蓄还有家族的期望，如今学业未成怎有脸回乡。不回吧，他乡异地，战火纷飞，自己又该往何处藏身。犹疑之时，听说有个部队招纳读书人，要培养教官，重要的是，待遇不错，伙食很好。这个时候，能吃饱饭已是幸运，就去报了名。不料才去没多久，部队要撤往台湾。临行前，二爷爷给兄嫂留下了封信，说自己很好，衣食无忧，叫兄嫂勿挂念。信是从广西寄出的。此后四十一年，再无二爷爷的消息。

再次相见，已是1989年。彼时，阔别四十一年的两位老人，在机场双手紧握、泪眼涟涟。亲情的力量是惊人的，尽管几十年未见，仍能在人群中一眼认出，因为血管里流着同样的血，彼此身上有着熟悉的味道。

二爷爷说，兄嫂待他恩同父母，此生是难以为报了。

爷爷还有一个同父异母的小弟弟，出生才几个月，爷爷的后母就出走再未回来。太爷爷把小爷爷托付给奶妈照看，奶妈成日打麻将，孩子就放在竹编的箩里，屎尿都在里面解决。因为未得到悉心照料，小爷爷得了严重的风湿，成了半个残疾。爷爷的后母出走没多久，太爷爷去世。爷爷奶奶赶忙把小爷爷接回了家，小爷爷有残疾，一生未娶，爷爷奶奶就养了他一辈子。

爷爷对待亲家，也是处处体谅。父亲结婚时，爷爷交代他，你的老丈人家孩子多，只有你老丈人一个人工作，要养活一大家子，生活的艰难可想而知。我和你母亲比他们宽裕，你有能力就多帮助他们，不用惦记我们。

父亲把这种精神传递给了我和弟弟。他说你若有能力，就多帮助身边需要帮助的人，不要计较钱财得失。

爷爷的一生，经历过父母早亡，一儿一女夭折，经历过饥荒，因有海外关系，还被抄了几次家。在饥荒年代，他们学会了做红薯粉丝，让儿女们少挨饿。特殊时期，得益于平时的为人，一家人少遭受了些劫难。改革开放后，不识字的奶奶又充分发挥了她的聪明才智，把自己手工制作的各种小吃，以及从省城批发的小商品拿到集市上卖，后来生意越做越大，极大改善了家庭的经济状况。印象中，爷爷奶奶从来没有因为经历了那么多苦难而露过苦相，他们总是能在夹缝中找到生存空间。

爷爷在他八十二岁时离开了我们，他是在睡梦中走的。2003年2月20日，爷爷和好朋友如往常一样下棋聊天。天色渐晚，两人说好下完最后一盘棋就回家吃饭，这盘棋爷爷大获全胜，好友心有不甘，却因时候不早只能约定明日再战。第二天一早，好友如约来找爷爷，却被告知爷爷已驾鹤西去。好友以为奶奶在开玩笑，"不可能啊，昨天他还和我谈笑风生呢，他赢了我一下午的棋，说好今天再下，我要赢回来呢！"可惜，他再也赢不了爷爷了。

无疾而终是民间常说的五福中的一福，爷爷就这样无病无痛睡着离开了人世。爷爷的葬礼上，前来吊唁和送别的有三百多人，是我们当地历史上最为隆重的葬礼。爷爷一生无官无职，他以一个普通劳动者的身份，践行忠厚仁义，赢得了大家对他的尊重。

那日，我跪在爷爷灵前，姑姑用木棍敲着棺材一遍遍告诉爷爷，你的孙女回来了，你的孙女回来了！

长跪叩拜后，我起身看见灵堂外的天空有朵云，在夕阳照耀下泛着迷人的光彩。

看着它，心里仿佛被注入温暖和力量……

此情可待成追忆
——记我的婆婆

青　夏

　　人间最美四月天，梧桐山上一年一度的毛杜鹃花又竞相开放了，到处繁花似锦，阵阵清香。在这春意浓浓的氛围中我们的读书会如期进行，其中的分享环节，大家畅所欲言，从"上海同学隆重举办了一场婚礼"聊起，进而聊到家庭关系、中国的礼乐文明，再聊到农村的祭祀、葬礼，等等，好不热闹。晚上回到家，与家人聊起已过世的婆婆，思绪一打开，与婆婆相处的点点滴滴便涌到眼前，情不自禁地回忆了起来……

　　婆婆最后十多年一直是与我们住在一起的。时间久了，我发现婆婆在简静安然中蕴含着大智慧，在平淡无奇中点缀着小幽默，我们总会被她用家乡话讲的小笑话逗得开怀大笑，现在回想起来，她真是天底下最好的婆婆！后来了解到婆婆的家世，得知她在解放前出生于一个大户人家，后因时代变迁，因缘际会，与同样身世的公公勉强组建了一个家庭。婆婆受的教育并不多（大概是"高小"毕业），但可能是因为整个大家庭的气象还在，她的兄弟姐妹个个都是那样的温和敦厚，不争不怒，每逢娘家大家族聚会时老兄弟、老姐妹们聚在一起，大家都很自在踏实。经过多年的观察，我慢慢能理解婆婆家的文化底蕴了，难怪我家娃娃们最亲的还是奶奶。我也从心底里把她当作自己的娘亲。

我现在还记得第一次去婆婆家的情景。他们家地处中原，绿油油的麦苗一望无际，金灿灿的油菜花间隔其间，偶尔还点缀着几棵泡桐树，简直就是一幅优美的油画，我一下子就迷上了。结婚后因办理工作签证我在婆家住了一段时间，与公婆近距离相处，感受到他们对我特别的关照。

婆婆家是那种典型的北方大村庄，顿顿袅袅炊烟，家家烟火气很浓，通常是村这头有猫狗在叫，村那头有娃娃在跑，清晨鸟儿叽叽喳喳，邻里之间说说笑笑。因村里都是用土灶做饭，用麦秆儿当柴火，有时馍上难免会粘些灰，婆婆常常会把有灰的馍皮撕下来自己吃，把中间好的给我，有一次公公一大清早从后院的樱桃树上摘樱桃给我吃，当我看到那双布满老茧的手，真的好感动……

我还记得，家里那时没装自来水，我随他们一起到村头水井打水，然后拉回来用；作为一个外地媳妇，我一时兴起还随他们一起去地里干活，惹得旁边的叔婶们一脸的羡慕。现在想想，我哪里会干活，当时更多的是一种好奇，可能这样也是与婆家的"联结"会更快些，与他们相处久了，自然与这个家族就融为一体了。

后来我们定居在深圳，婆婆过来给我们带孩子。随着更多的相处，我发现婆婆身上越来越多的闪光点。比如，婆婆很幽默。他儿子讲过一个多年前的梗，在八十年代中期，他家买了一台收音机，三个小子兴奋地倒腾了几天。有天早上播音员用英语问候："Hello every one!"婆婆在旁边听到，说："我咋听着像是'喝了一碗又一碗'呢！"又比如，娃娃小时候的问题难不倒她，就问："奶奶，你是什么学校毕业的？"她不紧不慢地回答："俺是农业大学毕业哩！"在家里，她每天照顾我们的衣食起居，任劳任怨。有次她专门对我说："青夏，你大脚趾指甲要多剪剪啊。"我说怎么了，她回答："你的每双袜子都是大脚趾那儿破个洞，我已帮你缝了好多双了。"天啊，我真是个马大哈，婆婆一直在帮我做针线活儿，我自己却不知晓！再比如，我每天早上上班都比较赶，逢到我要出门时，婆婆总会帮我把包包、钥匙和手机放在一起，以免我漏掉，有时甚至还会帮我把电梯按好。

婆婆任何时候都是不急不躁，气定神闲。早年，我年轻气盛，孩子们如果不听话，我就会大声责骂甚至还会动手打，但婆婆从来都支持我对孩子的管教，她会与我一起当面严肃地批评孩子，哪怕我批评得不对。但等孩子一出门上学，她就会心平气和地跟我说："刚才实际上是你错怪孩子了，以后可要注意哈。"她甚至还会教我一些做人的道理，比如：与同事、朋友在一起，要尽量少谈家长里短；对于家庭生活琐事，要像猫咪一样，睁一只眼闭一只眼……有这么一位有大智慧的老人家，我们家的气氛自然比较融洽，孩子们也与婆婆亲密无间。在婆婆生病期间，我们照顾责无旁贷，孩子们周末也会去医院陪婆婆；婆婆术后康复扶婆婆走路，给婆婆捶背按摩，最有趣的是晚上给婆婆洗脚，两个孩子争先恐后，一人抱一只脚抢着洗，那场面真是欢乐啊。相信他们的奶奶、我的婆婆在她最后的时光一定备感欣慰和幸福。

婆婆面对生死非常的豁达。婆婆住院期间曾经给我说，她从不惧怕死亡。虽然化验单上的字她也大致认得，但她从不去看、不去问。她说不必过问，医生自会有办法，如果躲不过就安心去和孩子爷爷"会合"好了。她说得非常睿智洒脱，现在我才觉得婆婆就是那种活得通透的"二零后老太太"。医院的护士也很喜欢她，因为她总是幽默风趣，让小护士们感受到工作的乐趣和价值。

婆婆还说，她觉得人活一辈子，坦坦然然、开开心心就可以了，不然再高寿也没有多大意义。

最珍贵的是，在她生命最后的两个月，她的孙子为了完成一个学校的作业，用录音笔采访了她，把整个家史完整地记录了下来。每当我读起这份特殊的"作业"，就觉得字里行间都是老人家的身影。他们经历过艰难不堪的时代，但一直勤劳、乐观，用自己的言传身教影响下一辈；他们树立的家风将会得到很好的传承！

此情可待成追忆，转眼婆婆离开我们已经三年多了，虽然很多时候非常想念，但在我们的记忆中都是她老人家的经典语句和各种美好。古语云"里仁为美"，我忽然一下子明白了婆婆就是那种通透喜感的"仁"啊！原来生活中的美就在身边！希望大家都珍惜当下，珍惜眼前人，光明喜气地过好每一天，这也是"里仁为美"的一种气场吧！

是为志。

天上人间，龙凤呈祥

韩正文

父亲：

2017年跟你说我开始跟着一位老师看京剧，我想你除了诧异之外，更多的应该是开心吧？2018年9月底，我们私房课看裴艳玲先生的《龙凤呈祥》，很有意思的一出戏，不知道你以前有没有看过？看完之后，我心中一直在琢磨一件事，不知道该不该跟你开口？想了好几个星期，中间又去了一趟北京，参加天清地宁北京同学会的"明艳之约"，一睹裴先生的风采，前天才回来。回来后又想了想，最后还是鼓起勇气来跟你谈谈。

在说到正题之前，先跟你坦承我上小学前犯的一个傻。那时跟邻居的小朋友玩，见到他们都有爷爷奶奶、叔伯阿姨，心里其实挺羡慕的。基于"输人不输阵"的心态，我只好理直气壮地跟他们说："我虽然没有爷爷奶奶，但我们家有三种姓喔！我跟我二姊、三姊还有小妹姓韩、我妈姓黄，但是啊，我大哥大姐可是姓孙喔！怎么样？你们家可没有吧？"直到上了学之后，才知道自己闹了笑话。可是你跟妈妈一辈子都没跟我们当面谈过这件事，还没上学不懂事的我，又怎会知道这其中的原委呢？

懂事之后因为好奇，只好自己偷偷地拼凑。从小就知道你有四个结拜兄弟，你最小，排行老五。在逃难的过程中，幸亏有他们一路的照顾与扶持，否则只有十二三岁的你，早就饿死在路上了。所以你对他们有着一般人很难理解的患难与共、既敬又爱的深厚情谊。我见过二伯伯、三伯伯、四伯伯，可从来就没见过大伯伯。每次问你大伯伯在哪，你跟妈妈总是闪烁其词、顾左右而言他。这态度可真把我搞得一头雾水，但却更增强了我的好奇心。

等到再大一点，才渐渐从一些蛛丝马迹中，拼凑出一个让我不可置信的事实。大伯伯很年轻就因病过世，过世的时候孩子大的才三岁，小的一岁不到。大伯伯临终前托付你照顾他的妻小，你自然是义无反顾地一口答应，让大伯伯走得安心。可是才二十几岁已经订了婚的你，没田没产的，在那个匮乏的年代，怎么可能有能力迎娶你的未婚妻同时又照顾大伯伯的妻小呢？为了信守对大伯伯的承诺，你忍痛解除了你的婚约，背弃了对另一个女子的承诺，娶了大伯伯的妻子。

于是，从小常在你不经意的眼神中捕捉到的孤寂还有妈妈的心不在焉与若有所思，都有了答案。

我没让你知道我知道，我只暗暗的在心中跟自己说，我要努力当一个好孩子，让你开心。我做任何可能会让你开心的事，我努力读书争取好成绩，只希望让你觉得你所有的放弃，是值回票价的。我从来没告诉过你，每当我有好的表现时，在你眼中看到的欣慰，对我来说有多么珍贵。我一直鞭策自己努力，虽然有时候会觉得累、觉得勉强，但与你的牺牲与放弃相比，我的累与勉强又算得了什么？

你对我们六个孩子一视同仁，为了顾及大哥、大姊的心理，甚至有点矫枉过正。你辛勤地工作，放弃你年轻时所有的梦想，跟妈妈胼手胝足地把我们带大。我不会忘记每次开学前，你跟妈妈都要为我们这六个孩子金额庞大的学费犯愁。你总是得拉下脸去跟你的难兄难弟们开口，好让我们能够顺利上学，之后再把钱还清。但每每才刚还完，我们又开学了。这状况持续了好几年，而我从没听你吭过半句。

你知道吗？我一直想当你的儿子，我也自认做得不差。我知道你最疼我，你包容我的叛逆，你给我最大的信任。但第一次陪你返乡探亲前，你很委婉地要我不要跟爷爷说哥哥不姓韩，这个要求真的好伤我！我自以为是地努力了二十多年，到头来终究只是个"女儿"。

老天总爱开人玩笑。大哥、大姊让你跟妈妈伤透了心，甚至差点把整个家都给拖垮。

去美国念书前，你说要来美国参加我的毕业典礼，还兴致勃勃地复习基本的英语会话。谁知道平时连感冒都很少、生活规律又注意养生的你，在我到美国半年后，竟然就生了场夺命的大病。你不让我回来，我担心得晚上一个人在宿舍边读书边哭，白天还得若无其事地去上课。那时候真的想要放弃，能够撑下去的唯一动力，就只是不想让你失望。

我唯一能做的就是买一堆电话卡，在你开完刀休养的时候，常常打国际电话陪你聊天。那应该是我们父女聊得最多的一段时间吧，有一次你在电话中冷不防地问我，是不是因为钱不够的关系才只读硕士，我跟你说"我对法律的热情，只够支撑我念硕士"，我实话实说，但你却在电话那头老泪纵横地一直跟我说"对不起"。你说你万万没有想到，辛苦了大半辈子，到头来自己的女儿出国念书，竟然连一毛钱都没办法帮，为什么"好心没有好报"？父亲啊！这"对不起"让做女儿的我如何承担得起？从没看过你掉泪的我，仓皇失措。于是父女俩在电话中哭成一团，成了留在我脑海中无法抹去的印记。而那句"为什么好心没有好报？"则一直让我心如刀割！

毕业后回台湾，在上台北工作前，一个陪你聊天的下午，你要我去你的书桌抽屉里找一个信封。找到后拿给你，你要我拿着。里面是一些美金跟台币，是你之前出国旅游剩下的。你说你用不着，要我帮你花。在往台北的车上，我一直默默地掉泪。你知道我好强，于是就用这方式塞钱给出国读书刚回来正囊中羞涩的我。而我哭的是，从今以后，再也不会有人这样对我了。

你生病的时候，我在美国；你走的那天，毫无征兆。而我，则正在回台北的路上。你连道别的机会都不给我！姊妹们要我写追悼文，这是我至今最难以下笔的一篇文章，要如何用文字来描述你？你走之后茫然到一滴眼泪都没掉的我，告别式的时候跪在你棺前念追悼文。才念了一行，就哭到全身颤抖，眼泪积满两眼的镜片，根本不知道是怎么念完的。请原谅我不愿多瞻仰你的遗容，因为我只想留下你健康时的身影，这一切跳得太快，快到我希望它是假的。

告别式那天，是我们全家最后一次全员到齐。你离开带来的伤痛，让我们四姊妹各自花了好长的时间才慢慢抚平。晚你半年生病、脑部开刀的妈妈，开刀后脑筋不清楚了。现在跟二姊住，一切都好，不要担心。二姊说，前一阵子妈妈有好几次半夜起来开门，吵着要出去找她的老公。我们四姊妹知道，妈妈口中的老公，不是你。三姊说，你曾在第二次开刀后躺在病床上拉着她的手说，"我未婚妻来看我了"，你口中的未婚妻当然也不是妈妈。你隐藏了一辈子的亏欠跟思念，终究还是说出来了。

你知道吗？这就是我人生最大的困惑。你为什么要如此信守承诺？你当初答应大伯伯的时候，有考虑过要付出多少代价吗？你承担得起吗？你信守承诺的牺牲与放弃，后果大到让我们四姊妹几乎无力承担。我的生日跟你只差七天，血型又跟你一样，像透了你。所以我这大半辈子都在尽量避免承诺，因为我害怕一不小心会落得跟你一样。

讲了这么多，现在我们来聊聊裴艳玲老师演的京剧《龙凤呈祥》吧！讲的是在天下大乱、风云诡谲、尔虞我诈的三国时期，孙权以许配妹妹孙尚香为饵设下美人计，准备诱杀刘备的故事。照理说应该紧张又肃杀才是，可是剧情却是让人意外地惊喜，配上薛仁明老师画龙点睛的解说，全班同学看得笑声连连、欲罢不能。很妙吧？其中《甘露寺》中乔玄《劝千岁》的唱段，衬着阴阳交错、出神入化的京胡伴奏，几乎成了各地读书会的会歌呢！从来不知道京剧可以这么好看、如此好听。

如果真有"穿越"这玩意儿，我真想让你一起来上薛仁明老师的《史记》《论语》课，更想邀你一起来听薛仁明老师讲京剧。薛仁明老师是这么说的：这就是中国式的思维，往往用比较高的视角来俯视人世间的尔虞我诈、悲欢离合。就以飞机起飞为例，当飞机爬升到二千多米的时候，我们还可以看到台湾海峡的波涛汹涌；但当飞机爬升到八千多米的时候，往下一望，台湾海峡已变成波澜不惊、云淡风轻了。同样的台湾海峡，为何会有如此的不同？其中的关键就在"高度"。高度够了，看待人世间的纷纷扰扰，往往就可以一笑置之、不动如山。所以《龙凤呈祥》这出本应让人揪心的京剧，变成让大伙儿笑中带泪的"喜剧"，也就不足为奇了。这就是中国的乐教，透过这欢喜饱满的方式，世世代代滋养着我们。

我一点都不想用"伐善"的角度来解读你的遭遇跟我的感受，这实在让人不忍。我只想试着用京剧中"俯瞰"的角度与高度来解读我们各自的遗憾与伤痛。我发现原来我一直杵在地平线上，精雕细琢地直视你离开后我的伤痛与咱们家的荒谬，所以我至今依旧耽溺其中无法抽离。但在看完《龙凤呈祥》这出京剧后，我想我或许可以试着让自己用比较高的高度来审视这一切吧？而当这念头开始生发，我心中的不平与伤痛，竟然立马就减轻了不少。于是我才想着跟你聊聊这个我们父女间一直避而不谈的话题。

你生存的年代充满了太多的无可奈何与情非得已，你已经尽了你的全力来应对那动荡不安的年代。我看到你的付出与努力、也感受到你的孤单与遗憾，这些都成了我努力的最大动力。所以当你离开后，我才会因为失去最重要的动力而不知所措。这一切我相信你都"看"在眼里。我不知道现在的你是怎么想的，但我只想告诉你，当你的女儿，虽然需要通过很多的修炼，却也是我今生最大的福报。就算我再努力也无法填补你所有的遗憾，但我相信你看到了我的努力，而你也一直以我为傲。

不然这样，咱们父女俩来个约定吧！你要不要跟我一起，也试着用八千多米的高度来看待你经历过的一切？你在天上、我在人间，咱们父女俩来合演一出《龙凤呈祥》呗，何如？

就这么说了，一言为定！

你的女儿　正文

2018 年 10 月 21 日

无违色难

婉 君

　　疫情这三年，真是三年一瞬

　　从一开始的恐慌混乱，生活秩序乱了套

　　慢慢地再从混乱中，争取找出一些新的机会

　　疫情中京剧课，就是在这样的状态下，风尘仆仆地开展了

　　情况允许下，我们就上实体课，形势紧张时，我们改线上课

　　2020年12月的一个上课日，父亲打了好几通电话给我。本想下课再回电，但又怕有急事，于是接了电话。电话的那头，父亲急促地说着医生要母亲明天住院，准备开刀。爸、妈这次来台湾待了将近半年。原本只是想看看慢性病、旅行还有拜访亲戚，预计一至两个月就返回金门。而脊椎滑脱的状况已困扰妈妈多年，因妈妈患有帕金森病及糖尿病，怕术后愈合不佳，迟迟不敢接受手术。或许是因缘俱足吧，这次来台母亲看的医生，给了母亲信心，竟鼓足勇气同意手术。我跟爸爸说等我问清楚状况，我会再回电话，然后静静地走回教室，跟着同学继续唱戏，把课上完。

这样的处理方式对我来说是不可思议的。要是以前，我一定是立刻不上课，飞奔至父母处。这回也不知道是什么力量，当下我决定回去上课，不要影响同学们的情绪，因为这事不是着急就能解决的。下课后跟爸爸了解了事情的来龙去脉后，我打听了医生的信誉及微创手术的成熟度，心里有了底。回头跟父母做了解释，约好隔天带他们去医院办理住院。

手术过程顺利，但比想象中复杂疼痛。母亲手术后，我几乎日日一早到医院，为的是跟主治医生当面问问母亲恢复状况，也顺便带着帮母亲准备新鲜饭菜，因为医院的饮食不见得合妈妈胃口。每日出发到医院的车阵中，我总会唱起《穆桂英挂帅》。我告诉自己，母亲为了解决旧疾，勇敢忍受开刀的痛楚，因此我要给母亲最大的支持。术后的疼痛让妈妈痛苦难耐，时有负面的言语，闹着后悔开刀，这些常让我不知所措。因此每日到医院的途中唱着《穆桂英》，自己为自己打气。眼前虽看似荆棘难行，但只要我保持希望，认真做对的事，就像唱段里的"我一剑能挡百万的兵……"

经过积极复健，母亲一日比一日进步。但才见起色，母亲便坚持清明节之前一定要返回金门老家。母亲说因她的病痛，过年已没能回家祭祖，愧对祖先。清明扫墓，无论如何也要回去祭祖。拗不过母亲的坚持，清明前一周，我特意排开了所有事情，陪父母返乡。老家大半年没住人，一定要大扫除，而且我得观察设计，在老家帮母亲安排设计最安全的活动路线。

回去前已先在款式齐全的台湾购买好各式的安全扶手，在家乡发展的同学带来各式各样工具，在他们鼎力相助之下，我们在床沿装上活动床栏，这样母亲半夜起来或是在床上运动，就有了安全的支撑。最容易发生意外的卫浴间，也装上了协助坐下或是起身站立的扶手。或许是坚固的扶手带来的安全感，在母亲好几次自己去厕所后我都嘟囔着为何不叫人，母亲回说：我自己可以的。我想，若非不得已，没人想给别人添麻烦的，母亲自然也不例外。自己可以独立完成也会让母亲越来越自在，越来越进步，这是良性的循环。

一回到老家，人还未坐定，母亲就急着去上香。就为向佛祖先人们报告：他们回来了，因为生病这么长时间没有上香觉得抱歉、请祖先保佑腰椎能一日一日好转，她定日日上香敬茶，等等。返乡第二日，母亲就准备了供品，要我去祖厝上香拜拜。明明才刚跟母亲确认好拜拜的行程为门口地基主、地母还有村口小庙，供品每处六样，共十八样。但在拜地基主时，母亲突然说一桌六样供品不够，要我再去拿。我只好先挪用其他的供品，等地基主拜完再来准备。我有点恼怒地问母亲，不是说好一处六样吗？一下子变十样，叫我怎么弄啦？而且这样明天要拜拜的会不够耶！"不够再去买！"妈妈回答得很干脆。

这只是平日里众多反复事件中的一件，也不知是疾病的影响还是年纪，总觉得母亲越来越固执，也有点不讲理。现在的她明明都需要人搀扶，已经交办给我的事情却总是不放心。看我点香时打火机没点着，就急着说"来来，我来"。接着立马把打火机给抢去，颤颤巍巍把香给点着。若是时间充裕，母亲这样的临时改变心意，我还能接招。可是后面还有一连串的待办事项，被母亲任意打乱顺序，要重新再来的时候，我终于忍不住发火了。我生气地对母亲说"你只站在自己立场，都不替别人着想，你说对就是对，别人的都是错，有本事你自己来！"出张嘴还乱指挥的母亲瞬间安静了下来，不再坚持，接着推说腰椎不舒服，回房间床上躺着去了。

我依样画葫芦，一个人默默把事情一件件完成，口中念念有词，拜托神明祖先保佑我的父母身体安康。过程中胸口却像有石头压着那么难受，我自责为何要跟母亲讲道理，明明知道根本讲不通，也清楚这些都是小事，但在那当下，就是没办法嬉笑以对，而只能事后深深地懊悔。想着课堂上曾上过的《论语》："孟懿子问孝。子曰：'无违。'""子夏问孝，子曰：'色难。有事弟子服其劳，有酒食先生馔，曾是以为孝乎？'"看似简单，但知易行难，难怪孔老夫子不厌其烦地告诫我们。我得时时提醒自己，无违，色难！

就在这样的矛盾情绪之下，我突然想起今天是星期三，若不是返乡，此时我应该坐在课堂上与同学们一起唱戏吧！那好，那我也来唱戏呗。于是唱起老师新教的《淮河营》。这段戏在空旷的老房子里唱，特别有气势。我畅快地在老家神明厅里唱着，爽快极了。

咦！我这献唱，可以当作是酬神谢罪吗？

忆父亲

王嗣芬

　　今天是父亲七周年忌日，很奇怪，每年四五月，我知道是他离开的时节，但是每年总要翻阅书面资料，才能确定他走了几年。七年，不算短的日子，这些年也经历了许多事，但和父亲连结的这条感情在线，时间不是线性发展的。有种思念不需要特别想起，因为他一直都在。

　　我的父亲是浙江镇海人，幼时生活富庶丰饶，深得爷爷奶奶宠爱。

　　因中日战争，家破人亡，沦为街头的难童，流浪离乡，其间受社会乡贤的帮助安顿，后在奉化国际灾童教养院，留有许多深刻回忆，后因战事物资艰困，院方无以为继，15岁就从军报国了。小小少年兵，不到枪杆高，战火下受尽苦难。1949年，随军撤退来台，颠沛流离许多年，漂泊来到台湾，渐有安定生活，战火下的孤儿，在南台湾落地，开枝散叶。1959年退伍，自营商店，成家立业，子女成群。

　　这是七年前，父亲的出殡告别式上我写下的爸爸简单生平，也是我的成长背景。

　　爸爸是个说故事高手，讲他的童年、他的家乡、他的流浪岁月、他的军旅生涯，战争下那个大时代的故事，动人心魄。我就是在他的故事里"化"育出来的。

成长的记忆里，南台湾的夏日夜晚，常常坐在家门口的长板凳上，边乘凉边听着爸爸的故事，这个记忆是我这一生最珍贵的资产，深植的文化基因，早已是我生命的根，永远养护支撑着我。他对我的身教、言教，塑造了我的性格，这生命底色，我想再过多少年，都不会褪去。

我是个早慧的孩子，爸爸的故事，从小开发了我的五感六识。

从他的故事，我知道了四季时节、知道了寒暑冷热、光明与黑暗、战争与和平。

他的故事带我走过春、夏、秋、冬：

春天时是田野里美味的野菜；夏天时是丰美的果实，桃、李、梅、杏，特别是水蜜桃与杨梅，那滋味，我至今还向往着；秋天的桂花，是怎样的清甜微凉；冬天的梅花，香味又是如何悠远，山上的梅花香味，山下可以闻到。

从他的故事，我知道了寒暑冷热：

最暖的温度，是冬晨起床时，奶奶如何呵护照顾他，从暖暖的被窝起身，洗脸穿衣无微不至；最冷的是，在孤儿院里，寒冬晨起时，用冻得僵直的粗劣毛巾，沾着冷冽的冰水，在脸上轻点两三下；最难耐的酷暑，是穿着厚重军用装备，在烈日下行军，热得流不出汗，渴到趴在地上喝田里的水；最冷冽的记忆，冬天大雪，翻越冰封大山，穿着草鞋在雪地里行军，鞋子掉了而不自知。

从他的故事，我知道了光明与黑暗：

美丽的光明，是美孚灯的亮光。在家乡时，每当黄昏，奶奶常会分配爸爸一件工作，就是擦美孚灯的玻璃灯罩，只容小手伸进的灯罩。擦亮了灯罩，点燃后散发出温暖明亮的光热。爸爸说，冬夜无事时，他会向着火苗看上半天。

而黑暗是，逃难时的夜晚。因为长期营养不良造成夜盲，每到晚上，伸手不见五指，战争的阴影下，内心的漆黑空寂无依。

从父亲的故事里，我知道了什么是富庶丰饶、太平岁月：

他的家乡甬江口，每当潮水退落，广阔的海滩上，有着密密麻麻的大小蟹类，蹦跳的鱼。内陆河川，清澈的水中，川流不息的鱼，缓缓爬动的虾。河底的污泥里，用脚就可踩出大大小小的蚌类。

也知道了什么是战争：

经历多次躲警报的惊恐，最后担忧的还是来了，日军登陆的那个初夏午后，离家的过程，历历在目。那一晚，他躺在稻草堆里睡着了，睡梦中人声嘈杂，寻人的声音此起彼落，但是，没有人喊他。第二天，跟随逃难的人群，一步步远离了家乡，一身单衣，两手空空，走向陌生的远方及没有尽头的苦难。

父亲十二岁离家，数十年来，已随岁月淡去的乡音，残缺不全的乡情，在讲故事中慢慢让记忆苏醒。

讲故事的父亲，让人动容，沐浴在甜蜜温暖的亲情里，在孤苦流浪的岁月中，偶尔在梦中才有的童稚快乐时光，即使那么片段残缺，也是弥足珍贵的回忆。

这些故事也让听故事的子女，知道更多家乡的人与事，对"老家"产生无限的向往与爱恋。

父亲总爱喝两杯，有时我们也和他小酌一番。微醺后的父亲，性情抒放，但我从未见他酒后失态，喝多了，倒头就睡。

爸爸性情洒脱大气，说起过去种种，似乎没有阴霾，没有仇恨，不会一味沉溺在伤痛中。

只读过两年书的他，却知道很多诗词，他让我想起李白，想起东坡。

爸爸的书画天分极高，书法绘画，信手拈来，总让人赞叹。

爸爸喜欢种树养花，家里那个后院，一直是我心中的秘密花园。他兴致来时，把家里的摆设，乾坤大挪移一番，感受不同的氛围。

万能的父亲，大到盖房子，小到帮我修皮包，在他手里，像变魔术一样，应是克难的环境，造就了一身本领。

父亲喜欢京剧、绍兴戏，小时候带我去看过《四郎探母》，这几年接触了戏曲课，我才知道戏曲给他的抚慰。

他对孩子的教育不落俗套，对于孩子学音乐、学书法绘画、学体操、学武术，都兴味盎然，支持鼓励。

这几年有机缘上了中国传统文化课程，老师谈到"化"的场域在家庭，家庭的"化"的功能，最重要的是"诗乐"与"礼"。谈到中国人家庭"性情空间"的功能。

让我再想起他，从小在他身边耳濡目染，那种气场，那种氛围，始终难忘。只读过两年书的父亲，在那个物资匮乏的年代，给了我这么丰沛的性情空间。

这些是父亲感性的一面。

而他的刚毅，对我又是另一面"礼"的影响。

虽然流浪在外，父亲自律严谨，未染任何恶习，始终谨记不辱父母。每逢生日，纪念母亲。

我对过年的记忆，是除夕傍晚，父亲一定要祭祖，一个临时摆放出来的小方桌，父亲亲手写下的牌位，"王氏门中历代祖先之牌位"，给我无比的神圣庄严感，站在那个牌位前，自动立正站好，所行所言要对得起列祖列宗。

祖宗牌位旁边，放着当年教养院竺院长的照片，父亲知恩、感恩，感谢生育、养育他的家庭，感恩流浪岁月中，照顾过他的乡贤。

祭祖桌上，一对红烛亮亮晃晃，精致的香炉，是家里最漂亮的物件，香烟袅袅，传递着他的思乡之情。

父亲返乡探亲时说，他离家时没有胡子，返家时没有了头发，其中是多少辛酸无奈。

返乡探亲他携回了最重要的物品——家谱。年幼离家，王家祠堂辈分排行的十六个字，他只记得"光大宗嗣"，也用"嗣"字，为四个孩子命名。

我想，这些就是老师说的"礼"吧。

"不学礼，无以立"。在血缘传承中，知道自己是谁，自己的位置，不只是礼仪应对进退。

这是多么深刻鲜明"礼"的教育。

父亲天资聪颖，迫于时代环境所限，虽只受过两年教育，自力学习，能写出极好文章，曾于宁波同乡月刊连载回忆录，前后十万多字。多年前，我花了一些功夫整理，将这些文章结集成册——《烽火浩劫中的一个宁波儿童》，希望以这本书，纪念上一代人因战争所经历的苦难岁月。

在父亲最后卧病时，病床边，我念着这本书给他听，希望他对家乡的记忆，能带他回家。

王嗣芬写于台北

2023 年 5 月 20 日

最后的时光

李朝霞

五年前，父亲得上了间质性肺炎，肺纤维化，三年前开胸做了搭桥手术，近两年身体每况愈下，经常住院。

2021年九月初，薛仁明老师再一次讲到葬礼，讲到祭祀，讲到了父亲刚刚去世的同学华洁姐的故事。尤其是华洁姐精心照顾父亲的事情，这些事情形成图景，在脑海里过电影一样闪现，我才知道父母也是需要被照顾的。

一切都是那么巧合。课程结束那天晚上，我决定回父母家住一晚，陪陪刚从郑州出院回来的爸爸，可是，事情来得那么突然，让我猝不及防。

那晚走进家门，听到楼上卧室父母的聊天，感觉不对，赶紧跑上去，看到爸爸脸色发灰，嘴唇发紫，无力地在床上大口呼吸。家里的制氧机已经供不上爸爸的呼吸了，此刻，门响了，弟弟也回来了，弟弟当即拨打了120。

看着躺在车里的爸爸，心头一酸，这是我们家大大的遮风避雨的保护伞啊，我家的大树啊，他怎么会躺着，躺在这救护车里？我微微伸出手，小心翼翼地拉起爸爸担架边上的手，这手又宽又厚又有力量，只是这手我怎么从来没有牵起过。在平常爸爸会把我甩开，今天却没有，我使出了一些力量握紧了这只手，安慰爸爸别紧张。吸上救护车上的氧气，爸爸舒服了很多，呵呵笑着对我打趣说："怕啥，车上的氧气就是比家里的好。"我也故作轻松地和爸爸说着不着边际的话，心里却异常沉重。

多少年来，父母住院我从未陪伴和伺候过，爸爸这次病倒，我果断地向单位请了假，我要专心地陪护爸爸！

爸爸食欲不好，我每天扒拉着手机让爸爸看美团上的美食图片，想让鲜艳的图片能诱惑出爸爸一些胃口，特意买回街头小吃烤红薯、炒凉粉、水煎包让爸爸尝鲜，能吃到他小时候的味道。尽管买回来的东西，爸爸有时会吃上几口就放下了，或者买回来看一眼就不想吃了，我也是满心欢喜，能这样守在爸爸身边，伺候着爸爸，内心充满了安稳和幸福，父女之间你一言我一语的时光竟是这么美好。

在我的意识里医院很脏，甚至让我恐惧，从来不在医院吃东西。每天早上，我自己先在外面吃了早饭，然后给爸爸带回医院一份。无论买啥，爸爸吃起来看着都没有滋味，吃几口都想放下筷子。我看着很心疼，脑海里浮出了华洁姐伺候她爸爸的情景，我决定改掉自己的臭毛病。以后的每个早上，我五点起床，给爸爸熬粥，炒个小菜，六点半之前拎到医院，让陪夜的弟弟回家补觉。

弟弟早上照顾爸爸洗漱完毕离开后，我就陪着爸爸一起吃饭，给爸爸夹一口菜，我夹一口菜，吃着说着话，评价着我的饭菜。爸爸不知不觉能把我带的饭菜吃完，有时候吃不完，我会把剩下的吃了。有一天爸爸很奇怪，问我："你咋学会在医院吃饭了？"

我笑了，让爸猜，爸说："你妹来医院，不坐床，也不坐凳子，一站一下午。"我呵呵地笑了起来。是呀，难道不是我和妹妹一样吗，到医院看望病号，从来不坐病号床和凳子，回家还要把自己通身洗个干净，衣服洗净晒干才觉得干净了，更别说让我在医院里吃饭了。从此，早晨陪爸爸在病房里吃饭成了我的快乐时光。有几次，弟弟看见我陪爸大口地喝稀饭，用奇怪的眼神看了半天说："咦，太阳从西边出来了？"嗯，就当太阳从西边出来了吧！

住院期间，爸爸的病情并没有好转，呼吸越来越吃力，医院墙上传输的氧气量也不够用了，我们买来了加压机。爸爸吃饭吃几口需要停一停，刷牙洗脸只能坐在床上由我们来帮忙，大小便也在床边的坐便器上完成。开始是弟弟每天早上把水端到病床前给爸爸刷牙洗脸，后来我就抢了下来，我学着弟弟的样子给爸爸刷牙，爸爸很配合，张着嘴巴让我用牙刷在嘴里刷来刷去，第一次像照顾孩子一样照顾爸爸，爸爸顺从地配合着我，竟然让我喉咙里又酸又哽，第一次感受到父母也是希望被照顾的啊！

后来这个事情成了我的专属，每天早早到医院就是抢到我给爸爸刷牙（我爸很爱干净，很为自己七十多岁了，还有一口洁白整齐的牙自豪），认真地给爸爸洗脸洗手，每天把爸爸收拾得清清爽爽。照顾爸爸大小便更不含糊，手边放着湿巾纸、卫生纸，结束后把便盆刷得干干净净，妹妹拿来的一次性手套，刚开始我还戴着干活，后来索性不戴了，就用手直接洗刷便盆，便盆刷得干净透亮。爸爸看在眼里，虽然没搭理我这些，但他的眼神里有一种欣慰，他知道闺女不嫌弃他脏。

没事的时候我拿着报纸轻轻地给爸爸扇一扇风，让微微流动的空气使爸爸呼吸更舒服一些。一天，扇着小风爸爸睡着了，我也瞌睡得直掉头，打着盹手也没有停下来，爸爸醒来，看见我还在呼啦着报纸扇，心痛地说："乖，你咋还在扇？"瞬间我的泪从心底涌出，我侧过身子使劲儿把它咽了下去（自小到大，爸爸喊我"乖"屈指可数），时至中年，向来对我们严厉的父亲能这样喊我，那一刻，真想让眼泪狂流……

刷牙、洗脸、陪爸一起大口吃饭，给爸刷便盆，每天这么做着，比上班、逛街、旅游都享受，每天一大早就急着往医院跑。

我妈在家忙完了就到病房坐坐，做一些爸爸爱吃的饭菜送过来，并和我爸拌拌嘴。病房里的其他病人和家属羡慕得不得了。

我真是没有伺候够我爸，多想就这样伺候下去，那短短的十天，能守在爸爸身边成了我最幸福的日子，说说笑笑，瞎聊聊天。爸爸说："你和我一样爱笑。"多想我能这样在爸爸身边一直笑下去……

子欲孝而亲不待，父亲还是离开了我们。

父亲走得很从容，所有的事情都在爸爸的掌控之中，在与我们有意无意的笑谈中把自己的后事一一做了安排。

医院里，父亲和我聊天，今天说一个买棺材的事儿，明天说一个要谁给他做司仪的事儿，仿佛都是说来乐和乐和。爸爸说他的棺木用桐木的就行，这样抬他的人会轻一些；他说老家邻村有个棺材铺，那个做棺材的人品好，经常做好了棺材自己要先躺进去睡一觉，所以他的棺木就买他家的；父亲说我姨父去世时是他找的风水先生，说那人不错，是我远方表哥的亲家，如果他走了，也让这位先生来看坟地；还交代我们，等把他拉回了老家，他要躺在爷爷奶奶去世时躺的那张床上。葬礼上要让村里某某来主持全局，某某负责打墓坑，某某负责当司仪。爸爸竟然都盘算好了，一一安排了人选。

父亲住院的第二天，妈妈告诉我，爸爸说他的寿衣要我买，将来妈妈的寿衣让妹妹买，棺材让弟弟买，这两天让我逛逛寿衣店，给他挑套简单大方舒服的寿衣。妈妈告诉我的时候，心里隐隐的不舒服，但我还是很快地落实这个事情。我骑着电动车，带着妈妈转了两天，把平顶山的寿衣店转了个遍。(我胆子小，以前路过寿衣店通常都是用一只手挡了半边脸匆匆走过)第一家店铺，我是心里打着哆嗦进去的，站在里面使劲地打量里头的情形，老板拿出来寿衣我都不敢摸，让妈妈摸摸面料咋样，后来就像给爸刷便盆一样，眼睛一闭撒开胆子像在商场一样挑选，那种挣扎只有我自己知道。最后给爸爸相中了一套中式休闲装，挑好后我回医院里给爸爸详细地做了汇报，描述了衣服的款式、颜色、面料，爸爸听了，笑呵呵地说："你说中，就中。"住院第三天我去把衣服给爸买回了家。

第四天一大早，爸爸很正式地告诉弟弟，让他回一趟老家，去给他看看棺材，就要桐木的，还交代定下棺木后让棺材铺老板跟着从我家到祖坟一起走一趟，看看一路上有没有抬着棺木过不去的地方，如果有的话找人用土垫一垫。父亲说的既严肃又不容辩驳，弟弟顺从地接受了。从我家到祖坟的这条路，地势低洼不好走，爸爸几年前就有意要修这条路。在父亲去世的第二天，寻思着爸爸的意愿，妈妈和我们姐妹商量索性把这条路修了，弟弟找来几辆卡车，把这条路铺了一遍，加高加宽了，乡亲们雨天下地也能走。

棺木没有按照父亲说的办。父亲打拼一辈子，在家乡小有名气，帮助过很多亲朋，成就了很多好友，表哥和弟弟商定，不能在一口棺木上委屈了父亲，定下了最好的独板松木棺。回来给爸爸汇报，爸爸只长长的"哎呀"一声，说了句："没这必要，啥木头埋到土里都沤成泥。"但这语气里，我听出来爸爸一是怕给人添麻烦，二是不想让弟弟花太多的钱，不过这钱既然花了，爸好像也很满意。

这一天，父亲告诉我，他想把所有的西药都停了，不想吃了，只喝老家自家伯伯给他开的中药，爸爸有糖尿病，饭前饭后要吃大把的西药。我找到主治大夫，问这样可以吗？医生说："可以，再吃药也没什么意义了。"很感激这位医生，有德行，能提前透露病人的真实情况。

于是，我用了各种方法说通了妈妈和弟弟妹妹的思想，让爸爸把所有的西药和针剂都停了，父亲已多日不怎么吃东西，妈妈只坚持让打上白蛋白，医嘱上也让打这个针，我以为这个针可以给爸爸体质增加能量，所以每天给爸打一瓶白蛋白吊瓶。打第二针的时候，父亲告诉我白蛋白也不想打了，我没同意，爸爸"哎呀"地叹口气说："没有用的，你不信，打第四针的时候我就死了。"我很迷信这是营养针，每天毫不吝啬地给医院外面送针的人付款，一味地认为这个药可以让父亲身体维持得好一些，可是，第四针打完那天，真的是父亲离开了我们（如今很后悔，如果重来一遍，绝对听爸爸的嘱咐，不打这个药）。

每天不吃成堆的药了，爸爸吸着氧气，在医院很轻松，高兴了就给他的老朋友打个电话聊会儿天，人家问他忙啥咧，他说他天天闲转着玩。一位叔叔和爸爸交情很深，但爸爸向来看不惯他的人品和行为，爸爸告诉他在住院，叔叔说他来医院看看，爸爸说中。爸爸在病床上和叔叔聊天，把人家调侃得无地自容，自己得意地哈哈大笑，那话说得叔叔没有半点回奉的余地，叔叔看爸爸把他挖苦得那么透彻明白，也坦然地呵呵地笑了，笑着笑着，那位叔叔抹起了眼泪，抹着抹着哭了起来，哭得鼻子一把泪一把。两人东聊西聊，看时间差不多了，爸爸让我送叔叔走，叔叔拉着爸爸的手不放开，最后抹着眼泪走了。

送走叔叔，我问爸爸："你咋这么狡猾，把人家说得一无是处，还得让叔对你感恩戴德。"爸爸哈哈笑了起来。那天爸爸笑得像个孩子，透着天真气，我忍不住跟着笑了起来，也笑的天真又傻气，当时突然觉得我真的和爸好像，我好久没有这么清澈地笑过了，爸说："你跟我一样爱笑。"第二天这位叔叔又来了，爸爸没有再让他上楼。

接下来的几天，爸爸提到的人，我想应该都是爸惦记的人吧，就打电话把他们一一约到了病房，爸爸见到了他的老伙计老夏叔，聊他们跨省骑行的各种经历，爸爸拉着鼻子上插的氧气管子给夏叔叔说："我不怕死，就是受不了这东西，给我拴到墙上不能动，我清楚我自己，我再活也活不过十天。"夏叔叔说："你真会瞎说，又逗俺玩哩，就你这腔调，说你生病谁都不信。"村主任哥哥也来了，爸爸说村里没钱，让表哥把美丽乡村建设时种到我家墙外的柳树移到村池塘边上去，随后让我弟弟栽上果树让大家摘果子吃。堂弟也来了，这个爸爸最惦记的孩子，看见他的大侄儿，爸就两眼含泪，说堂弟不好好学习，吃了不少苦，没能给堂弟找个好工作。开米线店的堂弟三十多岁，看着他顶天立地的大伯躺在病床上，像个孩子一样呜呜地哭了起来。

周末上高一的儿子放学，夫君从学校接出直接带到病房看望姥爷，姥爷拉着外孙的手摸呀摸，临走时说："学习差不多就行了，别太用劲儿了。个头也不用长得太高，现在的身高就可以了，高了没啥好处，长大了别往国外去，在咱国家就行。"

隔一夜要回学校上学的儿子来医院和姥爷告别，爸爸一直拉着他的手不放，走到门口又喊回来说："子龙，来，让姥爷再握握你的手……"爸爸拉着外孙的手，满脸的依依不舍。子龙出了病房告诉夫君，说他有不祥的预感。果真，姥爷再也不能握他的手了……

有一天上午，我陪着爸爸躺着，爸爸话不多，一会儿看见爸爸眼角流出了眼泪，从来没有见爸爸伤心地流过泪，我吓了一跳，忙问怎么了，爸爸说："想你奶奶了！"我有些吃惊，爸爸七十多岁的人了，这么大的年纪，还会如此想念去世二十多年的奶奶？爸爸在这个家里太能扛事儿，从来没有见过什么事情难倒过爸爸，也没有见爸爸发愁过，爷爷奶奶都是爸爸养老送终的。

这天，爸爸给我说了很多，爸对自己做了总结，他说："我对自己一生很满意，这一辈子也算是圆满了，没有什么遗憾的，该做的事情都做了，不该做的也都做了！"

"你看我得的这个病，不疼也不痒，只要插着氧气，跟好人一样，也不受罪，这也算是有福气吧，七十多了，活得够本了。"

接下来，很多事情都在朝着一个方向走，爸爸决定要离开我们了。爸爸交代我们过年过节要去看望哪些长辈，让夫君回家把奶奶的床擦干净放在堂屋中央，爸爸还告诉我，他和妈妈五月份已经去照相馆照好了照片，他专门笑着拍了一张，遗像就用他笑着的那张，到时候孩子们看见了不害怕。

爸爸离开的头一天上午，告诉我说他的血淹不住心了！我还在想人会有这种情况吗？那一夜爸爸几乎没有睡觉，爸爸睡眠特别好，想睡觉，坐着就能呼噜呼噜地睡着，这是我记忆以来父亲第一次失眠，爸爸一上午都很焦躁。

父亲离开的那天，一大早告诉我们他回光返照，那天白蛋白打完了第四针，那天是他给夏叔叔说的第十天……一切的一切我们都以为爸爸在说闲话，开玩笑，可是，全部一一应验！

这就是我的爸爸，一切的一切都在爸爸安排之中。安排完后事，见了想见的人，自己拔掉氧气离开了……

在医院里，父亲给我讲了一件事。我们家宅院前面，住着李家本家人，他在村上骄横跋扈，无人敢惹，在我八九岁时他家垒院墙，把他家房屋后墙外的地也圈了进去，侵占了我家门前出去的路。我小时候知道我们两家因为这件事打官司，而且打了十年，从乡里一直打到市中级人民法院，最后我家胜诉，法院还去了铲车，把他家后院墙给推了。爸爸说当时不是因为这家人在村上太嚣张，他不会计较这个事情，换换人他就不打这场官司了，就是想专门整治他。

推了他家院墙之后，这家人在村里老实了许多，但我们两家结下了怨，互不来往。

爸说他这几天一直在回想，说他一生没有得罪过任何一个人，就是这家人有这么个仇怨。两年前爸爸在老家盖房子，给村支书说趁着盖房子，而前面那家在他房子后面用水泥糊个洒水（就是紧挨着墙根，用水泥顺着地面抹个斜坡），这样下雨屋里不受潮。那家人不好意思让我家给弄，自己用水泥做了洒水。从此以后，他家人见到我们回来，会主动上前打招呼，后来越来越近乎，见到我爸妈老远都爷、奶地喊。爸说，他家再也不会欺负我们了……

爸爸几年前就在琢磨着处理这个关系，最后化掉了几十年的老仇旧恨。

我的爸爸，女儿从来没想过您是什么样一个人，至此，在您生命将要走到尽头的时候，在这最后的陪伴中，在您一步一步安排好自己身后的一切时，我才知道了您的大智慧、您的气量、您的格局！父亲，女儿为您而骄傲！

2021年9月28日，孔子诞辰日，下午五点多，爸爸在医院里的病床上，在全家人的陪伴下安详地合上了眼睛，慢慢地停止了呼吸，永远地离开了我们。

那天早上六点多，我拎着早餐进入病房，哇，爸爸看上去很精神，红光满面，昨天我离开医院后弟弟给爸爸理了头发，看着年轻了约二十岁，我满心欢喜，使劲地夸爸爸，说："爸，老李伯给你开的中药见效了啊。"爸爸满脸笑容，爽朗地笑着说："你知道啥，我这是回光返照！"

我不以为然，以为爸爸在给我瞎开玩笑，逗爸爸说："临死之人还能清楚地知道自己要死了，还知道是回光返照，那真是神仙吧。"爸爸只管笑，我记得那天爸爸笑容特别多，一身轻松。来打白蛋白的护士一看见爸爸就夸赞，说老爷子好精神。爸爸打着趣告诉护士："姑娘，你还是医生嘞，不懂这是回光返照。"

下午，妈妈和妹妹坐在床前，临近五点，正睡觉的爸爸突然醒来，一下子拔掉插在鼻孔的氧气管，挥开胳膊，用力地把病床旁矮柜上的制氧机使劲儿一推，"咔咔嚓嚓"摔在地上，嘴里说着："你们都往一边让让，天快黑了，我等不及你们了，我得先走了！先回老家了。"妹妹赶紧喊护士插氧气管，但爸爸怎么也不吸。

那一刻的我，正躺在家里沙发上睡觉，怎么也睡不醒，心口像压了一块石头，憋闷极了，梦到一个穿蓝衣的中年男人站在我的头前方，我努力睁眼想看到他是谁，却怎么也睁不开眼睛。此时我的手机响了，手机铃声唤醒了我，一激灵坐了起来，妹妹打来的，接通电话，听到第一字"快……"我就扔下手机，知道出事儿了。

飞奔进病房，弟弟也随即跑到，爸爸已经软绵绵地躺在床上，大口地往外吐气，妈妈和妹妹、脖子上戴着听诊器的医生，还有护士都站在床边。我走过去喊爸爸，他已经不睁眼睛了，更不回应我，我看了爸爸好久好久，这一刻真的是到了吗？

我轻轻地把爸爸的头扶正，摸着爸爸的脸，凉凉的，湿湿的，黏黏的，我心里顿时冰凉，这是要阴阳两隔了。我让医生和护士后退，把爸爸身上的薄被子去掉，给爸爸盖上了家里的薄薄的一层毛巾被，我怕爸爸的身体托着被子会太沉了，压到爸爸。医生问我们："进ICU吧。"我问："进去是什么结果？"医生说："心脏复苏抢救，从喉部插管子进去帮助呼吸。""电击到心脏最终停止？"医生点点头，我听后看了妈妈一眼，坚定地说："不去吧，让爸好好睡吧。"妈妈朝我点了点头。随即我给妈妈说："你常念阿弥陀佛，你就也给我爸念吧。"

此时我心里异常的冷静，我让妹妹电话联系奔往医院路上的妹夫买一条干净的白毛巾，让夫君打通了医院附近卖给我们寿衣并专门为逝去的人穿衣的店老板，让弟弟打电话通知接爸爸回家的灵车。一切就绪，发现病房里其他病人和家属以及医生都退了出去，就剩下我们一家人。

妹夫也赶来了，我们围在爸爸身边，妈妈念念"阿弥陀佛"，喊喊爸爸的名字，我们也一声声地唤着"爸爸、爸爸"，此时的爸爸真的已经剩下了一个躯体，我相信了灵魂出窍，我真切地感受到爸爸的魂魄已经离开了依附七十三年的身躯，在我们的呼唤声里，爸爸嘴里流出了最后一口痰，慢慢地停止了呼吸，平静而又安详，还带着满足。我用湿巾纸给爸爸轻轻地擦拭干净，有福报的人死不带病，我知道爸爸肺病好了，困扰他的痰全部从身体里出来了。扶正爸爸的身体，捋了捋爸爸头发说："给爸跪下吧，爸走了。"我们姊妹围跪在爸爸床前，失声痛哭……

寿衣店的老板来了，夫君回家也拿来了为爸爸挑选好的寿衣，弟弟在店老板的指点下，认真地用白毛巾给爸爸擦拭身体，爸爸人干净清爽，弟弟擦得格外用心，上上下下给爸爸擦了一遍。擦完身体，我们发现爸爸前胸做心脏搭桥手术时长长的疤痕消失了。

爸爸一生严谨，我觉得他会想让家里人给他穿衣服，我问妈："咱们给爸穿衣服吧？"妈妈点了点头。弟弟、夫君、妹夫走上前，拿起衣服慢慢地给爸爸穿。店老板在一边指点，穿好上衣、下衣，系好了腰带，在上衣的衣角系好了铜钱，店老板说这个铜钱需要长女在盖棺前拿下来，最后是孝子给爸穿鞋，穿上鞋的孝子在爸爸的脚下磕了三个头。一切停当，店老板招呼我们跪在父亲一侧，让磕头哭……

哭着跪倒在爸爸身边，泪光里看着静静躺着的爸爸，我突然意识到，这一跪，早在平时就应该常做啊！自小倔强的我，打死都不下跪的我，悔恨至极。他，是我们的爸爸、我们的父亲啊、我们的天啊，跪自己的父亲是多么天经地义，多么应该啊！跪下能屈我什么尊，掉我什么价，丢我什么面子，我呜呜地哭……

此时，我完全明白了薛老师为什么讲祭祀，讲磕头，讲让孩子多向长辈跪拜。

我这一跪，晚了四十五年！

护送着躺在平板车上的爸爸上了灵车，现在想来，如果爸爸当时会说话，一定不满意这个平板车，让他太不体面了，我们应该抬起爸爸走。我喊着"爸爸"，给爸爸引着路上了灵车。灵车司机特别好，安安静静，也不催促我们，安排了夫君带妈妈回家取爸爸的照片、衣物，让妹夫去寿衣店取已预订好的孝布等丧葬用品，我和弟弟、妹妹陪爸爸回家。

从没有想过有一天爸爸会躺在灵车里由我们姊妹护送回老家，这条回老家的路如此难走，如此悲怆。

深夜十一点多，我们陪伴爸爸回到了老家，回到了家乡的小村庄。小村子寂静无人，我哭着思忖着到家之后该怎么办，当车子拐到我家的路口，远远看见我家房子的后窗亮着灯，顿时泪奔。房角处，天哪，一群人在那里等待，还是一群男人，我的眼泪哗哗地流，这是我爸的乡亲们啊，我的乡亲们啊，见到了这些偶有见过面的人，就像见到了我的亲人，我止不住失声大哭……

我哭着、呼喊着："爸到家了，咱们到家了……"身后一位年长的大哥沉沉地告诉我："闺女，喊爹吧，不能再喊爸了，这个时候该喊爹了！"

"爹、爹、爹……"一声声"爹"喊得全村人都能听见！

从来没有这么称呼过自己的父亲，这一句"喊爹吧"一下子惊醒了我，一声声"爹"喊出口，我的心震撼了，它和"爸爸"的分量如此不同，竟有天地之别，"爹"是最大的官称……

一句"爹"让我突然脚下像扎了根，并且使劲向地下延伸，身体顿时敦实了，心房里也宽大了一样，爹啊，咱回到家里了！

乡亲们把灵堂布置好，父亲灵前摆上了供桌，点上了长明灯，懂规矩的乡亲把门上春节贴的门神揭了下来。一位长辈喊过弟弟和我，交代我们从现在开始，不管是在家里还是外面，见到人不论辈分大小，都要下跪磕头。我和弟弟当即就跪下，向在场的每一位乡亲一一磕了头，他们伸出了双手把我们扶起来。

一位乡亲让我给父亲供桌上放上一个罐子，每天吃饭前先给父亲添饭，把饭倒进罐子里，并安排我去给父亲烙一张饼，然后插上一双筷子盖在罐子上。乡亲们坐在院子里的石桌前商量父亲的后事，我进厨房烙饼。拿了盆，放了面，倒进去了水，已经止住的泪水又一次奔涌而出，我四十五岁了，从来没有给父亲擀过面条、烙过饼，也从来不会做这些家务活，手插在面里怎么也和不成面团，面多了放水，水多了放面，看着无用的自己，号啕大哭，拿着面盆做不下去。

第一次给爹烙饼，竟然还是最后一次，我这女儿到底是怎么当的，父亲的一生竟然没有吃到过闺女给他烙的饼，我哪儿配得上做女儿……我哭诉着自己的种种不是，就像给爹做检讨一样。

院子里商量事情的亲戚见我如此痛哭，轮番过来劝我，悲痛到了极点，哪里还能止得住！

二妗子要替我烙这张饼，我拒绝了，我不信自己给爹做饼的本事都没有，加水、加面，加面、加水，和着泪水，饼烙好了，不大不小，火候也正好，盖在了父亲的添饭罐子上刚刚好，"爸，你还满意吧?!"

院子里，大家在商量下葬的日期，父亲指定他要用的风水先生也在，日子看到了第二天的下午，说第三天和父亲八字不合。我当即说不行，太急了。

亲戚们劝我让父亲早早地入土为安，弟弟觉得他们说的是道理，再三劝导。我坚决不同意，斩钉截铁地告诉他们第三天不行，就看到五天，五天不行就看七天之后。他们看我没有商量的余地，弟弟摇摆的心也被我安定下来，时间定在了第六天上午十一时。

之后妈妈和夫君、妹夫赶回来了，所有的东西都准备齐了。父亲的遗照放在了案头，笑呵呵的，露着一口洁白整齐的牙齿，和蔼地看着大家。

妈妈听了父亲的下葬日子，很满意，接下来孝子贤孙开始日夜守候在父亲的灵前。

天还没有亮，来了很多人，男人们进门先来给父亲磕了头，就各自忙碌去了。女人们，还没有进院子就听见了号哭声，有的喊着："我的老哥哥呀……"有的喊着"我的伯呀""爷呀"，弟弟听见哭声就赶紧跑出院子磕头迎接，她们一手捂半边脸，一手提着烧纸，跌跌撞撞地进到堂屋，趴在地上就哭，已经伤心到迷迷糊糊的我被这陌生人如此真切的痛哭打动了，偌大的堂屋一片悲恸，我一遍遍跟着她们大哭起来。

伏地哭几声，就有人过来搀起她们，她们站了起来，止住了哭，还劝我也别哭了，随即出了堂屋，直接就进了厨房，厨房里立即传出来叽叽喳喳、说说笑笑的聊天声，我才知道这些妇女是来忙活厨房饭菜的，旁边的妹妹听见说笑声，翻眼看了看，甚是不解。

天亮了，院子里来人越来越多，每一个环节都有人在做，大门外竖起了柳枝，挂着白幡；大门口放好了礼桌，桌上放着毛笔、墨水和礼金单，长明叔和老虎丽叔坐在那里；出租餐具桌椅的把六套圆桌板凳整整齐齐地摆放好，放上了餐具；厨房里进进出出很多人，锅碗瓢盆叮当响，妈妈在院子里或坐着，或走动，身边总是一堆人陪着，聊着父亲的一些事情。

这个早晨，家里来了很多人，有熟悉的，有只是见过面的，也有素未谋面的。堂屋里坐了很多女人，她们哭过之后，都围坐在一边撕孝布。我很惊讶，她们什么都知道，我家哪一辈几个人，谁家又有几个孩子、孙子，把我们家的人捋得清清楚楚。

一堆白色的布，她们"刺啦刺啦"地撕着，有人缝，有人点数，有人分类叠放，又热闹又繁忙，她们带来的孩子在屋里跑来跑去。孝子孝女是孝衣孝帽，同辈的是白孝布，孙子辈的孝布要缀上红布带，她们说着做着，很快，每个人头上都缠上了孝布，我们姊妹戴上了孝帽，穿上了孝衣，院子里白花花一片。

来吊唁的人越来越多，每一个来吊唁的人，在灵前烧纸、上香、磕头之后，就会有专人递上孝布。看着这如此陌生，又如此亲近的人都为父亲戴着白孝，我心里一阵阵翻涌，我是有家族的，我是有根的，我是有很多血脉相通的亲人的。

我守着父亲，看护着长明灯，接待着纷纷赶来的老亲旧眷们，面前的场景有悲有喜，看着又是那么和谐相融，我想父亲俯瞰着这一切，一定是笑呵呵的很满意。

每一位乡亲都是那么的亲切，我叔呀、婶呀、嫂子地喊着他们，我的心里有着一种温情。看着身边跪着的儿子、外甥女、侄子等一群小辈们，我很欣慰，淘气的孩子也不再淘气，他们规规矩矩地跪着，跪累了就歪坐一会儿，有人来吊唁，就跪得笔直，跟着我们向来宾磕头跪谢，看见香快燃烧完了，也会主动过来点上一根新的，到了饭点，会去厨房新盛来的第一碗饭给姥爷（爷爷）添上。

经过五天的守丧，能感到全家人对父亲的陪伴满足了，慢慢地接受了阴阳两隔的事实。我们姊妹的悲痛慢慢减轻，妈妈也缓和了很多，开始在院子里和左邻右舍一起忙碌些事情，到厨房里看看缺啥少啥，弟弟跟随着打墓的人在田地里帮忙，妹妹性情柔和，一直是低声哭，悄悄地擦眼泪，我这放声大哭的大姑娘也哭够了，更多的是在回忆父亲的点滴时难过得泪流满面。

出殡那天，天还没亮，送棺木的车就来了，宽厚的松木板材散发着木材的味道，漆黑油亮，很漂亮。前几天吊唁过的亲戚朋友，左邻右舍又都来了，进门他们就把孝布戴到了头上，女人们又开始扯着嗓子到父亲灵前哭上几嗓子，我也提着气陪着她们哭。

大院子里满满的都是人，还有很多村子里不沾亲不带故的，还有很多孩子，他们在大门口聚集了一堆又一堆，这是跑来看热闹的。没吃饭的客人都被招呼着去吃早餐，啃着包子，吃着油条，喝着肉片汤，看着这场景我曾一时恍惚以为到了乡村集市。

下葬当天，又换了一位懂行的主事人，是我爸爸的表哥、我的表伯，每件事情都按照安排好的时辰和流程走，非常地顺当。合棺之前，主事的表伯让把父亲的衣服挑一些放进老屋里，又高又大的棺木我伸手够不到底，夫君给我搬来了一个长条凳，我站了上去，扶棺看着熟睡的父亲，几天下来已经平静很多的我又号啕大哭，我再也没有爸爸了啊，我的爹啊！

老老少少的亲戚们都围了过来，妹妹轻轻地啜泣，弟弟、夫君、妹夫大把地抹泪，大家都劝我别哭了，这哪能劝得住呢，我就是想哭，我不哭又有谁能哭我的爸爸呀，男的女的老的少的都开始跟着我哭起来，我的几位有身份的、衣冠楚楚的表哥也顾不上体面了，禁不住低声啜泣。

主事的表伯可能看哭得差不多了，高喝一声："不哭了，谁都不要哭了！"那声音真有权威，大家一下子止住了哭声，可我怎么也止不住啊，倔强劲头又上来了，可着劲儿地大声哭，表伯吆喝我："闺女，别哭了，哭坏了身体，后面的事情咋办！擦擦泪，给你爹放衣服，泪不兴落进棺材里！"一声吆喝让我突然清醒，我停住了哭，擦干泪开始往棺木里放衣服。

所有人都静静地看着我整理父亲的老屋，我这个在他们眼睛里永远都是个被安排长大的女儿，什么都不会做的女儿在这大事面前这么不含糊，我能感受到那几位表哥很佩服，他们都没想到我会这么细致有力量，妈妈看我的眼神有着光，意外里充满了欣慰。

父亲的表哥——我奶奶娘家的侄子，一位八十来岁的老人围着棺木前前后后看了几遍，点着头说："中，中，中！"他是个有分量的人，我们儿女对爸爸所做的一切由他来把关。看着整齐舒适的老屋，爸爸安详地躺在中间，我心里也很舒坦，爸，就这样吧，女儿的能力就到这里了！

抬棺木的人数是父亲定的，父亲说他不喜欢热闹，不喜欢民间乐队的吹吹打打，他说："我要你们姊妹三人长长见识，看看啥叫二十四人抬，看看二十四人抬的阵仗。""二十四人抬"从父亲嘴里第一次听说，爸爸解释了才知道，是二十四个人抬棺木，一边十二个。

"时辰到，起棺……"表伯又扯着嗓子喊，二十四个抬棺木人的各就各位，扎着马步大声吆喝喊着"一二，一二……"慢慢抬起了棺木。

偌大的棺木，进门的时候很顺利，出门的时候，怎么也抬不出去，有人过来告诉我："姐，老爷子不想走，你给老爷子说说时辰到了，该走了。"我看着那情形，很像老爸的作风，"我不想出门，你们谁也拉不动！"爸爸太舍不得我们，舍不得这个家了，舍不得他三年前盖起的房子。我哭着念叨着说："爹，走吧，该走了……"

棺木顺当地抬了出来，出了堂屋，出了院子，二十四位抬棺木的吆喝着向前走。一大队人马，前面走的是抬花圈的，后面跟着抬各种纸扎的房子院落、仆人丫头、马匹牲口、冰箱彩电，等等，再后面是晚辈们举的各种颜色的哭丧棒，弟弟头上顶着老盆，队伍浩浩荡荡地走到家门口的十字路口停了下来，在这里要举行仪式。司仪换成了父亲"钦点"的风水先生，棺材前铺上了席子，司仪念了追悼文，追悼文是我写的，悼文追溯了父亲的一生，听着司仪念悼文，我才发现父亲的一辈子很辉煌，从小乡村走向城市，成就了很多人，成就了很多事，并把家庭、孩子们安置得妥妥帖帖，这是位智慧的父亲，有着大格局的父亲，他就是我的爹！仪式中照辈分对父亲跪拜，父亲的亲人们都到场了，父亲看着这个场面，他一定很满意！

整个葬礼一直到下午两点才结束，父亲睡在了我爷爷奶奶的脚头，这里是父亲的又一个家，他的爹娘都在这里，他的爷奶都在这里，李家的祖先都在这里，父亲不孤单。

晚上，亲戚朋友都走了，剩下招呼事情的几位叔、哥还在，厨房里帮忙的只剩下了两位自家嫂子。晚饭做好，说还要给父亲送一次晚饭，四处找弟弟，却不见弟弟的踪影。我扭脸奔去坟地，远远看见脱了孝衣，头上还戴着孝帽的弟弟一个人手扶供桌坐在父亲坟前。我走了过去，默默地挨着弟弟坐了下来，这几天云里来雾里去，做梦一般，此时清净地坐在田野里，清风吹过，心里也不知道是什么滋味儿。

一会儿夫君来了，妹妹妹夫来了，我们姊妹就这样都围坐在供桌前，夫君先拎起酒瓶子，给爹满了三杯酒，洒在地上，弟弟妹夫也轮着给父亲倒了酒，我们姊妹无人说话，就这样坐了许久。惦记着还要来送晚饭，我说："走吧。"大家都站起来默默地向家走，夫君拉起了我的手，我们沿着老李家修的路走回了家……

当晚，送走了所有的人，院子里就剩下我们一大家子，妈妈说："今天晚上你爸要在望乡台上最后一次回来看咱们，都赶紧睡吧，半夜鸡叫前到十字路口接你爸回家。"

阴阳两隔，割不断血脉亲情，割不断父子连心！接下来的每一个"七"，妈妈都率领着我们一大家子到坟前见父亲，带去他爱吃的各种食物，每次都是妈妈给爸爸蒸馒头，说爸爱吃她蒸的馍。供桌上琳琅满目，大块的煮白肉、点心水果，父亲生前不喝酒，因糖尿病不敢吃甜食，现在什么都敢吃敢喝了。供了父亲的食物，我们坐在坟前一起吃，妈妈看着这一切心里应该很欣慰。

娘亲在父亲走了之后，在这条父亲上路的路边上，离祖坟不远的地方，种上了几棵槐豆树，她说村里下地干活的人，走到这里可以坐下来歇一歇，还可以把落在地上的槐豆荚捡了泡水喝，去火，消暑解渴。

父亲走了快一年了，娘亲住在老家很少回市区，东家婆西家婶经常去家里坐，把自家里稀罕的红薯面、洋槐花、菜籽油等好东西往我家里送，妈妈有吃不完的新鲜米面油菜。

我家的祖坟地里，妈妈在里面种满了柏树，远远望去，雾罩罩、绿油油的一片，柏树随风舞动枝叶，好似看到父亲的笑容……

谈不上家风的家风

丁　诚

　　2021年12月底的一个上午，我在上海陆家嘴附近的一处书屋听课。

　　我清楚地记得那天，老师一脸严肃地给学生们讲当下孩子"轻生"的话题。这是一个有些讳莫如深的话题，但这类事件，我们每个人身边或多或少都有发生。这些年，有些事情，初次听闻时甚觉惊怖，随着时间推移，慢慢从习惯转成了麻木。

　　斜眼窗外，马路对面有一栋未竣工的高楼，没有任何防护的钢架硬生生杵在那儿。天色很好，阳光很暖，话题很沉，钢筋水泥很冷。

　　当孩子们眺望窗外，打量着这个不再留恋的世界，他们到底在想什么呢？

　　这当口，手机轻轻震了几下，把我的思绪拉回了教室。

　　太太发来四个大字，"真是够了"。我心里知道，又有好戏来了。这个让太太受够了的角儿，就是我们家十岁的儿子小丁丁。

　　小丁丁，是个在公立学校读书的娃，看似老实可爱，实则是盏极其不省油的灯。他和很多孩子一样，不那么喜欢去学校。这本身不是问题，但每当他不想去学校，而我们又不许他赖学时，他总能变着法儿在学校里生出各种状况。诸如头昏脑涨，胸闷心痛，腿脚抽搐，十八般毛病样样俱足。由于身体欠安过于频繁，班主任已不怎么搭理。他则找到个偏方儿，直冲学校"权力部门"——卫生室。孩子虽小，但已通晓利弊，深知卫生老师有一药方可治百病——"喊妈妈领回家"。

这一天，据他描述，是在教室墙角边，突感不适，默默地呕吐，吐出的是一系列黑色的物质，这下可把卫生老师紧张了一番。但据我和太太认真回忆，孩子早上喝的是纯正的白木耳羹。

此类演技，他是炉火纯青，拿捏自如，戏里戏外，出入自在。诸如有一天他在学校发生意外回家，原因是班上两个同学打架，他见义勇为劝架，却不料被打架同学"误伤"，自己重重摔在地上，跌出了"内伤"，不得不喊妈妈领回去，打架的同学则老老实实继续上课。

我一度怀疑，是否自己教子无方，尤其我自己名字里还带着一个"诚"字。

我扪心自问无果后，只好开始"反本溯源"的工作。这一溯源，才意识到此类事情，在我们家是有传统与传承的，而这源头还得从我父亲说起。我父亲，才是那根真正的"上梁"。

父亲二十世纪五十年代生人，赶上文革，初中没读完，揣着个小学文凭就去农村插队了。结束插队生活返沪后，先做建筑工人，后有机会进了一家电梯厂做喷漆工、钣金工。

照理这是一家在上海非常好的合资企业，待遇各方面都不错，在单位里好好上班，这一生也能过得安安稳稳。但是他就是安着一颗不想好好上班的心，隔三岔五翘班。

打有记忆以来，父亲给我讲的最得意的事情，就是他怎么装病请假。

当时，他一旦不想上班了，就跑去医务室说自己病了。医务室医生要检查心率、血压，他一检查，还真会闹出各种毛病，比如血压自动升高。医生也很奇怪，虽暗知他的"勾当"，但就是找不出门道，最后还得按着规矩来，给开病假。

父亲也义正词严地告诉我，他请病假都是事出有因，情有可原的。比如，从图书馆借了金庸的小说，必须三天看完，不请假怎么行？娘亲每每聊到这些，总是一声叹息。"放着好好的班不上，整天混。"相反，父亲不以"混"为耻，反以"混"为荣。

父亲也会顺带"指导"我，要会"混"。这个"混"，在他的叙事中，有各种衍生，比如他常告诫我，"要会和任何人混"。

从小，父亲就告诉我："和人混很简单，如果你想得到朋友，你就和别人说，你不如他，就行了。如果你想得到敌人，你就处处显得比他强。"这种处世哲学，我深有体会。因为从小父亲总是和我说："儿子，你比我强。你爸是个小学生。"基于父亲的计算方法，我初中能毕业，就注定比他强了。也或许正由于此，我们的关系一直还不错，处在一起不难受，毕竟他是看不懂我的作业的。

但父亲每每说完要"混"之后，总还会补一句："混归混，你要对自己有点要求。"

"要对自己有点要求"这一点上，父亲确实也是玩真的。

他在做自己想做的事情上，从来不马虎。刚刚返沪那会儿，有一天他看到报纸上介绍，有人能在头发丝上写字儿。这一则新闻不知为何就将他吸引住了，居然让他萌生了想试一试的冲动。他当时想，写字儿比画画简单，要弄就弄一个更厉害的，在头发丝上画画。毕竟，画画这件事情，还没有人做到过。

他先是找人借了台显微镜，在显微镜下仔细端详了一下头发丝，他竟然惊喜地发现，显微镜下的头发丝挺粗的，然后莫名升起了信心，从此义无反顾进入了一个完全未知的领域。

即使作为儿子，我也很难想象他为了进入这个不可思议的领域到终有所成，到底经历了多少艰难险阻，我只能从父母零星的交谈中，了解一些片段。

比如，他们刚结婚时，根本没钱买显微镜，娘亲一咬牙，支持父亲，家具都没有买一件，却买了一台显微镜。

比如，要研究作画工具，父亲硬是走遍各大材料厂、化学厂，用科研的方式开发工具、颜料。比如，要在直径0.09毫米的头发上作画，需要凝神静气，手不能有丝毫颤抖，气息不能有丝毫紊乱，父亲每天都拿一支挂着壶的笔，一吊就是很多年，做任何事情都保持这个姿势。

比如，做完的作品，要小心呵护，却也发生过意外。曾经一个作品上有四十个人像，画到最后一两个的时候，一粒灰尘粘在了上面，整个作品报废。

太多的困难，非言语可以详述，但是这些困难背后，似乎没有什么"苦难"。即使那个前功尽弃报废的画作，他说起来也就是"可惜"二字，与烧煳了一锅粥没什么两样。事后再从头来过，终成杰作。

因为父亲很少聊自己，以至于有一段时间我都怀疑头发丝上作画这个事情是不是真的那么难。在别人眼中，这是"发丝上的丹青，人类技艺的巅峰"。在他的语境中，头发丝上画画，就是个普通的技艺罢了，和高水平的剃头师傅无甚差别。他更多时候赞美古人技艺，常感慨："今人的技艺，比古人差远了。和他们比，我们这些都是雕虫小技。"

我的童年记忆里，对父亲的认知并不清晰。那时候他和奶奶住在一起，白天厂里做工，晚上回家画画。

他语拙，讲不出震慑人心的话语，他爱看书，但是几乎说不出一个完整的故事，勉勉强强能说半个张良的故事，说做人可以学学张良，能进退。

他毫无辅导功课的能力，数学等式换算已经是逻辑思维的极限，当我成绩不如意时，总是忍不住怀疑自己的智商是被他拖累。

我唯一有印象的，还是他常挂口边的，也就是"要会混"和"要对自己有点要求"这两句，但这两句话冥冥之中却指引着我的人生路，这也是我后来才领悟到的。

高中时，我是班里彻头彻尾的学渣，从来只在倒数第五名徘徊。那时候，娘亲忧心忡忡，会忍不住地拿别人家的孩子来和我比，父亲这时候就会打抱不平："读书好，没用的。以后这些人混社会不会比你儿子混得好的。"我当然知道读书有用，但听这些话就是受用得很，如沐春风。

虽然身为学渣人设，但我和班里成绩最好的同学也没什么隔阂，犹记得有一次考试完，班上一个平时很优秀的同学，感觉自己考得不好，情绪低落，我非常耐心地对其进行开导、排遣，像个过来人恬不知耻地说："不要在意成绩，这一刻的成绩不代表什么。"最终成绩公布了，我们俩都得了第一，她是正数的，我是倒数的。

我也曾经历一段迷惘期，大学阶段自己一直在找出路，不仅是找职业的出路，更像是在找一种精神的出路。当时读的数学专业也不是我所擅长，心情时常消沉。但某一天，我突然就想去考个心理学研究生玩玩。在那个年代，心理学还是非常小众冷门的专业，我自己没有任何专业知识和背景。但是很奇怪，当我下了这个决定后，就觉得肯定能成，也不知道哪儿来的底气和勇气。唯一怀揣的信念，就是天底下没什么真的难事儿，对自己有点要求就行。事实证明，人生好几次到关键时候，我都生出一种气力，迈过台阶，却又感受不到太多的苦涩和付出。

父亲话不多，我常笑话他是一支头坏了的钢笔，有墨水也写不出字。他则自嘲："我是小学生嘛，哪能跟你博士比。"但有时候也反过来，他会叨叨几句："你也就读了点书，又没什么文化。"

我心目中的父亲，从来都有两个面向，那是两种截然不同的人格。一个他，是一直在"混"的人，做很多事都很粗糙。按照娘亲的评价，就是连洗一只碗都洗不干净的粗人，根本和什么做微雕工艺大师的形象对不上，外头人的评价没有一个是对的。他的"混"，也体现在脸皮厚、不修饰。有一次，父亲参加一个讲座，别人就问他，你在头发丝上画画的初心是什么？其实大家都心知肚明，预设着听到一些漂亮话，诸如热爱，诸如精进，诸如修行等。结果，父亲很淡然地说，为了赚钱。四字一出，顿时全场死寂。然后他宛若无人，继续大言不惭地讲当时什么工种赚多少钱，头发丝上画画可不得了，能赚多少，活脱脱一副市井气象，弄得主持人和听者好生不知所措。

另一个他，是个对自己"有点要求"的人，做着可能是世界上最精微的事情，极致专注，乐此不疲。刚开始创作那些年，他白天工厂上班，体力劳动一天后，晚上直接开始工作，赶在最夜深人静的时候，凝神静气，方可在头发丝上运笔自如。那些年，他通宵达旦，常常是放下笔，天就亮了，洗一把脸，继续上工。

作为世界上最小画作的制作者，他也有过高光时刻。作品流到海外，受到政要名流的喜爱，家里至今还存着包括美国前总统里根、英国前首相撒切尔夫人等人的亲笔签名。但他对出名这个事儿，颇为不屑。他说，评了那些头衔，每年还得写报告，提交作品，多麻烦！

这么多年来，我心底总有一个声音：那个"对自己有点要求"的父亲，是可以登堂入室的人，是可以不吝任何赞美之词称颂的人；而那个"混"的他，多多少少不上台面，得小心翼翼藏着掖着一些，别拿出来丢人现眼。如果可以，最好用刀切割干净。

后来，偶然的机遇，走进薛仁明老师的课堂，我开始慢慢把父亲的形象，从两半拼回了一个。很多父亲的琐事，一下子就串了起来。我惊讶地发现，"混"和"对自己有要求"这两件事，其实是一件事，只是原来我不自知罢了。

没有"混"这一部分，哪里有精气神来做"对自己有点要求"的事情？天天脑子里只有"对自己有点要求"，钻在里面自命不凡，睥睨俗世，又如何泛爱众，而亲仁？

想通这点以后，曾经读过的书里的故事，那些春秋豪情，汉唐雄风，中国历代的王侯将相，于我而言就不再是文字，他们渐渐成了活生生的"人"。我再观刘邦，就很容易联想到父亲在医务室里的精彩演技，我再读庄子，会联想到父亲凝神创作，物我两忘的逍遥状态，同时也联想到他们这样的人可以生发出的无限可能性。感慨中华文明滋养下的每一个人，本都能迸发出这样无限的生命活力。

我看着自家孩子在学校里撒泼耍赖，知道了这是他给自己的一条"生路"，这是他的"法于阴阳"，里面也自然蕴含了"祖上之光"。他总是以学渣自居，且以此为荣，但也和我当年一样，擅长与学霸玩在一起。

薛仁明老师曾开玩笑说，丁诚家的家风，值得全国推广。我想，若一定要扯上家风，可能关键就在那两句话里吧。

每次回去和父亲聊天，我总是会情不自禁地聊聊自己这段时间的"所思所得"，父亲会笑着夸我几句，但总是词穷，最后只是憋出几个字儿，"儿子随我"，娘亲就微微摇头，都一样会"混"，然后我们都会心一笑。

那天儿子呕吐事发后，晚上回家，面对太太日间四字，"真是够了"，我也同样回应，"儿子随我"。太太毕竟明理之人，微微一笑，就这么着吧。

一家人，能够和和气气，该混过去的地方，就混过去，该有点要求的地方，就有点要求，一起把日子过好，就是好的家风。

卷二

生命的光明和喜气

游

谭晓莺

前段时间读《史记》，读到刘邦被困荥阳，派纪信假扮汉王与两千女子夜出东门。

这几年跟着老师读《史记》，好不容易积累的对刘老三的好感又瞬间败光！

踹小儿，烹太公，我都能接受。因为他站在一个王的角度。

可用两千个女子成为绊住敌军的锁链，换自己逃出生天。还有什么能比这更混账王八蛋吗？

即使让我站在天人之际，我也无法接受，不能理解！

课上，我们读《高祖本纪》太史公曰："故汉兴，承敝易变，使人不倦，得天统矣。"

这个王八蛋却建立了大一统后最长命的朝代。

这个王八蛋却建立了一个质朴、大气的王朝。

一时，想到被历史一笔带过的两千女子只想高唱《杀了他喂猪》！

一时，刘邦击筑高歌的："大风起兮云飞扬……"让我即使弱为一个女子也愿执枪去守四方！

一时，心里爱恨情仇，云腾雾涌，左冲右撞不得解脱……

课上蓉蓉（长沙课堂听课的同学，听课多年）分享的时候，提到了父母的爱恨纠缠，为娘亲感到不值，对父亲360°无死角的恨。提到张爱玲的名言："一睁开眼睛，周围都是要依靠他的人，却没有他可以依靠的人。"分享持续了四十几分钟。蓉蓉不停地抹眼泪，女同学也跟着抽泣。课堂被卷入了悲伤的漩涡。

老师说这是个不成功的分享。同学分享不是让大家在一起互相感染一些负面的情绪，而应给到一个让大家拎起来的力量。

我觉得我难辞其咎，蓉蓉回家生三宝离开课堂两年了。于是第二天我分享了我娘亲的故事：

四周没有人可以依靠，而一个五岁的孩子想成为别人的依靠，别人却连依靠的机会也不给她。

我娘亲是地主家的孩子，解放前一年父丧，解放后被抄家，一家人好一似食尽鸟投林，大难临头各自飞。叔叔们逃去江西、广州，舅舅逃去台湾。外婆改嫁，丢下我妈。爷爷奶奶被关进了牢房。

我妈，一个五岁的孩子，每天将讨来的米，煮成半生不熟的饭去送给爷爷奶奶。她愿成为他们的依靠。可不久，爷爷奶奶因受不了折磨相继自杀了，从此，举世茫茫，都只是她一个人的路途。

我说，蓉蓉啊，你爸再不好，他没有遗弃你啊，他养大你，还让你上了大学，读了研究生。你说360°无死角的恨，你的心如果被恨占满了，别的东西怎么能进得来？如果你活得这么重，你三个孩子如何活得轻盈？

你知道沉香吗？沉香是你给我以伤，我还你以香。

凝伤为香！

这不是以德报怨，也不是阿Q精神，而是我们可以选择芬芳地活着。

我妈成家后，外婆恢复了与她的来往。记忆中外婆在阳光的午后靠在我妈怀里，我妈用篦子为她篦着头。两人絮叨着家里的陈年往事。

年少的我总在心里愤愤："呸，地主婆你也配！"那时的我实在无法理解一个母亲怎么能狠心到连自己的孩子也不要。

我要活到现在才能明白，还有人能陪着我妈拼凑出儿时点滴，那是她的天籁！

老师说，时代是一个洪流，不被没顶的不多，能够全身而退的更不多。蓉蓉父母的问题放在一个大的历史背景下去看，也许会多一分理解。

老师由蓉蓉说的张爱玲的名言引申开来：张爱玲是很多东西都看透了，却无能力走出来。以至看张菜单也苍凉。西方的文学艺术有些是为了内卷，是为了入，会有一种特别大的能量让你卷进去。

相对于内卷就有一种力量不断把人往外拉，让人生起出离心。

而中国最好的东西不是为了让你卷进去，也不是往外拉。中国文明游于艺，让你既能入，又能出！

好一个游！

就像天雷滚滚炸在我头顶！

对刘邦的爱恨情仇瞬间水过无痕。

游，既不在这里，也不在那里。

想到那两千女子时尽管去恨刘邦，唱着《大风歌》时尽管随他去守四方。

游，让蓉蓉不成功的分享，跟着老师从漩涡游出水面，变成了震荡人心的分享。

老师说游的状态，游这个东西无法教，条条框框的人就是没法游。

长沙五天课结束后，老师去往泸州，又去贵阳。因为疫情成都课程取消。江湖同学（江西和湖南同学合称江湖同学）请老师返场长沙，在原陆村里再上两天小课。

恰逢村里有老人过世，两天都在礼炮轰鸣中上课。于是有了老师的神来之笔：日子难过天天过，死了还要放个炮。

老师说红白喜事是村里，是一个家族里最重大的团建。

高祖还沛十余日，复留止，又三日是韵。

丧礼办得这么隆重也是韵。

江湖同学城里五天课，返场村里又上课两天还是韵。

村子最重要的就是让人有游的空间，让人有化的元气。

游走在田间地头，游走在左邻右舍，游走在七大姑八大婶之间，可以让人把种种难受化掉。

2021年5月，我写的《夜空里的星》发表。当时，长沙连日阴雨，好不容易放晴，我忙着各种洗洗晒晒。下午才有空打开手机，看到群里一片热闹。有同学说我网红一天了，朋友圈都是我文章。云霞姐说我灵透了。兵芳说小双讲我的文章写这么好还说自己碌碌无能，那她怎么办？

我留言说，大家都是菩萨派来的吗？刚还被夫君骂了一通，说跟我这死木脑壳无法沟通，看了大家的留言感觉瞬间被治愈了。

其实在那个当下我有点悲伤，甚至有点错乱。我是愚蠢还是灵敏，不同人眼里竟是截然不同的结果。这，多像个笑话。

小静在2021年11月的招生文案里引用了我在《村里人》的

一句话：挣脱不了，便认，试图在蠢里开出朵花来。

两年前对自己的蠢，我是认了。认了多少还有点无可奈何。后来我觉得是认可，认，且可以。而现在，我是游。

游在愚蠢中，游在灵敏里。

游在卑微中，游在贵气里。

游在城市的车水马龙里，

游在村子的风吹稻花里……

村里人

谭晓莺

最初听同学们嘴里常念叨薛家村时，心里莫名会有一种怪异感。咦，什么帮派？

平日里，我和夫君的日常聊天，不管如何开头，最终总会以"你怎么这么蠢"结束。蠢，在我的生活里如影随形。开车忘拿钥匙，干活往东却去了西，尤其说话时更蠢，永远词不达意，急死人不偿命！

有一天，我孩子同情地递给我一本绕口令，让我练练。希望我至少不要提前老年痴呆。我认真练了：四和十，十和四，十四和四十，四十和十四……八百标兵奔北坡，炮兵并排北边跑……

可后来我悲伤地发现即使我练到能去说相声，仍然没法好好说话。除非能转基因。因为我妈就这么说话，我姐也这么说话，更过分的，我哥居然也这么说话。

天哪天，我们一家人……

从此我夫君再因为蠢而控诉我时，我只能有气无力地回他："我妈也这么蠢的，不过她老人家年过八十了，至今还没有蠢死。"

有一天我夫君本来感冒了，但为了搞清楚我到底在薛家村这个地方搞啥，便硬撑着听了薛仁明老师一天课。头昏脑涨之际恰好听到老师点评我说话脑袋混沌，语无伦次。晚上回家他说："虽然你老师说的没错，可我还是有一点难过。"不过难过归难过，从此每次我俩争执，他又多了一个赢的筹码。每次战况不利时便甩出一句："难道忘了你老师是怎么评价你的吗？"从此，我的蠢，又被老师签了字，盖了印。

挣脱不了，便认，便试图在蠢里开出朵花来。但真要花开又谈何容易。

有一次老师聊到在农村是没有垃圾的，只有城里人因为转化消耗不了才有垃圾。电光石火间，真有花蕾冒出来。很长一段时间这段话都在我心里不断回荡，盘旋。

渐渐地我开始以一个农人的视角生活。院里乱长的竹子，多余的树枝，将它们砍下，要送入垃圾堆吗？不不，它们是等着要搭棚的黄瓜、丝瓜的宝贝，等到秋天瓜秧萎谢了，插在地里怪难看的。将它们拔下，砍断烧火做饭，烧成灰，撒在土里是上好的肥料。从此它们与土融为一体，生生不息，养育出无数瓜果蔬菜。

哪有垃圾？你之垃圾，他之瑰宝！

有一段时间由我负责开课前的串场讲话，常常走到门边我就有想逃跑的冲动。让一个说话困难户当着这么多人说话，这不为难死人嘛？而且，我最大的困惑就是：一个学者让一个"家庭煮妇"给他开场，也不怕拉低他的档次吗？

现在，我终于明白，原来老师是村里人，在一个农夫眼里，万物皆有用！

有一次家塾村的孩子们课后分享里写到：原来大人上台也会紧张，原来大人说话也就这样。我看完后心生惭愧了吗？真没有，因为我的蠢，让孩子们有了莫大的勇气。上台分享时一个个踊跃万分，听的同学笑得前俯后仰，捶胸顿足。所以，蠢也有蠢的妙用！

更妙的是我家夫君笑得"花枝乱颤"之际说："以你的水平我也不指望你学什么，如果这个地方让人这么欢乐你就多来吧。"从此，我不用再和夫君玩躲躲藏藏，从此欢乐地来薛老师课堂。

有段日子看了一个访谈，陈冲说起谢晋导演对他智障儿子的欣赏，家里来客，他总是介绍自己儿子的特殊情况，然后隆重请出。这种毫不掩饰的坦荡，让人百脉俱开。当他欣喜地说"阿四会给我拿拖鞋了"，那神情，能把雪山消融。

咦，原来有不少村里人！

每当夫君再叨叨我如何蠢时，我笑着摇摇头："唉，城里人！"再哼一首湖南小调："城里伢子莫笑我，我打赤脚好处多。上山能挑百斤担，下河能拣水田螺……"

电子时代　看好自己

宋宏锐

儿时的成长回忆，后来常在怀念。

怀念并非是事物，而是儿时的感知，家人朋友，花草树木，丛林鸟叫，就连一阵风吹过，心里都是安稳的。

我从小在县里长大，童年时的印象，父亲因大病后，身体虚弱。假期，常清早随父亲去后山采药，晚上吃完饭后，在一旁听奶奶讲老故事，黄昏至夜幕，望着满天星，伴着蟋蟀蝈蝈声、青蛙声，听着听着就犯困了，忍不住爬上床就呼呼大睡了。

其实我不愿意跟着他上山，因为同学们都宅在家里玩游戏，也曾鼓起勇气请求父亲给家里配备一台电脑，用来查资料，父亲瞥了我一眼，回了一句"我们家没钱买"。于是我常跑去同学家玩，被父亲拎回来修理了，而后就只能上山了。慢慢地，对于后山的花草植被、动物种类是熟而尽知。几年后，在采药时，父亲会不时问我喜欢课本里的哪些诗词，便背与他听。夕阳下山，手提草药，口哼诗词，摇摇晃晃，兴致盎然！

长大后，常觉得童年能拥有这段光阴，心之活泼，宁静喜悦，是极其宝贵的。

但这毕竟不是人生的常态。

状态好了，面对考试心态就很放松。中考时，出乎意料地考上了市里的重点高中，但父亲觉得我眼界未开，最好在县城读，娘亲则以市里的教育资源好，英语老师水平又高，最后就没听父亲的，父亲因身体差，就不再争了。

于是娘亲送我到了学校，寝室人人都有手机，临走前，作为奖励，咬牙给我买一部当时最新款的智能手机，嘱咐我道："要经常打电话给家里问候，不久我就去和单位申请提前退休，然后就来陪你熬过高中这个人生的冬天。"

后来没有辜负妈妈这温暖的母爱，我每天会定时打电话问候和传达学习上的"假情报"，然后就忍不住多玩两分钟，手机里好玩的游戏是层出不穷，刺激的好莱坞电影数不胜数，市里的形形色色生活更使我招架不住，于是，和同学一块儿晚三朝七，课上梦回仙游，真是狠狠过了一把童年没过的瘾！生活学习之事嘛，就先退避三舍，等妈妈来了再说。虽然心里会略带着愧疚，但爽是真爽。

然而，爽之后呢？

几学期下来，学习成绩自然变倒数了不说，身体更是消瘦不已，形如槁木，心如死灰，别说看花草树木没感觉，就连看人，也像游戏里的玩偶，没有喜怒哀乐，只有打打杀杀，分析推理，当下的世界也慢慢变成了灰色。

每当放假回到家，父亲还是一如既往地，带着兴味盎然的笑容偏着头，看看我，等我注意到，然后对我说："爬山去？然后买菜回家。"然而，还在玩着手机的我，面无表情，像个机器人，硬生生地望着父亲，冷冷地回答道："没意思，不想去。"此时，心里就连那几分该有的愧疚，都消失了。

我逐渐变得不说话、不做事，成了个"宅男"，脾气还变得大了，常与娘亲顶嘴甚至吵架。娘亲给我找了个借口说叛逆期到了，父亲听了，看了看我，摇头不语。

刚入高三，娘亲退休了，参加了第一次家长会，才知这两年来，我的成绩其实是一落千丈，娘亲回家后着急万分，父亲说："我还有些钱，去学校旁租个房子，一块儿陪着他读。"父母的陪伴，每日督促学习，加上我拼命玩了这两年多，玩腻了，或多或少得要学习了。

在一次高考模拟考试中，我作为两年的物理课代表考了19分，一向和蔼可亲的物理老师将卷子从讲台上递到我位置上，脸色冰冷，说这是她教书以来带的物理课代表中第一个不及格的，还是19分。课堂上笑声连连，可当时我只觉得成绩差是必然的。

于是，越是要学好，就越是学不好，拧巴纠结，成了那当下的常态。无奈之下，在高中最后一个学期，跟父母和班主任撒谎说我要闭关修炼，高考一举成名，实际是难耐煎熬，休学了。

休学期间，当然没有进行任何复习，因为越复习就越难受。我就试着看美国心理学、灵修和黑格尔哲学等，想以此得到疗愈，试图找到一个捷径，快速恢复。看时爽快，分析到位，可是每当一人在散步时，会更拧巴纠结，忍不住钻到书里躲避。

租的房子好在有一个天台，我常爬上楼顶透气，每当想起高考，想起父母，想起现在，看着楼下，心里不止一次地冒出过一了百了的想法，偶尔陷进去深了，就不容易出得来。

老天保佑，当陷进去的时候，天气都非常好，风也温和，天上的云非常白，悠悠慢慢地飘着，我忍不住，就仰卧着望望云，再想起奶奶讲的一些老故事，慢慢地睡着了。

一觉醒来，长松一口气：呼，还好没跳。

就这样在苟延残喘之中，勉强考上了个普普通通的大学，父亲其实一直希望我能继他从政，而填报志愿时，他给我选了理工。

初踏大学校园，工科课程任务重，英文素质要求高，整天纠缠于各种论文和科研中，而空闲时间的"放松"基本都在带着室友玩游戏、买衣服、换iPhone等，需求日渐增多，却落得一身狼藉。

一年后，对于理工直男来说，分析逻辑对感情的处理在恋爱中碰壁那是肯定的，所学的恋爱心理学，西方的"冷静式沟通法"，在书中看得爽，实际操作起来，嘿嘿，谁用谁知道，于是我像个无头苍蝇，碰得一鼻子灰。在丧气之时，分手之际，偶得机会与付煜兄长诉苦，他长声一叹，不久一篇文章传来——《婚姻是诗情，恋爱是诗情》，全文很长，但忍不住读了三遍，付兄只问感觉如何，我说："这感觉太对了！"付兄回道："那你还应缘了。"

终归，老天还是给了我一根救命稻草。

从此以后，常在大学课上偷读《天人之际》和《孔子随喜》，偶尔读到尽兴处，在课上拍大腿叫好，还被老师没收了书。如此渐渐，这些书被我奉为圭臬，读之如饮甘露，更似一味中药，慢慢在生命中运化，因此我与手机电脑渐渐疏远。但我以工科式思维，猛读了些时日后，便中了书毒，能真在现实中应对，却感多而无处着力。此后，慢慢将书放下，生活中即有遭际，拿出来，随意翻翻，如同与作者打个照面，便心如明镜，忧郁消散，顿然如实。

渐渐地，终于迎来了幸运的路，暖色调的生活。

每当假期回到家中，与我很少讲话的父亲，身体也变得弱不禁风。但见我在家中，手机要得少了，电脑都不拿回家，却常在大客厅中看《新三国》《楚汉传奇》等电视剧，不时换着看《龙凤呈祥》《钟馗》等传统戏曲，不时忍不住还拍手叫好。

父亲挠着头，还是带着那副兴致勃勃的笑容，望着我，我也笑着将目光移向父亲。

父亲试着问："散步去？再买点菜回家。"

答道："哎，得令嘞。"

晚饭后常与父亲在花园散步，走着走着，他开始慢慢像以前一样，与我讲述古代各路英雄的政治之见，有时笑容浮上面容，血色也多了，讲到兴头儿，就算风来他也不躲了。虽然聊得不多，但以前的"父子之隔"日渐少去。现在每次回家，父亲和娘亲便与我说起他们从未与我说过的往事，无心之间，时间在恢复光阴感。

听着家里的闲聊，望着窗外悠悠的白云，还好那时，没干傻事。

大学的几年里，室友常说："这狗子怎么就变了？奇怪，他现在不仅不带我们去网咖包夜开黑，而且寝室那么吵，他十点半就准时上床，好像他还看京剧？难不成金盆洗手准备养老了？"于是我被他们渐渐"孤立"，寝室里他们常一起玩游戏开黑，我则开着音响看京剧，刚开始，他们觉得吵，可时间一久，有些个室友有时一开门，看见我，却拉着嗓门儿来了一句："驸马，咱家来了！"

我认为，如今时代潮流，电子科技领先，大到工程运用，小到智能手机。工程运用固可强国，但生活之中使用若泛滥成瘾，其讯息无数，又缺乏秩序，稍有不慎，青少年落入此端，会使人心丧失感知、僵如冰石，其另面危害，不可小觑。

在这电子时代，看好自己，最为重要。

当我不再努力

管维莹

最近闲来无事，在阳台上晒太阳，思绪一下子跳到了几年前的某个午后。也是坐在这个阳台上，看着一本书。书是我刚从网上买来的，名字叫《情深深雨濛濛》。十几岁的时候，没钱买，靠着借来借去的，看完了金庸所有的武侠书和琼瑶大部分的经典作品，于是，我完成了自己的婚姻观。

我心里一直喜欢一个叫作"江湖"的地方，那里有着侠肝义胆的英雄，为人豪爽，四海为家，冲冠一怒为红颜。

心里也一直希望自己能成为一朵"解语花"，为那个英雄抚平额头上的皱纹，听他倾诉愁苦和抱负。

可是，我嫁的不是英雄。每次看他从我扔掉的垃圾里翻啊翻啊地捡回来一点什么，我就气不打一处来，有一次我和他说："我觉得我也是那个被你捡回来的垃圾，既不舍得扔，可捡回来了也就往那里一放，也不会再看一眼。"

结婚十三年后，我独自坐在阳台上，居然看着如此无聊的一本书。边看里面的对白，边伤心，那是自己曾经的少女梦，可我再也不可能圆这个梦了。我长长叹了口气，站起来，把书扔到垃圾桶里，然后说"再见，我的青春岁月"。

那是2017年的一个春天，我听薛仁明老师课的第二年，婚姻仿佛走入了一个死胡同。那天晚上，我坐在床上等我家那加班夜归的"大老爷"，他惊讶地问我："怎么还没睡？"我看他一眼，幽幽地说："我想和你谈谈，我觉得我们的婚姻出了大问题，非常大的问题。"他愣了一秒钟，满脸狐疑地说："不会吧，有这么严重吗？我去洗脸洗脚再来和你说。"不一会儿，洗手间传来他边搓脚边哼着小调的声音，我关了灯睡下。那不仅是个死胡同，还是个无人的小巷，任凭我再怎么呼救，都没有回音。

我和"大老爷"2002年认识，2003年开了结婚证买房，2004年办婚礼。我，土生土长上海本地姑娘，上海女人在外似乎名声不好，婚礼上，他的老同学都用一种显而易见的怜悯之色看着他。我暗暗下决心"我一定要努力做个不一样的上海女人，让你们看看"。虽然他不是英雄，我还是希望自己能努力成为一个不寻常的妻子。

结婚之后，我果然很"努力"。他出身农村，又是客家人，大男人气质是在骨髓里的。哪个婚姻不是两个家庭的结合，我努力适应他的家庭。第一次回他老家，睡那砖木结构的老房子里，地板嘎吱嘎吱响，我居然也睡得自在。半夜醒来，第一次体会什么叫"伸手不见五指"，我吓了一大跳，以为自己失明了。山里的夜，真黑真静呀，终于摸到灯的拉线，找到婆婆给我准备的水桶，那是我的临时厕所。那天，我觉得自己真的挺"贤慧"。可这样的"贤慧"，在"大老爷"那里，却是再正常不过的事情，因为从小身边的女人不都这样吗？

第二年，女儿出生。心理学、教育学、蒙氏、工作坊、灵性成长……这些词语开始进入我的生活。想起童年时看过的《成长的烦恼》，多羡慕那样的家庭，那样的父母。是的，我要成为那样的娘亲，开明、风趣、和丈夫相亲相爱，于是，我更努力了。

上完一个工作坊，就回家和他分享，也不断练习，不断内省。练习沟通，每次说话前都要好好想想怎么说，因为要一致性沟通；练习反思，外面没有别人，一定是自己的问题，习惯了开口就说"是我的错"。可是，可是为何积怨越来越多，日子过得越来越无趣？

后来我还学佛了，他也依从我，也去学佛，至此，我们两个人从夫妻成了师兄妹，我和他说，我们要做菩提眷属同修道友，他很是有点紧张，怕我真会出家，还怕我把家里的钱都捐了。那天看《清平乐》，宋仁宗对曹皇后说，没有一个男人愿意娶一尊菩萨回家，我哑然失笑，是呀，我在家做了很多年的菩萨。那时候，我听到过很多次，"大老爷"或恼怒或黯然地说："你对，你都对，家里就你最对。"我辩解说："我没有和你说对错，你为什么就不懂呢？"然后就是他的沉默，我的憋屈。

明明是努力地学习沟通，为何却变得连话都不想说？

明明是努力地想去理解他体谅他，为何却觉得所有的心思都付诸东流？

明明是努力地想放下傲慢放下期待，为何却越来越憎恨自己傲慢的样子，期待越积越多？

我想大吼，却又觉得那样不对，我知道有些东西错位了，不对劲，可不知道是什么，更不知道该怎么办，我分明已经很努力了呀。

2017年，是我的庚子年。年初开始，夫家哥哥便欠下高额赌债，八十岁的公公一把眼泪一把鼻涕地要我们帮忙还债；刚还了债，"大老爷"便被公司裁员提前"退休"，外面多次找工作碰壁；

女儿刚刚好不容易进了重点初中，却一夜之间告诉我她不想去上学了，转学需要搞定户口，一时难以解决，孩子只能在家，外公外婆看着心急落泪；而我自己办的华德福学校，也因理念的不同，家委会开始闹革命……一时间，所有的事情仿佛都商量好了，一起涌来，此起彼伏，常常晚上睡不好，害怕第二天会不会又有新的状况发生，至今，回想那一年，我还是会觉得心头沉沉的。

困苦时，我却依然努力不让自己成为"大老爷"的负担，不想给他额外的压力。家里家外，一应事情，我都强撑着去一一解决，好强至此，此刻想来，也真的是佩服自己。

可我的本质，却是一个小女人，上海小女人，外强中干。那么努力的自己，也想有人能看到，有人能心疼，很多事情，是连父母都要隐瞒的，是连朋友都无法倾诉的。可偏偏，"大老爷"好像害怕看到这样的我，在这样的我面前，他难以呼吸。我恨他呆呆傻傻，看不懂我，可又低不下身段去讨要他的怜惜，而且觉得要也要不到，何必让自己这么卑微这么可怜，我觉得面对这个婚姻，我努力了，我问心无愧。我和他，两个人彼此嫌弃着，嫌弃着，却也只能嫌不能弃，不仅仅是因为女儿，心里还是有着割舍不掉的一份深情化作心间的缠绕，绕成一团乱麻。

于是，我自己也不知道为什么，会去买来那本《情深深雨濛濛》，在那个午后，独自读着那些柔情似水的对白，独自告别自己曾经的梦想，转过身，依然是无可奈何花落去的惆怅。

我不知道方向在哪里，再努力，该怎么努力呢？

天可怜见的，让我遇到薛仁明老师。

2016年开始听课，"聪明"如我，哪可能一上来就全盘接受？各种旁敲侧击，各种暗暗揣测，两年下来，却也略有收获。

可就是那一年，老师的课，忽然从讲台上的教鞭，成了一把利剑，舞动着朝我飞来，嚓嚓嚓，斩断了那团理也理不清的乱麻。

至今都记得第一次看昆曲《芦林》那出戏时的震撼，回家后便写了一文《好一出〈芦林会〉》，至此，之后的几年里，看了一出又一出的戏，《锁麟囊》里那低头含笑的薛湘灵，梅兰芳版《杨贵妃》贵气中透出的体贴，王宝钏为薛平贵轻拭眼泪……这些传统女性，一颦一笑，一举一动，一次次把琼瑶帮我建立的女性形象全部击败。

那年的九月，婆婆突然去世，我回福建去参加丧礼。因为直接从课堂离开，课堂里的能量推动着我，将我融入那个丧礼的场域里。通过丧礼，我第一次感受到夫君从小生活的环境里，人与人之间的关系和我从小熟悉的是那么不同；第一次去体会"李家媳妇"这个土味十足的身份，因为这个身份，我做不了任何决定，也不需要努力，我跟着夫君后面，让哭就哭，让跪就跪；那几天，夫君虽然伤心，却很通畅。

丧礼完毕，从福建回来后，夫君就生病了，看着发烧躺床上的他，想到如今他是没有娘的人了，心不由得一疼，想到婆婆在时，看着夫君的那个眼神，我忽然心疼起他来，是的，心疼，结婚十多年，我从来没有过这种体会，那一刻，我好像有点找到做媳妇该有的状态。

顿悟容易修道难，一时的心疼之后，依旧是磕磕碰碰的相处。

可2017年终是过去了，2018年，来了。

不知道是不是老天爷心疼我，那年，我听到老师说了三次"你配不上他"的话，每说一次，我都能听到自己心里咔嚓一声的松动。

第一次是我说我家夫君进门会"嗯哼"，和赵云一样，而我却是蹑手蹑脚开门，把躺沙发上看手机的他抓个现行，老师说，单就这点我配不上他；一次是知道我家夫君祖上是陇西李氏，老师又说我配不上他；还有一次，我和老师说我家那位记人记不住，可记对方籍贯却一记一个准，真是够傻的。老师若有所思地说，问对方家里籍贯，这是古风，你还真是配不上他。

天哪，天！"大老爷"的这一个个臭毛病原来都是宝。

他是个宝，这是所有问题的症结所在，老师不知何时为我的婚姻把了脉，一根金针扎下，我酸痛难当，却经络全通。

原来，我一直觉得自己是"下嫁"；

原来，我一直傲慢地把他看成是无可救药的"凡夫"；

原来，即使在我说"我错了"的时候，站的是胜利者的位置；

原来，之前那么多年的努力，我只把自己当作了宝。

这些，夫君说不清楚，但心里都感觉到了。

这个家庭，离不开我，没有我，怎么行？孩子的教育，离不开我，就夫君那个古板脑子，怎么照顾得好女儿？我是那样的出色，一直遵循灵性成长，一直听从佛陀教导，我常常反省自己，出了问题我能认错，有了事情我能担当。我活成了一家之主，却落下了一身的病。

2018年，我大病一场，然后动了手术。住院期间，夫君忙里忙外，照顾女儿照顾我，为我焐手陪我聊天。

原来，原来，他才是那个宝。

出院那天，我坐在他的助动车后面，伸手搂住他的腰，一路上，秋风习习，他吹着口哨晃着脑袋，"回家喽！"

　　自那以后，我彻底"堕落"了。遇到难事，不费心考虑，直接问他"你说怎么办嘛，哎呀，我搞不定"；两口子不仅吵架，我还完全不顾自己的形象，拿靠枕砸他，被砸的他居然开心地说"这才是夫妻嘛，亲人才这样"；不再到处上课的我，省下钱来理财，过阵子就向"董事长"汇报最新家庭财政情况，然后宣布"你得好好工作哦"，他说"得令"；每年冬至和清明，我们都在家祭祀李家祖先，坐在阳台上，一家三口一起折纸元宝，他和女儿说着自己小时候的事情，然后一起给奶奶给婆婆上香，他每次都能拿着香，和婆婆说好久的话；老家那个故乡离他越来越远，他心里常常会有莫名的恐慌，他问我懂不懂这种感觉，我说懂，他把头埋在我手里流泪；每天上班我都会送他出门，说一句注意安全；他有时候会臭美地说自己是最好的老公，我立刻点头说是是是。那天他看到我在群里数落客家男人的不是，他让我申明，客家男人是有很多臭毛病，但他是客家男人中少有的极品，我说同意。他让我再加一句，"客家女人不会发哆，至少没有我老婆会"。

　　这一年，我过得从未有过的混沌，不再事事清醒，更不再时时反省，难得糊涂，却天清地宁。

　　当我不努力了，他却开始努力了；

　　当我不那么清醒了，日子却过得清爽了；

　　当我不总想着要成为一个完人，以前学习的时候向往的"无为""随顺"却自然而然地做到了……

　　最后送上《诗经》一首，《桃夭》。女人，不做牡丹不做莲花，且做这夭夭之桃花，妖娆婉转，笑靥烂漫，愿每个人的家，亦如这桃树，从开花到结果，再到蓁蓁然，祖荫繁盛，一生所求，不就这些吗？

我家的"刘邦"和"项羽"

袁　璟

　　我要先介绍一下我家成员的背景。

　　我和老公都是老牌985大学毕业的,在我们那个年代,勉强可以算是读书人中的佼佼者。不同的是我们读大学的目的,他是为他娘争口气,在农村的家族里有面儿。我是要活得好活出人样儿,为父母争光。

　　不同的原因是由家庭背景决定的。他出生农村,后到县城,大家族里有兄弟姐妹,还有诸多堂兄弟姐妹;母族就在隔村,也离得不远。他爸是个孤儿,自小给亲戚放牛长大;娘亲家族都是女孩,备受乡邻欺负。他娘亲努力生儿子,而且儿子还要有出息,这是她娘亲重要的人生目标。幸运的是,光宗耀祖这个事他哥承担就好了,他只要不比他哥差太多,也没有谁要求他。他从出生到读书到读大学,距离都在百里之内。一大家子人一直都混居在一起,即使后来去了县级市,离自己的村子也不过几十里。

　　他父亲的存在有三种形式,一种是常年不在家(部队),一种是揍孩子,一种是偶尔关注一下他。他娘亲常年种地或在各处打工赚钱,他的童年娱乐生活是在田间地头,基本是他姐姐把他带大的。到了六七岁还大字不识一个,是一个典型的在村子文化中长大的娃娃。

　　我，应该是在几年前，对自己有了一个新的定位，就是我是一个无根之人。我祖籍山东聊城，爷爷辈前也算大户人家，但是后来家道败落，不得已北上闯关东，路上卖了两个姑姑换了粮食。到了东北以后捡破烂为生，奶奶又饿死于战争的围城中。我爸够争气，用别人用过的纸和笔头，考到了中国人民大学法律系，毕业的时候同学大都留在北京，他支边去了青海省劳改局做一名管教干部。

　　我妈与我爸相识于微时，姥姥家虽是贫民好歹属于城里人，看不上要饭过来穷得没衣服穿的无根无底的我爸家。姥姥不同意我妈嫁给我爸，我妈就偷出户口本，千里迢迢找到我爸嫁给了他。我妈不想娘家人认为她所嫁非人，所以她要活得家庭幸福，孩子出息。所以她一辈子只报喜不报忧，而对我们的期待也是非常之高。

　　我爸是老牌大学生，同学多数身居高位要职，而他颠沛辗转，最后也只以大学教授、二级律师的身份退休。种种原因，可以想象我家人必然都是要努力上进，要活出人样的心态。

　　我九岁离开青海到河南，十七岁离开河南上大学，二十一岁又远离故土到广东。我一个山东人，回山东的次数只有两三次，爷爷奶奶也没有坟茔，更别说拜祭祖先之说。

　　我以前没有想过这是个问题，也不觉得这是个问题，直到上了薛老师的课，我慢慢意识到家族里很多事情的发生，根源在于我父母背井离乡，漂泊不定，加上从不拜祖宗和祭祀，与家乡断了连接。中国人讲究经纬线对自己的定位，纬线便是那上下五千年的一条纵线，有了交叉点，也就有了给自己的定位。

　　背景介绍完了，回到主题。

1989年我读大学，老公小学毕业。我其实一直不太看得上我老公，原因在于我对他的评价：玩物丧志，不求上进，不思进取，小富即安。从不看书学习，绝对躺平，平时不是在睡觉就是在玩游戏，要不打台球，要不陪儿子运动，偶尔工作一下，他总是会上那种特别舒服的班，睡到自然醒，工作很快完成，工资也不会太少，他的闲暇时间非常充裕，我认为他努力上进一点，都不应该是现在的成就，但他绝不。我承认他极聪明，但之前让我认为他有大智慧，那我绝对不承认。

我曾经跟人聊过这个事，他说我是一个骨子里儒家习气极重的人，而我老公是天生天养的道家派。我们俩的生命气象不同、背景不同、追求不同。

读了《史记》有关汉朝的部分，慢慢觉得，他的不要脸绝对是有刘邦特色的，你不论是批评他，指责他，甚至攻击他，他都岿然不动。

他对自己极满意，无限宽容和接纳，他只管自己活得开心活得好，他不管你。他也不会因为你对他的看法有任何自责惭愧。

以前我认为他不配教育儿子，因为他爸不是个好榜样，他自己又从不看书学习，他只按习气教育。若不是我拦着，估计他也不会少揍儿子。

我呢，从怀孕开始就孜孜不倦地学习各种教育理念，为了儿子放弃工作，亲自带养，尝试各种方法，甚至自己开始从事教育行业，亲自提刀，亲自体验。

他见我如此重视儿子的教育，乐见其成。所以带养和教育儿子的事基本是我一手包办，他大部分都很支持，或者方法有差异时，不跟我争，退居二线。他也会悉心陪伴，带儿子出游，陪运动，教下棋，我认为他是个好爸爸，除了跟他爸一样，态度生硬、语气粗鲁我不能接受。

但是我仍觉得他不配人父，因为他不关心爱护老婆，为人冷漠，不上进，整天除了玩就是睡觉，没有给他儿子带个好头。我还是怨恨他的。我认为家里有他没他并无差别。我们之间只是冷漠，并不争吵打架，儿子很大都没有发现我和他爸关系不好。

因为我们在对儿子的事情上目标一致，对儿子都有深深的爱，为了儿子，我俩会维持平和，放弃小我的情绪和欲望，和美家庭该有的生活状态，我家基本具备。儿子各方面发展均衡，心态良好，虽然各个年龄阶段该有的问题毛病，儿子一样不缺，我也毫不紧张焦虑。儿子从来没有在紧张焦虑、内卷高压的家庭环境里生活过，在家里活得如鱼得水，自在非常。

我以前不觉得这里有我老公的功劳，我归功于我的识大体、隐忍、有智慧、知道孰轻孰重。而这几年，我渐渐开始有思考，我渐渐觉得自己不全是对的。这样的家和这样的孩子，不应该全是我的功劳。但是真正到这次学刘邦，我才恍然大悟。

其实我老公是我家的"刘邦"，我是我家的"项羽"。我努力上进，张牙舞爪地实现我的各种理想、方针政策，好像掌控了全局，而其实是老公的无为，获得了全面的胜利。

我对儿子基本上是有求必应，全方位关心体贴。我以前认为我老公不管儿子在生活上的死活。儿子五六岁时，我忙起来一早出门，老公在家可以呼呼大睡到中午甚至下午，直到儿子饿得不行给我打电话，我气急败坏叫他起床，让他想办法管好他们的肚子，他反倒说自己不会出去买？到后来就发展成我不在家，儿子也可以把自己养活。从某种意义上讲，他的懒，逼出了儿子的自立。如果像我一样鞍前马后，儿子也许就无法自立了。

我很少拒绝儿子，但是儿子要让老公做个什么事，那就得各种磨各种想办法，然后他可以毫不留情地拒绝，除非我干涉，否则儿子要达成目标，实在要经受很多磨难。我以前受不了，觉得他实在太过分。但后来转念一想，让儿子知道世事艰难，世界上没有谁和啥事是那么顺心的，也是个好事。儿子之所以现在有强大的心理，可以在各种生存环境里游刃有余地生活，确实得益于他老爸的各种残酷拒绝。

我老公是个懒得出人头地的人，万事都懒得去争取，换句话说就是非常的佛系，不难为自己，也不难为别人，所以儿子也非常的佛系。我以前以为我的佛系是我不断学习儿童教育自磨心性的结果，现在发现我其实是受了老公的磨炼，潜移默化的结果。我们家极少焦虑和紧张，儿子在学校的各种压力下，善于寻找空隙，插科打诨，活得轻松自在。老师和学业对他都没有造成什么压力和伤害。儿子变得越来越像他爸，以前我烦恼，现在我有点似喜似悲，儿子总是能把自己安排得妥妥帖帖、舒舒服服，活得安心自在。无论大考小考，都能合理安排好自己的学习时间，淡定从容地跟他爸打游戏、打篮球、看电影、刷视频、睡懒觉，而那个曾经亢奋上进的我，曾经一路好强的我，那个天天像打鸡血一样的我，也居然没有一丝紧张和焦虑。

儿子小时候有发热惊厥史，所以他一旦生病，我便紧张得整夜看守不能安眠，老公却能安坐打游戏，觉得我瞎紧张！后来我发现自己一旦在儿子有什么事情时，就自然而然依赖他，只要他在，就心安。儿子看到我就心安，而我的力量和心安却很大程度是来自孩子爸爸的淡定。换句话说，我们家如今安宁淡定从容的状态，并不是我之前以为的都是我的努力上进、自我学习提升而得来的，很大部分是根植于老公的骨子里的从容和淡定。之前不知道这股力量来自何处。我的无根，让我一直难有安全感和安宁，所以我总在求索，总在上进。而村中之人的老公，来自厚重大家庭的沉稳是他骨子里的。

我以前曾经因为他的不上进和冷漠，很多次想到过离婚，但是他的家庭实在让我舍不得，他们家庭有温暖，兄弟姐妹情分极浓，而且彼此依靠，对我和儿子都是掏心掏肺极接地气地好。我的婆婆，没有多少文化，但却是有智慧的女人，虽然少不了农村妇女家长里短的计较，但是大是大非上，非常地清醒和精明。她是大家庭的女主人，安排一切家族事宜井井有条，人情往来，大事小事，她都有绝对的话事权。每逢年节祭日，婆婆带着全家饭前拜祖宗，到点去烧纸。因为掌握着家族的关系，所以是一个真实意义上有大局观的女人。后来看了很多古言小说，让我有联系地体会到了民间蕴含的家族智慧。

过年我很喜欢去他家，一大家子人，一起做饭，一起拜祖宗，一起喝酒守夜，翻来覆去地讲彼此小时的糗事。在大哥的带领下总结过去一年每个人的得失进步，共同展望新的一年的生活、许下愿望，感觉特别温暖。

2018年过完年，我们三口自驾离开，到湖北恩施、贵州小七孔等地玩耍，大年初十晚上十点，我们开车到了广东的云浮境内，正开车的老公突然叫我看导航的手机，他不知啥时间翻到了家族群，而群里正有一个抢救婆婆的视频。我急忙打电话过去，原来婆婆打麻将结束后不久突然中风倒地。

我跟老公说，我们掉头回去看看吧。他说，应该不用，估计跟以前一样，又得躺病床上一段时间，我把你们送回深圳，我明天早上坐飞机回去，照顾她一段时间。我说好。再过一会儿，电话突然打到我的手机上，他小姐夫告诉我，老娘没了。电话一响起，老公立刻问我，是不是我妈出事了？我挂了电话，压住情绪说，你把车往路边停一下。他说，没事，你说，我有思想准备。我坚持让他停车。告诉他，妈已经去了，我们掉头回去吧，我来开车。他跟我说，你给我半个小时时间。然后他拿着烟推门下车，背着我们站在路旁抽烟。我没有跟下去，坐在车里流眼泪，又打电话回去告诉家人，我们现在往回赶。过了一会儿，老公上了车，他已经平静了。我说我来开车吧！他说，不用，我妈已经去了，我要保证你们的生命安全。（我有夜盲症）

关键时刻，老公的担当和清醒，让我感动，我以为他会垮了或者惊慌失措。路上，我们要找各种近道穿行，找最近的高速路时，他开始跟我讲述婆婆，讲了很多他们小时候的事情。虽然我之前都听他家人讲过，但第一次听老公这么详细地回顾。我一边流眼泪一边听。开了一夜车，我们早上八点多到了湖北老家，婆婆的遗体放在客厅，一屋子来吊唁的亲戚。老公放下包冲过去趴在婆婆身上放声大哭。这是我第一次见他哭。我一直以为他情绪内敛，情感淡漠，是个不会哭的人。他的哭，比其他人的哭更让我震动。婆婆去了，这个家，从此缺了一大块，我觉得他家都要塌了！我和儿子诚心诚意地痛哭磕头，原来我以为是他家人好，我也知恩图报，现在想来，我该真心感谢那个大家族的女人，让他的儿子、孙子、儿媳妇拥有了这样一份家庭的温暖和团圆。

原来这一切，都是一群有根之人护佑的，原来是老公的生命中深藏了大智慧，我期望儿子、儿子的儿子继续传承这种厚重。

我更加坚定了中华民族散布于各个地区、乡间地头的民间文化是支撑整个中华民族精神生生不息的源泉这个认知。

我们有底气活得好。

从现在看，公公应该就是一个渣男，可是他的家庭、儿女却那么好，老公的家庭应该就是中华这片厚土上数千年中最典型的那种家庭。丈夫在家里是虚的，基本没用，功用在外面；而婆婆就是实的，在家中里里外外张罗操持，虚虚实实、有阴有阳。这其实是中国历代家庭的缩影。

而婆婆这类家庭的主心骨，看上去没什么文化，但她们掌着家，有大局观，家里长幼有序，各安其位，这是一个家庭的骨架。老公的哥哥嫂子在家庭里负责承担责任、拍板做决定，两个姐姐负责埋头干活，我和老公就是到处打酱油，游手好闲的。这样的序位就是一个稳定完整的家庭构架，而这些都是流动的，在一个大家庭主母的运作安排下有序运转着。

我老公就是他爸的翻版，基本一模一样。但就是这样的男人，身上有一种力量，关键时刻担当得起，大事面前不会垮，日常小事不在意。你可以当他不存在，但他又不能不存在。他是个虚的，关键时刻他又是个顶梁柱。我的家庭，一个是道，一个是儒，也是阴阳虚实的，如果我跟老公一样，那儿子肯定完了。

老公来自农村，又不爱读书，没有太受西方文化影响，本色演出，身上是比较原汁原味的中国文明的底色。与我这个勤奋读书、学了一大堆儿童教育的人相遇，结果是土力量更强大一些。他活得怡然自得，不受外界影响，他肯定不会想不开去自杀、抑郁，日子过得也还不错。

回头看历史，中国人经历了那么多的苦难，仍旧可以苦中作乐，找到出路。他就是一个典型的中国人的样子，也许就是几百年前活泼泼的中国人的原型。

中国人在宋朝以前是会跳舞的、爱笑的、爱玩的，是柔的、是活泼泼的、充满生机的。宋儒理学后，越来越严肃，越来越僵硬。我们小时候，民风淳朴，还是活泼泼的，会玩会笑，可以感受到那种扑面而来的生命力。现在的小孩，紧锁眉头，苦哈哈的，那种活泼灵动淘气的生命力有的都没了。

小时被老师打手板，还要恭恭敬敬说谢谢老师。是真谢谢老师，因为只疼几秒，可以换几十分钟，赚了！开心得很，转头又跑去玩了。那个时候怎么会有打一下就不活的想法？

生命的活泼流动在于有空间，在于气息，在于阴阳和谐，在于虚虚实实。有了活泼流动，才有意思，才好玩。说话时礼节客套语气词是虚，才不那么僵硬呆板。戏曲中总是有那么一点不同，动作总是错开，不需要整齐划一，中间总有那么一个相错的差别，一切就变得流动活泼有生命力起来。再看现在演的戏，一成不变、整齐划一，再也没有了那份流动和活泼。

生活中人要如鱼入水一样游动，才有生命的元气和灵动，可是现在都太一本正经了。烟火气，一堆人，讲讲废话。这废话就是个虚。刘邦荣归故里，最开心的是什么时候？就是大家酒正酣，勾着肩膀，说小时候的糗事！说你刘老三当时还欠钱万贯！刘邦为什么回去，因为他要回去充电，去吸氧，家乡是根，是去续命了。有多少离乡背井的人，一年就回老家一次，一起说说废话，陈谷子烂芝麻，各自的糗事，就一下子好像活过来了，又精气神儿十足地再回城市，就有元气和力量了。这就是中国人。

我不知道，现在有多少人还有福气得到这个家乡根的滋养。

土地越厚重，民风越淳朴，孩子成长越正常，越有力量。现在生活越来越西化，丢掉了家乡，丢掉了根。越来越多的人——成年人，孩子，各种精神上的疾病，各种方法都没法治愈。不如回去续上根，用老家的养分连上与中国文明的脉络。这样才是真正的乡村振兴，文明才得以生生不息!

有所归止

郭林石

一、学生时代

我的父母都是中学老师，我是家里的独生子。从小学到中学，成绩一直保持在前列，高中读了理科，看到课本上那些西洋的物理学家、生物学家，我内心崇拜有加，心想，他们为世界进步做了好大的贡献呀！当时我的理想也是成为一名爱因斯坦、达尔文那样的科学家！有一位亲戚很看好我，激励我说："林石，咱村里现在也没有几个大学生，你将来上了大学，还要读硕士，读博士！博士呀，现在全国的博士也没有几百个，那可是稀有动物！比大熊猫还珍贵！"

高考，我考上了青岛的中国海洋大学，读生物系。大一头半年，我依旧保持高中的态度，对每门功课都不敢怠慢，期中考试每门都拿到八九十分。读着读着，我却越来越感到一种不对劲儿，因为我把大学想得神圣又高端，以为进来就可以钻研前沿的学术，像爱因斯坦那样发现大自然的秘密，可是如今上的课程跟高中又有什么区别呢？

在大学社团我有一次去采访一位头衔很高的教授，走到办公室他正在打电话，我驻足倾听，原来是跟一个老板在谈钱的事。

教授对我的提问几句话敷衍过去，又去忙他的生意了。我渐渐发现这些教授对"科研"并不上心，他们发表的论文也没有多少"含金量"，读这样的大学，真的能成为一名科学家吗？我有些心灰意冷又愤恨。当时班上的同学大概有三类，一类是延续读高中状态的学霸，每天为了奖学金起早贪黑，去图书馆占座位。一类是平时混一混，谈恋爱、旅游都不耽误，然后临考前一周突击复习，也可以通过考试。还有一类同学到了大学环境宽松，没有家长老师的督促，立刻沉迷进网游当中，昼夜颠倒，最后挂科，甚至被退学。当学霸对我已经没有意义了，我也没有恋爱、没有沉迷网游。

他们都可以各行其道，我却再难以继续了，终于在大二下学期的十一长假我回到家中。第二天向父母宣布："我要退学！与其在这里耗着什么也学不到，还不如去社会上闯一闯！"（后来听妈妈说起才知道她当时一周没有入眠）而父亲每天与我"沟通""谈判"，有几次说得我低头坐在地板上，涕泪横流，但是我心意已决。最后看到沟通无果，父亲无奈地说："那你先休学一年！看看能闯出个什么名堂！"

二、无所归止

办完休学只身来到郑州，我先去人才市场看了看。郑州找工作的人山人海，但我手里连学历也没有，左看右看我也没走进大厅。这时路边一位三十来岁的西装男拿给我一份公司介绍，说是"联通销售部"，是中国联通旗下的正规公司，问了我几个问题，我没多想就留下了电话。

这个"联通销售部"说白了就是卖电话卡，卖掉有佣金，将来买主用此卡充的话费也会给销售者提成。可是电话卡人人手里都有，又何谈好卖？于是经理让我们也想办法打造"团队"，就是发展下线，每个进入团队的人都要先办一张卡，然后垫钱买了公司的卡去卖。每天早晨有晨会，晚上回来又开会，团队的经理们给员工"打鸡血"，每个人分享心得，大家宣誓一通。我去了两周才卖出去一张电话卡，自己却倒贴了几百块，我心想："这不就是传销吗？"于是告辞而去。

我在郑州做了"传销"、餐厅配菜、面点学徒，果然也没有混出什么名堂来。

返回大学，我已经对大学的课程彻底失去兴趣，科学家是做不成了，我只当是大学体制腐朽，并未怪罪西洋的爱因斯坦们。理科不行，那我试试文科吧！毕竟文科不需要实验室这样的硬件，只要埋头图书馆就什么都有了。

于是我成了图书馆里的常客，不分白天晚上。先是入手西洋哲学，叔本华、尼采等人砖头厚的书抱着啃了又啃，然后又看了一看卡夫卡、托尔斯泰、莎士比亚这些著名小说家的书。最后还是看准了现代诗歌，"如果能做诗人，那真是站在文艺金字塔的顶尖了！"

当时最喜欢的一位诗人说："中国如今最好的诗人都处在精神崩溃的边缘！"我心想，"果然，这样的人才是厉害的！"我这个由理工男向文艺青年的转型是相当"成功"的，很快现代诗我就写得有模有样。到了大四，整个人也基本快要到精神崩溃的边缘了。

假如沿着这条路一直走下去，会不会走向海子、顾城这些现代诗前辈们的结局呢？这是很难说的，最终让我戛然而止的，是偶然看到的一个视频讲座，题目叫《生命的学问》，演讲者，薛仁明。

我马上找来薛仁明老师的其他讲座、文章来看。特别是有一篇《我读大陆读书人的脸》最毁人三观，因为我当时年纪轻轻，额头上已经添了几道很深的皱纹了，跟许多同学的感受一样，我只觉薛老师的文章就是为我本人所写的。

三、初入社会

大学毕业后我去了一家国营制药厂，面对厂里机器的轰鸣、"无人性"的管理制度，我只觉自己也成了工厂的一颗螺丝钉。当时的车间主任又怎么入得了我的法眼？2017年看到薛老师来平顶山讲课的消息，我就带着媳妇赶去听课，课后作诗一首：

> 人事不可强造作，天道还需意外逢。
> 黄石老人出池上，慕道子房来平顶。
> 妙翎翻处无人喝，喜怒发时节节中。
> 金井梧桐一声叹，怀母心哀四郎惊。

当时的心境还真有几分像杨四郎。我在县城上了小学后，吃了太多的抗生素，有一次胃病去市里看，那大夫竟然一次给我开了一个月的西药，最后胃没有治好，左耳的听力受到很大损伤，脾胃不好的我到现在还骨瘦如柴。借着薛老师课上注入的元气，没多久我辞掉了药厂的工作，去各地拜师学习中医，一则掌握一门技术，二则也好好给自己调理身体。

跟师学中医两年，小有收获，如今自己的孩子基本不碰西药，不进医院。可是因为政策原因，我这个半路出家的中医却很难拿到执业证书，因此也无法从事医疗行业，只能私下给亲朋好友瞧瞧，或者搬着板凳桌子去公园里做做义诊。

两年没有收入，回家后我琢磨着要做点什么。因为过了多年读书、思考的日子，就特别想从事点不用脑的"体力劳动"，顺便锻炼下身体。我拿着985的大学文凭去当地一家顺丰快递应聘，成了一名快递小哥。

如今的快递并不好做，特别是顺丰要求必须上门送到家中，而且规定有时限。每天早上不到七点就来网点卸货，一群小哥在堆成小山一样的快递堆中扒拉，拿到一个快递就吼一嗓子，"××小区的！""××路的！"，互相扔来扔去。八点差不多分装完毕，大家各自骑上三轮车就出发了。幸好我的身手还算敏捷，送得不慢。几乎天天晚上开会，主管会把送货超时的、被客户投诉的小哥训斥一番，丝毫不留情面，小哥们也年轻气盛，开会充满火药味儿，说着说着就跟主管大吵起来，曾有一个小哥因为不堪羞辱当场甩手走人了。

大多数人被骂完、吵完，第二天依旧该干吗干吗，照样与主管嬉皮笑脸。我也被投诉过，主管当然不会像父母老师们一样，与我"沟通""讲道理"，基本上是直接爆粗口的。慢慢被骂得多了，我的神经似乎也没那么敏感、脆弱了。最重要的是，那段时间我的睡眠最好，到家里头一沾枕头就睡着了。当时也曾作诗一首：

黑似碳，瘦如狗，驽车一驾欲何求？

读书万卷今已弃，驿城街头一走卒。

四、基层生涯

2020年我去参加薛老师武汉的课程，那时候身上的郁结已经没那么深了。接着我参加了一次事业单位考试，考中了城乡接合部的一个街道办，成为一名基层干部。自上大学以来，这一次父母终于对我表示了肯定。

课上我说自己受毛主席的影响，就想借机下乡去做做调研，却被老师打断了，老师说："毛泽东人家哪里是做调研？人家就是与老百姓混嘛！打成一片！"春节前后，我写了五百张贺卡，冒着风雪去村子里挨户拜访村民，村子里有人的人家大都不关门，我双手递上贺卡，"给您拜个年！"此话一出，父老们脸上都展开了笑容，然后聊一聊年货备得如何，子女们能不能回来，还有对"农村人居环境治理行动"的反馈。

我走访了五六个自然村，其中有两个村子本是"拆迁区"，为了多赔点钱，每户人家都在院子里又建上几层楼的框架，把院子遮得不见阳光。可是几年过去，拆又不见拆，每户阴森森的，已非宜居之地。但村里人情味都很浓，有父老给我倒上浊酒一杯，起先我还以为是浑水，一尝却酒香浓醇，于是一饮而尽。男人们争给我递烟，根本来不及吸。农村老龄化严重，许多院子里只有老人居住，我呼喊许久才见动静，而有孩子的人家，孩子们早已迎到门口，为我引路。我把贺卡递给家长，孩子们抢着接过去，有的孩子还向我鞠躬。

　　一次走访的第二天，有个村主任告诉我，昨天不知道什么人在村里乱转，最近大过年的，骗子多，他已经通知村里提高警惕！最后才发现是我。还有一次我在村里碰到小朋友、村民，就拿出口袋里的糖果给他们发，结果一位大婶看了看我说："现在骗子多啊，你这糖不会有毒吧?"我当下大怒，道："你说话咋这么难听?"后来嘛，这个大婶每次见我还挺热情，想想其实是自己在"伐善"。

　　薛老师觉得我的气场还不足，说话声音弱弱的，于是教给我两大法宝。一是学唱《武松》的唱段，一是去打打大镲。果然有效。我回到驻马店后疫情又严重了，我们街道干部就要下村做宣传，村里原来就有镲和锣，我自告奋勇充当了打镲的角色。晚上七点半出发，我们穿着红马甲，一路走一路挨家宣传，敲锣的、打镲的、扛红旗的，村民们听到声音纷纷观看，让我不由想到苏轼的诗句"父老争看乌角巾"，而现在是"父老争看红马甲"。镲的声音干脆、亮烈，直灌到耳朵里去，震得我脑袋嗡嗡的，真是太"爽"了!

出发深水区

宫莹莹

妈妈，花生潮了

2021年暑假，我带着七岁的儿子去了云南建水，一行还有两个威海大姐，也都带着孩子。远离了城市的高压和喧嚣，古镇会老友，格外的放松和亲切。威海大姐们邀请我和小儿去串门喝茶，小闻妹妹很热情地给我儿手里塞她爱吃的花生，结果我儿吃了一个就不吃了："妈妈，这个花生潮了"。顿时，大家哈哈大笑，只有我涨红了脸，因为那是一盘煮花生……

淑芹姐（威海同学）说："莹莹啊，你在家是不是不做饭？"孩子的一句话，淑芹姐竟然直接看到了本质，我说："对呀，我们都是孩子的爷爷奶奶做饭。"说完我甚至还有点沾沾自喜，起码我亲妈在这一点上，还是很满意的。

淑芹姐听完，很肯定地对我说："女人在家，还是要做饭的。"我满脸狐疑："有人做了，吃现成的不好吗？"淑芹姐这样的观点，我听薛仁明老师讲过很多次：数千年以来，中国男人一直没什么变化，中国女人变化最大，所以说还是要女人改变。可是，不管听多少次，打心底我仍接受不了。

身为一名"80后"，这么多年一路考学、工作下来，不说自已有多少成就，起码我这半边的天，我认为自己顶得还可以。在外，和男人们一样工作，回到家如果还要变成传统的"家庭妇女"，我认为我没有这个能力，更没有那个义务。晓宁姐（山东同学，在济南上过课）见我如此坚定，接过话来："你要把厨房的阵地夺回来。"可是："我何苦要夺这个阵地呀？"其实我心里想的是，这算哪门子的阵地？当年换房装修的时候，我甚至还和夫君商量：咱家也不做饭，都去公婆家吃，厨房最后就是个摆设，不如这次装修就不要厨房了，改成其他空间……这样的断舍离在我看来是未来，是大势所趋。不过在夫君的坚持下，还是把这无用的厨房保留了。

后来晓宁姐给我讲了个故事。

她是做青少年心理咨询工作的，有个朋友的女儿上中学，夫妻俩尽管感情不甚和睦，但都深爱着女儿。爸爸是"女儿奴"，给女儿做饭，把女儿照顾得无微不至，女儿和爸爸自然很亲："爸，你看我妈，成天不着家，老在外面，哪像个女人！"爸爸听了备感欣慰，真是爸爸的小棉袄呀，这个女儿不白疼啊。结果呢，女儿在妈妈跟前又说："妈，你看我爸，就知道在家做饭、做家务，真没出息，哪像个男人，你和他离了吧。"夫妻俩都以为女儿给自己撑腰，后来吵架厉害了，才说破。两人惊愕得面面相觑，原来离婚后，女儿就可以得到双份的零花钱……

晓宁姐说："你看，家里的'位'如果摆不正，孩子的内心也是斗争的。"我听后张大了嘴，我家的位是什么样的呢？

每天早上，公公来我家时都会拎着一个保温桶，里面是一大早起来给我们做的早饭、午饭和切好的水果；我们夫妻俩，起床洗刷完就出门了，孩子自有公婆管；晚上下班一到家，桌上就有热腾腾的饭菜在等着了，吃完也不用刷碗；衣服，一直是婆婆洗干净后、叠整齐了放我们床头；家里永远是干净的，我们唯一要做的就是好好上班，然后弄弄孩子。结果呢，两人上班还都累得不行，天天喊着压力山大，孩子弄得连自己也不满意……

我家的"位"是乱的，我儿是不是也在受"位序混乱"的苦？他将来也会成为那样的"问题"孩子吗？

回想起薛仁明老师带我们看戏曲《芦林》，庞氏出嫁前，父亲叮嘱："一要儿孝顺公婆，二要儿敬重丈夫，三要儿妯娌们多多和顺。"薛仁明老师问："庞氏父亲为什么要在她结婚前叮嘱这些？因为，他想要自己的孩子过得好。"

我现在过得好吗？

在我小时候，妈妈就告诉我，不要学做家务，一旦学会了就会像她一样，永远都是你一个人干活，出力不讨好，男人还会被惯成废物。所以，从小我就只管学习，连自己的袜子都不用洗。

结婚前一晚，妈妈和我说："婚后要是受了委屈，不用忍，别像你姥姥，受了气就知道自己一个人偷偷哭，最后走得早，都没捞着享福……"

作为女儿，妈妈吸取了姥姥的"教训"，一生想要在爸爸面前占得一个上风。可是吵了一辈子也没吵出一个是非对错。她要强了一辈子，战斗了一辈子，到老了，心中却满是愤懑和委屈，完全没有姥姥当年的泰然与祥和。

我从小就被妈妈娇生惯养，成家后，又和夫君一起被婆家宠着，在妈妈看来我已经足够幸福了，她怎么也想不通，我为什么还能和夫君走到离婚那一步。妈妈想不通很正常，因为我也曾一度想不通。

夫君是我的初恋，也是同乡，我们异地恋了八年结的婚，是当之无愧的"真爱"。婚后不管是夫妻关系还是婆媳关系都非常和谐。一切的转变似乎都是从儿子那开始的：一个没有被人类文明驯化过的孙悟空，完全不在我们的理解范围之内。

有问题就要解决，于是我开始了学习之路——这才知道，原来之前我心里是没有"我"的，女人是要活出自己的！我学习了儿童心理学，学会了用科学的话术和孩子沟通，给他充分的爱与自由，并试图给他创建完美的原生家庭：夫妻关系是基础，我们的夫妻沟通动辄就几小时，最佳辩手PK人民法官，今日事今日毕，多少个无奈的深夜，多少次身心俱疲的沟通无果；每周定期的家庭会议，不管是集体听课还是定期总结，要让老人也学会科学的养育理念……

可是随着我不断用科学武装家庭后，我发现我开始抑郁了，夫妻吵架从热吵变成两个月不说话的冷战，亲子关系和老人的关系都越来越差，每个人都有能力看见很多问题，越来越多的问题，可是科学没能帮我们解决这一切。问题看清了，感情没了。那个曾经充满欢笑的家早已变成不想回去的地方，然后我和夫君完成了离婚前的财产分割。万幸，2022年离婚前我们遇到了薛仁明老师，遇到了中国传统文化……

妈妈和公婆无怨无悔的付出都是为了我们好，薛仁明老师的谆谆教诲也是为我们好，哪个好，才是真的好？

还记得北京的义田大哥和我们分享过他物质匮乏且经常挨打的快乐童年，以及婚后的不幸：被迫夫妻沟通、被迫共同成长、被棒杀……。后来媳妇转变后，幸福得飘飘然了，还骄傲地说自己要小心别被棒杀。义田大哥那种溢于言表的幸福，让我不禁对思佳姐心生敬佩：能让自己的夫君活得这么爷们儿，真牛啊！其他男同胞也会很羡慕吧。后来，他们家冰冻多年的婆媳关系也越来越好……薛仁明老师说婆媳关系这个见效慢，因为这是深水区。

当时我就在想，我的深水区是什么呢？应该就是这个让我一直想不通的位序吧，难道我真的要把自己放到"刘家媳妇"的位置上去炼吗？位序混乱，受苦的是谁？不安的老人，焦躁的中年，问题频频的孩子，家里的哪个人逃得掉？西方的理念再细化，他们也不用面对中国式的婆媳关系和隔代教养；现代的各种学说再科学，改造起家里的男人和老人也是隔靴搔痒。我家的种种问题，关键会不会就在这个位序里？

西红柿鸡蛋面

2021年，在建水的第二日，我邀请淑芹姐和晓宁姐来郎舍做客，由于我有心无力，最后是淑芹姐下厨，给我们做了面条。她说孩子最近脾胃有点不调，吃个面缓缓。热气腾腾的面一上桌，孩子们立马变身小饿狼，又想大口吃，又怕被烫着，面目狰（可）狞（爱）！最后一个个小脸埋在大海碗里，大声吸溜着香香软软的西红柿鸡蛋面，一边赞叹着面条的美味，一边擦着满脑门的汗，吃的好不热闹。

面条的香味，旁边孩子们的打闹声，女人们嘻嘻哈哈聊家事、学养生操，男人们喝小酒、侃大山，混杂在一起。天上的彩霞还依稀可见，郎舍暖暖的灯光已亮起，这就是人间烟火气吧，这样的日子真是美呀……

薛仁明老师说要"让家里有烟火气""各安其位才和谐"。这些话我知道有道理，曾经一度想不通"为什么、凭什么"。孔子说："民可使由之，不可使知之。"凭我的智慧，一生也到达不了人类文化金字塔的顶端，可是只要我不坚守自己的智商洼地，我这样的升斗小民也可以拥有幸福的家庭啊。算了，先去做吧，做着也许就有答案了。以前头脑清醒、自以为是的把家折腾成那样，不也找不到出路吗？不想了，一个字：干！

说着容易做着难

建水回来后第一个被实践证明的真理就是：说着容易做着难。做饭真的太难了！我也做西红柿鸡蛋面，结果做的自己都不想吃，取经淑芹姐后，还是做不出那个味儿。每天，紧张工作之余，见缝插针看做饭教程，想晚餐，脑袋里一遍遍地规划着，好不容易做完、吃完，还要拉着孩子一起刷碗。然后看孩子写作业，洗刷，一天下来，除了睡觉，其他时间一直在劳动！没有自己的娱乐时间！真的累瘫了，第二天一大早还得起来做早饭……真不知道以前的老太太一辈子是怎么熬过来的，难怪现在的年轻人不结婚、不要孩子，哎呀我的腰……

但是，难的不仅仅是做饭，买菜也是个巨大的挑战。菜怎么挑啊？不同产地、不同品种、季节，菜的颜色、质地、粗细、大小、轻重、形状、口感都不同……要是我一一查询、整理资料，学习、背诵，那还不如再去读个学位，多考几个证呢……

没那个精力了，于是每次去菜市场我就往老头、老太太旁边靠，问他们怎么挑。大爷大妈们精明且不吝赐教。但是"老师"

未必每次都有，这时候摊主就朝我扔个塑料袋，言外之意："自己挑。"没办法，我就把塑料袋往回一抛，装作老道的样子："老板！你帮我挑！"言外之意：信得过你。结果，老板可能是被我蒙住了，只见他帮我仔细而快速地翻腾着，整个菜摊上下都找了一遍，甚至还往身后放着的菜筐里找，直到找到满意的为止。这可是我没见过的场面呀！于是，我的眼神紧跟着摊主的手，两倍速度学习"格"菜。

回家后，把菜一炒，果然味道不同凡响啊！真是发自肺腑的感激！下次再去菜市场看到摊主，就像见到了恩人一样。后来遇到那些不认识的摊主："妹妹又来啦?"也不会觉得他们虚伪，是想挣钱故意套近乎了。因为，我们是彼此需要啊！慢慢地，菜市场里我认识了几个老板，知道哪家卖什么好，哪家老板不地道……小区里的邻居，尤其是从老家过来帮着带孩子的老人，我也开始和他们主动聊天，聊买菜、做饭，聊他们的老家……不知不觉，好像我开始和这个"陌生"的城市产生了一些链接，原来身边不相干的人，显得越来越可爱，就连单位里打扫卫生的叔叔阿姨都忍不住和他们多打几声招呼。这个之前住了十余年仍感陌生的城市里，这一丝丝的链接，就像一个个的火种，于我而言，温暖且珍贵！

大大的"人"字

每天的忙碌也有欣慰，拉着儿子刷碗，要是他刷得不干净或者打了盘子碗儿，肯定是要训他的。儿子从全家人一起捧着、伺候着还不满意的"皇位"上下来了，现在沦落到干活还得挨训，好像也没有什么不适应。"为娘的"训起孩子，那是张口就来，简直是为每天授啊！哪像以前，回答个孩子的"为什么"，还紧张地检索着脑袋里的知识储备，外表温和而坚定，内心紧张且狼狈，就担心自己成了他原生家庭的罪恶源头。比比现在，这娘当的，爽啊！

有天工作特别忙，下班回家我都累瘫了，心情也很低落。结果儿子见我回来，兴奋地大声报喜："妈妈，今天我考了个零蛋，哈哈哈……"顿时，老娘的火儿蹭一下子被点燃，瞬间达到了爆炸点。就你这样的，都不值当我给你做饭。"今天爸爸夜班不回家，咱娘俩吃剩饭！"于是我把冰箱里最近几天的剩菜剩饭全部拿出来，一热，就这么吃吧。亏我平日绞尽脑汁，给你做饭不重样，不让你吃剩饭，色香味、营养的每天计划着，就你这样的，都不值得！

吃的时候，看着一桌的残羹冷炙，脑子里开始自我检讨：学渣也配吃好饭啊。"儿子，让你吃剩饭，妈妈觉得很对不起你"，说着，我的眼眶就湿润了。结果，儿子不知道哪根筋搭错了，开始各种夸张的表情享受着"世界上最美味的饭菜"，加果醋、加豆腐乳、加老干妈……每次新加一种调料，都像发现了新大陆般地惊喜，配合着夸张的点赞。儿子边吃边夸着，边加调料边惊喜着，就这样我们娘俩享受了一顿欢乐的晚餐。

吃完饭，我说："儿子，妈妈今天累得没劲儿陪你刷碗了，就放这儿，留着明天早上妈妈刷吧。"结果儿子信心满满地说："妈妈，我自己来。"于是他前所未有的，一个人，从大到小的叠着碗盘，整理勺子、筷子，在厨房里哗哗哗地刷了起来。然后"老练"地擦着锅台，洗着抹布……看着他的背影，我突然感觉：当我老了，这个男人是我的依靠！我很意外自己会有这么传统的观念。一向自立自强、谁说女子不如男的我，此刻内心竟是如此柔软。我把孩子的照片发到微信群，迎来了大家的赞扬声：看着小小的背影，在心里立成一个大大的人；孩子懂得察言观色、体贴别人了；小小的人儿心里有人了……

老师说，孩子这叫"曲意承欢"，这就是弟子的模样。孔子讲："弟子入则孝，出则弟。"做中国人，第一件事就是学习当一个弟子，这是做人的大根大本，而这件事是在家里和村子里解决的。为什么我们中国人这么强调孝道？因为孝道是感恩。我们讲孝道，不是因为父母做得有多好我们才孝顺他，而是因为，他们是你的父母。

我在群里说："对于孩子，现在也是时不时地忍不住偷偷送他个白眼，走三步退两步，这就是孩子吧……"结果维莹姐回复我："那是你'容奸'的能力还差点。最近我们读《史记·曹丞相世家》，曹相国听到隔壁院子里的喝酒声，不仅不阻止，还在自家院里也摆桌子一起喝。一个相国，不仅仅自己不管朝政，还鼓励手下官员也不要太努力。把该做的事情做好，多出来的时间就喝喝酒聊聊天。可想而知，那些官员会怎样对他手下的人呢？怎么对老百姓呢？"

写在最后

疫情期间，我和家人居家隔离门上被上了门磁。小区里的孩子时不时地就来敲门找儿子玩，儿子经常和朋友们隔着门说话或者楼上楼下喊话，我和夫君说，儿子混的比咱俩好啊，隔离几天这么多人惦记着。后来解除隔离，一日家里来了三个孩子玩，午饭时间了却都不想回家。我说：阿姨做个面给你们吃，吃完回家报道睡午觉，下午再出来玩吧。孩子们高兴地答应了。做饭时，几个孩子都坐在餐桌前，有人喊着：饭什么时候好啊？我都饿啦。有人喊着：阿姨我不吃葱，阿姨我不吃姜……还有孩子喊：我也没有筷子……只有儿子在厨房帮我，帮朋友们拿餐具，帮我打下手。儿子小声和我嘀咕着：他们也不帮忙，就在那喊，真过分……

我突然一下子明白了，中国传统的家庭模式，在现代社会虽然既不"科学"，也不时尚，但是这个方向于我而言踏实无比。

一个人、一个家的努力其实困难重重，如果我们身后有一个这样的村子，村里有一群"中国"孩子，有姐、姐夫，有叔、伯、婶婶，更有我们的长者，那么也许很多棘手的问题就都不是问题了。如维莹姐所说："养中国文化之气，养好了这股气，一切就自然而然。"如果有一天，我们每个人都能有一个这样的村子，大家可以每天在村里混着、泡着，那日子，想想都美着咧。

留一份期待在心里，咱们的好日子长着哩……

终于拍响的大腿

刘雪峰

一、前情

2019年，从终南山回来的路上，妻突然说："让妈也来听一下课吧。"我转头望了望她的脸庞，妻这时也转过头来，彼此对视着，互相端详着，一时笑起来。我心里知道，我们又像当年一样了。

说老实话，来终南山听课，本是没有什么心情的，不知道为何要千里迢迢飞过来听一个"国学大师"的"国学课"。这是上"国学课"的时候吗?!喂，宫女士，你还有这闲心，难道不知道我们就快分道扬镳了吗?!

当时我和妻的关系已经比较差了，隔阂越来越深，经常争吵。我觉得她变得烦躁易怒，有时候甚至蛮不讲理，不可理喻，和我印象中那个温婉如春、知书达理的女子相去甚远；恐怕在她眼中，我也早不是当初那个朝气蓬勃的男生了。

我们都很想改变这种状态，也尝试着相互沟通交流、摆事实讲道理。但事与愿违，努力越多，痛苦越多，令人疲惫不堪。要知道，异地恋八年，我们是连个眼神都心领神会、相看两不厌的情侣啊。

一切的变化都是儿子从老家随父母回来之后。

说起我儿，简直是上天派下来专门折腾我俩的。天性顽劣、执拗出奇、脸皮奇厚、破坏力极强，是个让幼儿园老师无比头疼的孩子。有段时间，我和妻不是去楼下向闺女被我儿咬了胳膊的父母道歉，就是拎着东西去被划伤的同学家赔礼，日子过得提心吊胆，生怕他又惹出什么祸。偏偏他又精力过剩，整日蹦来跳去，缠着我们不是要讲这个，就是要玩那个，还不时撒泼打滚耍无赖，天天晚上十一点还不睡，熬得大人是筋疲力尽。这就是一头小野马，与我俩心目中文质彬彬的"小正太"完全不搭界！与我们一家温和有礼的为人处世完全不兼容！怎么会这样，这样下去怎么得了？

不能这样了，召开家庭会议吧。硝烟随之而起。父亲、娘亲、我、妻分据桌子四周。"妈，你太宠孙子了，什么都无原则惯着他，这样不行。""爸，你以后得像当初揍我一样揍你孙子，怎么现在这么手软。还有，揍之前得先讲道理。""你们都说我宠，我哪宠了，我看别人家更宠，也没咋的，你们少给他买零食就好了。""这么小的孩子，打哪？打坏了怎么办？你小时候我也没动过几次手！""媳妇，你不能总听别人说怎么教孩子，也不能总看书，书上的不一定适合，就得严格管教！""得尊重儿子，像朋友一样，你总居高临下的，不行！什么书也不看，就会想当然，能教育好孩子？"

类似的家庭会议是经常开，时间是越来越长，但收效甚微。本来和谐轻松的家庭氛围逐渐沉重，家人关系裂痕四现。

首当其冲的就是夫妻关系，本来以为离婚这两个字离我俩太遥远，现在呢，我确实感觉到，离婚早已在不远处等着我们打卡。真不知道，她为何有这份闲心来听国学课。唯一知道的是，妻的表姐是搞国学教育的，推荐她来上课。除此之外，我搞不懂为什么，是想从夫妻变成同学吗？不解、郁闷，临上飞机我们又吵了一架，我扬言，最多上半天课，我就要翘课，毕竟终南山比那劳什子的"大师"更有吸引力。

二、终南山上三次欲拍未拍的大腿

终南山第一堂课，大家就位后，走进来一位先生。一瞅，嚯，身着中式褂，脚踏老布鞋。我心说看起来有点学问，嗯，不知道讲的咋样。没想到上来就是一通认人。学员自我介绍，有的说自己已经听了十几次课，有的说自己追到天南海北的听课。有点纳闷，这啥课啊，还值得这样追。令我震惊的是，还有人当着老先生的面，说他的课很"水"，不知道讲的啥……当时我有点蒙，还敢当面说这？看看老先生，听到这里居然还特意把腰板挺得很直，脸上露出洋洋自得、坦然受之的神情。咦？这老师有点意思哈！

暂且听下去吧，把之前和妻说的我要半路逃课的念头放放。

不知道是怎么讲到夫妻关系上的，"夫妻之间应当多聊天，少沟通。因为聊天聊的都是别人的事，沟通都是说对方的毛病，说对方毛病多了，能不吵架么……"我坐在后面，听到这里，猛然一振，这不就说的我们么！哎呀，太对了！我环抱在胸前的手差点要抽出来，拍向自己的大腿！好在多年的"修养"还是阻止了我，嗯嗯，不能失态，保持正襟危坐！

可思绪早已经对照自己了。这半年来，我和妻沟通的实在太多了，什么《交流的技巧》《夫妻沟通的艺术》之类的书也没少买。可每次说着说着，就演变成辩论。妻曾经是学校最佳辩手，最擅长的就是排比的反问句，气势腾腾；而我也不遑多让，注重逻辑三段论的我最擅长的就是抓对方的漏洞。好吧，辩论升级为吵架，加上之前双方定的"当日事当日说清，不能带着气睡觉"，经常沟通升级辩论，辩论升级吵架，吵着吵着就到半夜两点之后了。随之而来的，就是冷战。

接下来，没有想到的是，我再也没有翘课的打算了。

不知从何引起的，老师悠悠地说，"家是什么？家是养人的地方，是让家人感到舒服的地方……家不是你讲道理的地方"。瞬间如醍醐灌顶，我刹那间明白了症结所在，差点拍大腿而起，大叫一声好！好在"强大的自制力"还是按捺住了我的手，没有当众出糗。

许是性格，抑或职业习惯，我总是喜欢分清是非。在家里，父母哪里做得不对，要指出来；妻哪里做得不妥当，要条分缕析，详加说道一番。自从有了儿子之后，发现他有"不良"苗头，我更是要防微杜渐，大讲道理一番，子不教，父之过嘛。但是，家庭气氛都越来越严肃浓重。被说的人不服气，说的人也不爽，情绪很受影响。现在想想，那时的我犹自在想如何论理透彻，如何让人彻底服气，真是可笑！可笑！可笑啊！

后面，老师又随心谈到，有一次从台湾坐飞机，起飞后尚在低空时，浪很大，升至高空时再看海面，如镜面一般平，联想到站在天人之际的高度，一些事根本就不是事儿。有时之所以困惑、纠结，原因在于凑近了问题看，怎么看怎么是事儿，如果拉到八千米高空，那些还叫事儿吗？听到这，我差点又一次抽出手拍向大腿！还好还好，努力控制住姿态，换成顺势挠了挠脑袋。

为何这么激动？感同身受。之前我有过飞机上看大海的切身体会。冬季回老家，飞机还在高空时，俯瞰海面，波平如镜；近及降落，却发现海浪高耸，波涛汹涌。当时我还暗自感慨了一番，当然没有薛仁明老师从天人之际的角度讲得那么透。是啊，眼前这点烦恼，算得了什么呢？天下本无事，庸人自扰之。后来，回到家，我特意将这情境讲给娘亲听，没想到娘亲也领会了很多，放下了不少思想包袱。这是后话。

三、北京国庆课程前奏

娘亲这一辈子活得不洒脱。从小被送到乡下，长大后才回到外公外婆身边。她上有哥姐，下有弟弟，不起眼，并不受喜爱。成年后又各种磨难，不如意，思虑过细，心事过重。是那种宁愿身体受苦受累，也要别人说个好的性格，想努力维持别人心中那个好的"印象"，又经常觉得自己很委屈，生怕别人给个"差评"。背的包袱太多了！人生哪应该这样？真的，我觉得《史记》里面那些人物，刘邦、张良、陈平、韩信，个个栩栩如生，端的是质朴大气的生命质地，再加上那种"活泼泼"的载歌载谣，"喜悦悦"的且吟且啸的气场，会滋养娘亲焕发出不一样的蓬勃的生命气象。

还真别说，终南山回来后，我和妻的关系改善了很多。原来天天谈到半夜的"小会"没有了。天天吵，变成了三天一吵，五天一吵，到后来，吵不起来了哈，走路都肯挽着我的胳膊了。家庭会议也散了吧，养人的地方天天开会，谁受得了。

看我的儿，也顺眼多了，野就野吧，上了一年只学会"yes""no"的英语班也停了，爱玩什么就玩什么吧。满公园飞奔的小野马，似乎也带着些雄武气象。不天天看管着，他反而逐渐懂事了许多，真是意外的惊喜。

四、那终将要拍的大腿

北京课上，感谢北京会长老李大哥的安排，我们一大家子有幸同老师一起吃晚饭。席间，老师听了我们的故事，说我家四个大人是鲁人性格，而孩子是齐人性格。老李大哥说："你明天上台讲讲你们的故事吧。"我说好。

吃完饭，心里有些忐忑。循规蹈矩的心性又上来了，不知道从何讲起。妻说，别一本正经像作报告一样，想说什么就说什么。娘亲也说，你就随意说好了，别第一、第二、第三。瞧瞧，特别重视当众讲话、怕人笑话的娘亲，居然也让我随性发挥。"看来课没白上"，我心想，这要放在以前，那绝对得千叮咛万嘱咐呢。

课前分享，说了我在终南山欲拍未拍的大腿，说了我们家发生的变化，凌乱的程度，应该是我发言最没有条理的一次，但不知为何，说完，心中非常畅快舒坦。后来，喝了更多的"药水"才逐渐明白，我这个人，受教以来，自以为怀天感地，肩负责任，始终端着神态，庄着面目，逐渐收敛、束缚，失去了本来的个性。习惯于循规蹈矩，少了份跳脱自然，多了些黏滞愁重。当不那么在乎自己的发言内容时，直抒胸臆，直吐畅快，不压抑不纠结，那种欢快灵动的喜悦回来了，便顿感轻松。

分享完我家的变化,老师引申开去,说起孩子的教育。他说,现在的孩子,"教"的太多,"化"的太少,而性情的养成是需要"化"的,是需要涵养的。中国古代讲"教化",现在年轻人为什么那么多抑郁症,是因为有教无化。又说起乡下的小院子,小孩子在院子里玩耍嬉戏,爷爷奶奶在院子里边说着话干着活,边照看着孙辈,这一方安然自在的小天地,就是"化"啊。

听到这里,我恍然大悟,不由地猛拍一下大腿,丝毫不再顾忌出糗。

大家哄堂大笑,纷纷看我。那一刻,有种放下包袱、畅快得喘口粗气的感觉。怕什么?出糗就出糗吧。

他们不知道的是,我小时候真真切切地感受到了这种"化":夏夜,农家小院,外公、外婆、表妹、我,坐在小椅子上看星星,夜空里星星那么闪、那么亮,外婆拿着扇子指着天空,说着牛郎织女的故事,那么有趣,让小孩子那么向往星空,无限美妙,这一幕,多少年也忘不掉。我才悟得,原来这就是一种"化"啊。

现在的孩子哪得一方亲近自然、亲近祖辈的快活小天地啊。我们不过是"贪嗔痴"的家长,赶着孩子学英语、学编程、学画画、学主持、学……不过是苛求他变成自己心目中的那个孩子。哪曾知道"化",哪曾知道涵养孩子的性情啊!被西方教育理论洗脑的我们,真的担得起教化自己的孩子吗?!

聚餐会上,妻也上去分享了。眼泪汹涌着说前一段时间的不幸福。除了顽劣的孩子让她心力交瘁外,还有我给她的巨大压力。感谢我不再苛求她,放过了她。我知道她哭出来的时候完全释放了自己。那一瞬,我忽然想到了"放下屠刀,立地成佛",

一味地埋怨、批评、指责，不就是砍向别人的大刀吗？收起自己雄辩滔滔、自以为是的模样，成不了佛，变得佛系一点，不也挺好？

儿子在儿童班，如鱼得水，玩得开心快活。耍着金箍棒，挥着小马鞭，神气得很。

五、后记

北京课后，我们只吵了一次。以前都是沟通着、指责着，火气慢慢上来，吵几句然后板着面孔冷战几天。这次吵架改了模式，上来就噼里啪啦地吵，吵完后反而觉得轻松了，居然也没有什么冷战了。相比之下，这种速战速决、来得快去得也快的"热架"更值得一吵呢，因为还真就实现了"吵架不过夜"的婚前约定。

令人惊奇的是儿子。当我们四个大人不再聚焦他，不再拿着放大镜看他时，他反而让我们刮目相看。以前天天要看、不给看就闹的动画片，居然好长时间没看；以前三分钟的板凳都坐不住，现在专注起来，吃饭都得喊他好几次，耍泼打滚更是再没有发生过。孩子的事顺了之后，我们整个家庭也顺了起来，家庭会议再也没开过。

后来，父亲和娘亲又去了平顶山。回来后，娘亲高兴地说着薛仁明老师和裴艳玲老师，说着平顶山那些朴实快乐的人和事，父亲依然在旁边补充着，妻在旁笑着解说、引申，儿子呼哧跑过来，愣着神听几句，又呼哧呼哧跑开去嬉耍，我在旁边看着、听着，感觉很温馨。脑海里盘旋着妻前不久的话："你不觉得叫爸、妈分不清谁的爸妈吗？""那怎么叫？我爸我妈，你爸你妈？""咱爸咱妈！"

六、两年后

2021年暑假，妻从云南建水游学回来的当晚，便迫不及待和我分享课堂上的"水货"。一直说、一直说，说到很晚。我躺着，快要迷糊到见周公的时候，妻突然冒出一句："我想把咱家的祖宗牌位给供起来。"

"嗯……嗯……啥?!"我一激灵，睡意全无。

之前老师提到过祭祀祖宗的事，我只是感觉祭祀是个重要的事，但确实没有想到在自己家里供奉祖宗，特别是没想到由我俩来办。

"我听爸说，'文革'期间，族谱都烧了，怎么立牌位?"我有点犹豫。

"总是有办法的，明天我问爸。"妻有点小坚决。

转天，果不其然，父亲也只是知道爷爷的名字，再向上，他也不清楚。

妻没有再说什么，若有所思。我以为这事暂且搁置了。

几天后，我刚到家，发现祖宗牌位已经供奉起来了，上书"刘门堂上历代祖先""宗枝奕叶长，时代源流远"。不知怎的，看到第一眼，就觉得心紧了一下。

我看了看父亲、娘亲，觉得他们神情好像也有些不一样。娘亲说："咱们祭拜一下祖宗。""嗯。"

是日，父亲、娘亲在前，我和妻、儿在后，一起给祖宗磕头上香。

心中升腾环绕着一种神圣庄严的感觉，无以言表。

看着身旁的妻，平添了一丝敬意。

祭拜后，儿问："爸爸，为什么要拜祖先啊？""有祖宗才有我们啊，祖宗在天上保佑我们呢，你要是太调皮了，祖宗也会惩罚你。""噢。那你要是不听话，祖宗也会惩罚你吗？""那当然！"儿的小眼睛立马睁大了。

说来也有意思，后来几次，我一喊"快过来和我一起拜祖宗！"我儿上一刻还在调皮捣蛋，下一秒瞬间进入状态，低眉顺眼地垂手跟在我后面恭恭敬敬祭拜，还算有模有样。

妻是口腔医生，是不太喜欢做饭、做家务的。她的名言是"哎呀，我这双灵巧的手，要好好保护起来，做家务太可惜了"。我装模作样地捧起她的手："啧啧，怪不得你导师说你是她最手巧的学生呢。"不然，怎么抚慰妻的小傲娇呢？

去建水之前，她时不时地做做家务，我真心觉得那是一种赏赐。只不过也要时不时地按捺住不爽。为啥，因为我也不喜欢做家务，小时候受的教育是男子汉要在外闯荡，不能做"锅台后的汉子"，每当我不得不做家务时，心里总有些别扭。

建水回来后，妻开始每天做饭，干家务。我心里着实有些不安，按照往常的经验，不知道这背后有什么"隐情"，或者有同等以上强度的"好事"等着我。我小心翼翼："你工作这么累，就别天天做饭了。"妻很认真："维莹说了，我们女人要守好祭祀和厨房这齐秦二地。"我有点蒙，这是我媳妇吗？幸福来敲门，有点太突然。

妻回来后还重新安排了就餐位序。之前吃饭是随便坐的。现在呢，都有专属座位，父亲首座，娘亲次之，妻坐在我下首，儿坐在最下首。每次就餐，父母安然，儿也安然，我很踏实。

不知何时，有种感觉，妻自建水回来，隐然有执掌家务之感，虽不说事事妥当，倒也井井有条。娘亲对妻的做法也很是认可，对我偶尔背后冒出的不同意见，镇压得毫不留情。

我逐渐被"边缘化"了，妻真的成为我老刘家的CEO了。我老刘家也进入了新时代中国特色社会主义家庭新阶段了。

有次，我因工作正坐在椅子上烦心，一抬头看见妻在厨房忙活，头上戴着有两只兔耳朵的发卡，不知怎的，心情呼啦啦就明朗起来，端的生出很多底气。我笑着说："嗨，我怎么感觉好像换了个媳妇儿，你不会是报恩的兔子精吧！"妻转过头："夫君，这都被你看穿了呀！"，我俩哈哈大笑起来。

人生有趣，得际奇遇。

或许开启了我人生的全新篇章，也未可知。

暂搁此文，留作他日援笔之引吧。

我是仙桃，你是精灵

刘　伟　刘意如

　　此生有两次幸福的遇见，一是我在大学时遇到了夫人，当时是她的纯真和身上散发出来的灵气打动了我，从此我的眼里只有她。我们两有着两种截然不同的个性，我是天上虚无缥缈的风筝，她是落入凡间接地气的精灵。夫人曾经对我说："你压根就不是尘世父母所生，你就是长在哪棵树上的一个仙桃。"

　　在我的心中，夫人就是冰清玉洁的宝玉，她身上吸引我的地方，数不胜数。夫人性格爽朗、单纯、心地善良，是一个有生活情趣的人，也是一个性情中人。她对朋友热情、真诚、大方，她喜欢大自然，喜欢爬山，喜欢变着花样给我们做好吃的；虽然工作很忙，她还是会抽时间装扮一下家里的各个角落，她包揽了我的吃喝，如果拉撒不一定非得要我自己完成的话，她也可以代劳；每天提醒我该起床了，该吃饭了，该睡觉了，该洗澡了，而且叫我起床这件事每天不下三次，我每天早上睁开眼睛第一件事情必定问她："意子，我今天穿什么衣服，搭配什么裤子？"岳母经常和我开玩笑说我夫人有三个孩子，而我就是三个孩子中最让我夫人操心的那个。

　　夫人还是一个有社会责任感和慈悲心肠的人，散步的时候，她会经常带着儿子或女儿在小区捡垃圾。我记得大约是2016年，才9月，长沙的雾霾就非常严重了，她觉得橘子洲头每周的烟花燃放太污染空气了，应该取消，就打了市民315热线，还有公安局的热线举报。结果过了一个月左右，真的在报纸上看到了烟花燃放由每周一次改成只在重大节日时燃放的通知。我还记得她看到报纸时高兴得手舞足蹈的样子，那个样子——真的很美！我想政府的这个决定不一定是她的原因，但作为一个环保的倡议者，她还是高兴了一阵子。还有2019年去内蒙古，在沙漠的时候，有个游客和工作人员发生了冲突，双方情绪激动，就差打起来了，这时夫人走上前去，没有好为人师的架势，没有讲大道理，她就用她自己的方式，心平气和地劝解双方，矛盾没有被激化，结果自然晴朗一片。女儿和我当时都受到了很大的启发，虽然夫人平时读过的书、受过的培训没有我多，但是她经常说的话、做的事竟然与我从书本上、课堂中、甚至古圣先贤的文章中"千辛万苦"萃取出来的思想如此一致。

这就是我的夫人！一个热爱生活、积极向上、接地气又不缺智慧和灵气的女子！

而我的世界就单一多了，除了工作、加班就是学习、培训；我的世界里没有生活、没有朋友、没有亲戚、没有好吃的、没有好玩的，而且我还觉得我不需要这些，有工作和学习就足够了。

逢年过节或父母家人生日，都是夫人提醒我打电话问候，我还特别不情愿，因为我觉得我心里装着他们，根本不需要打电话；由于无感无趣，所以不识世间"人情冷暖"，因此在生活中我身上的小毛病还特别多，经常随地吐痰，开车也不太守规则，动不动就言必称孔子，讲道理也会教条主义地搬出书本上的古圣先贤、伟人、名人为自己佐证；就连我给儿子取的名字"子呈"

都带着我的异想天开，为什么取名叫"子呈"呢？因为我希望儿子把孔子、孟子、老子、孙子、曾子，墨子，庄子，荀子、韩非子等古圣先贤的思想，兼收并蓄、学以致用，最后变成自己的东西，完美呈现出来……

现在想来，儿子身上担负着这么大的责任，他该有多大的压力啊！还好夫人给他取了一个接地气的小名：毛毛，这样也算阴阳平衡了一点吧；其实阴阳思维早在七年多前就被夫人用在了女儿的名字上了，当时我们没有想要生二胎，所以我想不管是男是女都取名"轩"，后来女儿出生，夫人说"轩"字男子汉气概多了一些、太刚了，加个"宜"字吧，这样才能刚柔并济，阴阳调和，于是女儿才有了"轩宜"这样一个"好名字"。

再来继续说说我这个人。在思想上，我特别喜欢看哲学社科类的书，喜欢钻研学习；在事业上，喜欢看经济营销类的书，甚至想加入马云旗下，跟着李开复干，还想去找雷军混……在悟道上，好奇生命科学和禅宗佛学。我基本上沉浸在自我求知的理想世界里，完全不管家里的柴米油盐、人情世故，每次走亲戚，我不是带着电脑在工作，就是在看书，在表弟表妹的心目中，我就是一个高冷的工作狂。去年我还和夫人说："你给我一年的时间，我谁都不见，我要去闭关看书，在无人打扰的情况下去禅修、学习、精进……"听到这样的话，可想而知，夫人当时的心理阴影面积有多大啊。

还有每次夫人做了好吃的端给我吃，问我味道如何时，我不仅连敷衍一句"还可以"都没有，还要用自己的一套逻辑和她说："对我来说哪个菜的味道都一样，我只要吃饱了就行，哪天发明个药丸给我，让我吃一颗管一年更好，这样岂不节省了更多时间……"每次和朋友在一起玩，虽然是妻命难违去的，但其实内心有一千万个不愿意，总觉得和朋友闲谈是浪费时间和生命，为什么不把这些时间花在学习和工作上呢？更为过分的是，每当和夫人有矛盾时，我就非要吵出个高低对错，而且要用自己学的各种理论逻辑来指责她；甚至有孩子在场的时候，夫人说不想吵了，我还纠缠不休、咄咄逼人，一定要和她理论到底才罢休！正因为经常理论和吵架，再加上晚睡，去年开始夫人身体出现了一些问题，其中头痛比较突出，而且每次吵完架之后头痛就会加重；其实我心里也难受，但每次吵架时，我还是控制不了自己，经常用上课学的知识或者哪个名人的例子站在八千米高空来教导她，我经常对她说的几句话就是："看看你的格局！看看你的心胸！把它们放大一些不就都没事了吗！"

我的本事还不止这些，在夫人用尽了她所有的力气也无法使我接地气时，居然在我强大逻辑理论围攻下，她还一度怀疑是不是她错了，是不是她耽误了我这颗"仙桃"，耽误了我这个积极、上进、好学、求知若渴的人！如果不是她，或许我的人生会更加"精彩有成就"。

天啊天！现在想来，我是多么无知可笑，我对夫人曾经是多么残忍！夫人曾经活得多累啊！殊不知，以前的我才是真的内心有气、淤堵无感和格物有障。

生活谈何容易，把人生的每个阶段都过好，看似简单，其实很难，尤其是碰到我这个难伺候的主。

我的缺点还有很多，看似在某些领域我"满腹才学"，但都是些不切实际的天马行空；每每激情满满，迸出奇思妙想，做事却往往虎头蛇尾，理想与现实多有波折，就像猴子掰玉米，只顾着掰，最后却都甩给老婆来收拾残局，我又开始新的天马行空……

我看似温文尔雅，可骨子里却埋藏着一个暴脾气，不知道哪一根火柴就会点燃，而且没有规律可循，碰到了我认为的那个燃爆点就会爆（也就是俗话说的老虎屁股摸不得）；有时又脾气好得怎么也碰不到燃爆点！没规律、不稳定、时好时坏，正如我的生活，在惑与不惑之间徘徊。

我还怕老婆，是面子上很怕，里子上没那么怕，总体上有点怕……平时在一起生活也会因为习惯不同而争吵，这吵吵闹闹爱恨交加的日子一过就有了二十多个年头，孕育了一对儿女。

我对生活还充满了不接地气的理想，满脑子想的是夫妻同修，满脑子想的是解决问题，满脑子想的是精进自己以至人生圆满，以及圆满了以后怎样怎样的美好！满脑子想的是从事业上退下来，再去练就一手好厨艺，自己设计并定制一套功能齐全的智能化的厨房，做各种舌尖上的美味给老婆吃，品各色美食，享岁月静好，坐着摇椅慢慢聊……这对美好生活的憧憬和向往羡煞旁人，却恰恰成了我无法逾越的障碍……

看着夫人的身体每况愈下，我心里也焦急，但始终找不到我的出路！恰好，我又遇见了薛仁明老师。

2018年，从长沙百颐堂开始，听他讲不伐善、不施劳，讲格物顺带致知，讲夫妻相处，讲《史记》，讲《论语》，讲虚实空间，讲礼乐文明，讲阴阳之道，讲深层次的二元论和阴阳观，讲戏曲，讲裴艳玲……这一堂堂课犹如春风拂面，慢慢化育开来，穿透了我层层坚硬无比的壳，吹进了我的心里，吹开了我埋藏在心底很深很深的"感觉"的萌动。

　　我的那些百思不得其解的郁结，本想活得通透却还带着纠结，看似明白却还隔着一层，这一个一个的堵点似乎在不知不觉地开始化掉了一些，随着听课的深入，有些坚硬的东西也慢慢开始软化了。

　　老师的课，我们夫妻极少落单，大都一起来，说得矫情点，是因为彼此离不开，离开了一会儿，就会牵挂！说得实际点，老婆耐不了奔波，我开车载她一起来能有个照应，她少点操心，人会舒服点。

　　在听到薛仁明老师讲解戏曲时，夫人随口说了一句："真正的角儿都在生活中！"

　　这句话隐隐约约触动了我的心弦，也许成为生活里的角儿，就要试着学会先将自己的习气与执着一一放下，然后如实地、无隔地感知生活，感知对方，感通生命里真切的东西……真切是什么？或许是《论语》里的"风乎舞雩，咏而归"，是当下我们与每个人的相处，是回家面对的父母妻小，是温暖如常的人间烟火味……当你能够体会到这些来源于生活的真切体会，也许才应了"真正的角儿都在生活中"这句话吧！

　　是啊，生活中哪有那么多是非对错，人生哪有那么多价值与意义！我是哪根葱！简单、宁静，光明、喜气，万物有灵且美，我好想与"世间亲"。

　　于是我开始慢慢变化，开始对同学的笑容有感觉，开始喜欢听同学们的分享，慢慢感受每个人曾经经历和正在经历的一地鸡毛，以及这一地鸡毛的生活里逐渐生发出的生命的鲜活和生机；开始心疼每个人的经历并感受每个人的美好；开始不着急学更多东西，开始活跃在几个微信群里，开始愿意倾听同学们的聊天和八卦；开始期待家庭周末的放松和与家人的相处，期待一群朋友各自带着家人一起参与的聚会活动；期待薛仁明老师的课堂，期待同学们的分享，期待大家在一起的聊天，期待每个人脸上洋溢的笑容，期待在课堂上听到同学爽朗的没脸没皮的肆无忌惮的笑声，以及期待每个人的变化……

这些对于大多数人来说，是再普通不过的生活，可是对于现在的我来说特别珍贵，因为我以前从来没有这样真实、鲜活地活过！

改变已然慢慢开始。

如果现在，你问不甘堕落的我还有什么高大上的追求，我只知道酒醉之后傻傻地对着夫人笑，并重复着老师说给我家夫人的一句话："意子，你的好日子要来了！"

强爷堕落记

谢志强

　　某日，闲暇无事，院子里逗狗，老婆在屋里喊："强老爷，吃饭啦。"突然一个激灵：自结婚以来一直是颐指气使，呼来喝去唤人家"光头强"，顶到天最多人前叫声"强哥"，如今竟恭恭敬敬尊称"强老爷"！"时世异耶？人将失之耶？"惊愕之际，五味杂陈，唯恐有诈，还得静下心来捋一捋……

　　六百年传承沈氏女科经常提到"宁治十男子，不治一妇人"。此千古难题，意为女子性情不稳定，情况容易反复。再加自身十余年血泪史，劝诸君莫做无谓挣扎。

　　遥想当年强哥我也是学霸出身，诸子百家样样浏览过一两页，之乎者也一套一套的，可惜喽，老婆对这枕边免费的宝藏视而不见，从不深挖，外面的课程却上得不亦乐乎。强哥招数用尽，也只换回家里鸡飞狗跳。哎！自家婆娘自己教不了，得认命，可是真的很害怕她上当受骗，于是假装很认可的样子，鬼鬼祟祟跟去一探究竟。

　　初次见面，还好，还好。老师虽温文尔雅，但看起来没我帅，从颜值讲，不至于被拐走。精心准备的几个灵魂拷问，想要刁难一番，老师也不敢接招，推说什么课堂不接受提问，哼哼，怕了吧？由此放下心来。再听老师讲课平淡无奇，不似别的老师让人瞬间打满鸡血，大部分是闲聊家常，感觉学不到什么知识点，浪费了特意准备的笔记本，奇怪的是就这么普通的课堂竟然笑声连连，尤其是几位美女咧开嘴，笑得特别傻、特别憨，让人倒是觉得亲切，可惜淑女气质全毁。下午看我最讨厌的京剧，咿咿呀呀半天唱不完一句的那种，烦死个人，差点睡着。还好，某位娘娘让人眼前一亮，原来京剧还可以扮相这么迷死个人！偏偏老师说这是反面案例，严重怀疑这老师的审美观。

课后采访同学是必须的，看看群众的意见，果然不出所料，跟我一样混一混的大有人在，一半是吃货，直奔茶歇美食而来，一半是闲来消遣，权当听听单口相声，乐和乐和，至于具体学了个啥，异口同声"不知道"。采访完毕，暗自放下一百二十个心，心里一盘算，这老师没啥料，倒也无害，可以消磨时光，还有那么多好吃的，如果只听这老师的还可以省去大把上其他课的费用，还是蛮划算了。考察完毕，于是转头大咧咧对老婆说："这老师不错，今后也别霍霍其他人了，就一门心思霍霍这老师吧，我就优哉游哉当强爷。"

放松下来，再看老师自然就帅了，慈眉善目的。寒来暑往，春去秋来。时间说长不长：四次课，十九天，九十五小时，抛去同学分享、茶歇、水货时间，怀疑真正干货时间不到三小时。时间说短不短。市场经济下，咱们时间就是金钱，耽误一分钟都是票子，再不济，也是要抓紧时间打坐参禅，成佛成仙的，哪有闲工夫在这扯淡，还要陪哭、陪笑、陪吃。关键是，听这课很颠覆三观，最最可怕的是"谈笑中樯橹灰飞烟灭"，不知不觉就堕落了。

曾几何时，也要为"中华之崛起而读书"！尽管是点苍（典藏）派和五岳（无阅）派传人，但书架上那几千本书无不骄傲地宣示主人是优雅的爱书人，爱书人应该"十指不沾阳春水"。如今竟心甘情愿放下使命，堕落到进厨房和老婆一起做饭做菜，洗碗拖地，双手沾满了油腻，可怕呀可怕。

曾几何时，观众生俗不可耐，聚在一起就知道吃喝玩乐，虚度光阴，哪像我整天眉头紧锁，思考的可都是人类何处去的大命题。现如今，竟不要脸放下身段，堕落到和那些凡夫俗子饮酒狎侮、称兄道弟、乐而忘忧，罪过呀罪过。

又几何时，看老妈、看老婆，成天为了些鸡毛蒜皮的小事情，东家长、西家短，掰扯半天，觉得她们真是头发长、见识短，有什么意义呢？对人类社会进步有益吗？哪像我们男人，不说则已，一说就是国家大事，指点江山，激情飞扬。结果搞半天，两者一回事，都是个屁，放出去就舒服了。从此堕落到陪老妈说三道四，陪媳妇七七八八说一堆，如此这般，居然一家人有了神思安安的好状态，也不较真了，少了烦恼万千。

又几何时，只知埋头苦干，闭门造车，自诩"位卑而不忘报效祖国"。立志要以实干精神把中医针灸推拿专业技术钻研到极致，而对人世间那些迎来送往、客套寒暄是不屑一顾，嗤之以鼻的，这些虚的就是浪费时间生命嘛。可惜功夫下了不少，技术提升却很缓慢。现在也堕落到没事就在村子里闲逛游走，熟不熟打声招呼，递上笑脸，也乐意跟远亲近邻聚一聚、聊一聊。日子似乎懒散了许多，手下功夫却飞速见长，频频有病友反馈疗效明显呢。

还几何时……算了，不说了，一叨叨就刹不住车，不知啥时变得如此啰唆，堕落如此，自觉惨不忍睹。

颠倒颠倒颠颠倒，正怀疑自己是个什么东西的时候，薛仁明老师当众多次表扬："强爷作为一根葱，还是有点悟性的。"那么真诚的表扬，真叫人洋洋得意。正乐着，老师补刀："强爷现在看起来像个人了。"咦？莫非以前不是个人？现在只是像，还不是人？活到四十几，连个人都不是，太自卑了。转念又想起薛仁明老师所教"人虽处夹缝，然夹缝之大，也足以游刃有余"。也就哈哈一笑释然。

世界上本没有强爷，叫的人多了，也就有了强爷，强爷堕落后，夫人给了条板凳，定了个方位，说是强爷一日三餐专属座位。人前人后强爷叫着，屋里屋外伺候着，变着花样做美食，真好吃，再把美酒满上，那真是爽歪歪。兄弟面前更是给足了面子，受用啊、舒服啊、惬意啊……狐朋狗友羡慕忌妒恨呀，真切感受到了什么叫作老爷，嘿嘿。还隐隐感觉夫人和我妈我姐是一伙的，总看到她们经常凑在一起窃窃私语，嗤嗤地笑，又不让我听，不知道搞些什么名堂。唉，作为强爷，架空就架空吧，只要她们和睦开心就好。

话说强爷这个位置坐久了，走路都不一样了，有时双手背在身后，慢慢踱步，停下来就摸一摸那稀疏的胡茬，有时又大步流星，昂首挺胸，总想要保护点什么。强爷又一路寻宗问祖找到了从未去过的本家祖坟山，祭拜好祖先，望着祖先安息之地的连绵山脉，想起族谱中先祖的金戈铁马，顿觉腰杆子一挺，无形的力量绵绵不绝地涌来。

从未谋面的宗族兄弟，却热情似火，帮起忙来不计成本，只说是自己家人不必见外。各自问明辈分，长幼有序，排位入席，跟宗亲们把酒话家常，相见恨晚，且吟且唱，载歌载舞，其乐融融，好不快活。同宗同族同姓，一头连着祖先，一头连着儿孙，凝聚出一团的和气，真是有一股神奇的力量。而我娘亲家乡白马山更是偏僻，自古有民谣"隆回白马山，离天三尺三，人过要低头，马过要落鞍"。然传统文化习俗保持得好，以前有什么喜丧之事，小强强基本只是随礼人不去，现在强爷事必躬亲。

那次参加姨妈的丧礼，整个过程有章有法，尤其是祭文声起，大家自然落泪，守夜时，听那些婆婆姥姥围着火堆，嗑着瓜子，上半夜聊自己和媳妇怎么斗智斗勇，过程真是一波三折，惊心动魄，其中一位讲得眉飞色舞，手舞足蹈，说是媳妇进门第一天就给她设置了重重机关，要给个下马威，哪想媳妇也是个狠人，三下五除二破解了机关，从此婆媳相处很融洽。下半夜总结还是要媳妇比自己强，因为媳妇是未来的掌门人，媳妇强才是对这个家好。听得我一夜未眠，颇觉有趣。如此种种，几经洗礼，强爷越来越焕然一新，只觉人生难得，没有什么过不了的坎。

娘亲在小强强三十岁时还常说："孩子还小，总会长大……"之前强哥一听就很反感，都可以独自飞上天了，还长什么长？突然有一天一位仁兄满眼泪花盯着强爷说："我本来对你很尊敬，敬而远之的那种，但是狗子你变了，你堕落到人间了，就让我们一起快乐地玩耍吧。"

堕落了，没想到对身边人，对家族都产生了很多影响和改变，会不会影响更深远，想来也是水到渠成的事。

家事，国事，天下事，路漫漫其修远兮，人难做也。读万卷书，不如行万里路，行万里路，需阅人无数，阅人无数，还得明师指路。寻名师易，遇明师难，有缘于春风化雨，循循善诱，潜移默化，让人在愉悦中听听水货，变成吃货就开窍的明师更是难上加难，当好好珍惜！也因此大家都是有福之人，哈哈，先让我们咧开大嘴，没心没肺地傻笑，突破人生重要一步，至于出出入入，虚虚实实，转化自如，得一分就自在一分，有德自有得。

此中华之根，薪火相传，代有人才，生生不息，历经劫数，屹立不倒，终将引领世界，走向大同。

啊，一切皆在化中。

聒噪的人间糊涂

筱 园

　　2022年11月的一天，与乡下的娘亲通电话，她告知我，外婆又"跌跤"了。娘亲并没有兴师动众将外婆送去医院检查，因为以她过往的经验，即使送去医院也是查无所获。外婆虽然住在舅舅家，可是与舅舅全家亲情淡漠，"受伤"之后，娘亲只好每天去照顾她的饮食起居。娘亲说，外婆不允许娘亲触碰她身体的任何部位，碰到任意一处，她都可以"痛"到声泪俱下，并且嚷嚷着要寻短见，娘亲全然不理会，只将可口的饭菜送去，而外婆的胃口却好到惊人。娘亲知道，外婆又开始演戏了，只是不忍心戳穿她。

　　外婆出生于20世纪20年代，那个年代出生的老太太，绝大多数没什么文化，却可以在晚年时呈现越来越安稳的生命状态，但在我的印象中，外婆的内心是不安的，年轻时，脾气暴躁，年老时，表演型人格的特质变得越来越明显，她的语言和行为真真假假，令人捉摸不透，情绪的变化也让人无所适从。外公与大姨均早逝，而外婆却相当长寿，并且随着年龄的增长，她的演技也越来越炉火纯青。我就是跟着这样的外婆长大的。

　　小时候，父亲常在外打工，又因娘亲体弱，无暇顾我，同住一个村子的外婆便时常来照顾我们的生活。我记得外婆嚼碎了食物喂我，记得她坐在二楼卧室的窗前给我缝补衣裳，也记得我上幼儿园的第一天，因为陌生害怕而几次三番从学校逃回家，被气急败坏的父亲关进了猪圈，最后成功将我送进教室的也是外婆，我当时对外婆的依赖和信任甚至是超过娘亲的。然而，当我回想童年的时候，更多记得的是外婆对我的打骂以及我没完没了的哭泣。

不知道从什么时候开始，我可能因为一件小事做得不如她的意，而遭到一顿劈头盖脸、喋喋不休的责骂，也可能因为说了一句她认为不妥当的话而当众遭到一记重重的"毛栗子"（用指关节敲头）。和外婆在一处的时候，我战战兢兢，如履薄冰。被打骂的第一个结果自然是哭泣，而让我哭得变本加厉的是外婆"真心诚意"并且"泪眼婆娑"的道歉。每一次道歉，都将我对她的恐惧和恨意深深埋葬。

为规避被打骂被指责的风险，我尽可能把事情做到尽善尽美，从而成了村里人公认的"乖孩子"。也是从那时起，我发现自己更喜欢与没有感情的"物"相处。锅铲、扫帚和脏衣服虽不会说话，但不会指责我，去地里采摘蔬菜也让我心生欢喜，更别说江南农村粉墙黛瓦桃红柳绿那一派田园风光。对天光云影、野草露珠、夏蛙秋虫，一切乡间之物，从触感到颜色，从气味到声音，我大多心生好意。做家务、干农活，或在田间流连，都让我感到内心安然。

从我上初中开始，外婆便不常到我家来了。一是娘亲的身体健康了许多，二是我也可以帮助娘亲分担劳作照顾妹妹了。接着，我外出求学，在城里安家，更是与外婆日渐疏远了。我听说过这样一句话："幸福的童年治愈一生，不幸的童年要用一生治愈。"我也曾经很相信这句话。因为当我无法解决某些困惑的时候，就会用这句貌似经典的论断来为自己寻找一个解释。譬如，我将与外婆的这种疏远感归咎于她让我受过的"伤害"，我为自己找了一个不去看她的借口，却从未因此而心安。又譬如，在我十多年的婚姻生活中，我无法找到爱与被爱的感觉，后来就把它归咎于我与童年时最亲密的人——我的外婆的相处模式，而这个理由也同样解决不了我的问题。

我和先生是相亲认识的。大学毕业第二年的春天，因为我对相亲的抵制情绪，父亲和媒人"密谋"了一次突然袭击，当时我正蓬头垢面在乡下院子里挖野菜，我的相亲对象就这样面无表情地出现在了我的面前。后来我才知道，他也是被逼来的。相亲结束时，我们礼貌性地互留了电话号码，实则谁都不愿意再搭理对方了。然而，我未来婆婆见我第一眼，或者说，见我父母第一眼，就决定极力促成这桩婚事。一年以后，她的愿望达成了。婆婆是个女强人，有眼界、有魄力、有手段，我和先生的结婚很大程度归功于她的强势推动。

和先生结婚后，我时常问自己，我为什么会嫁给他呢？他的外貌与性情与我想象的结婚对象有天壤之别，他的沉默与无趣也是最让我抓狂的地方，然而我还是稀里糊涂地嫁给了他。但在这糊涂里面，我其实存有一份清醒，那就是，他让我觉得安稳，那是一种直觉，这种感觉是没有办法举出实例来说明的。

现在想来，"安稳"，对于一个即将步入婚姻的女孩来说，是多么幸运的一个词啊，真真是祖宗保佑、上辈子积德才能遇见的运气。可我毕竟是太贪心了，除这份安稳，我更希望自己被爱、被呵护。

我只在乎他是否能记住我的生日，是否能主动给我买花，是否会夸我长得好看或者饭菜做得可口；在我跟他说话的时候，是否会注视我；在我难过的时候，是否会哄我开心，是否会说"我爱你"。近二十年来，所有的回答都十分一致，就是一个"否"字。绝望之余，我常常怀疑他是否真的爱我。因为我总是注重那些表面的东西，他对我默默的付出，我看得到，却无法打动我。

他记得我跟他说过的所有事情。结婚前的一次参团旅行中，文质彬彬的他在团餐的饭桌上给我抢鸡翅，并且接二连三地抢，到了"恬不知耻"的地步，而我早忘了什么时候跟他说过最爱吃鸡翅这件事。孩子出生以后，我身体不好，为了让我好好睡觉，他一个人承担了夜里照顾宝宝的重任。无论我做什么饭菜，他从未挑剔过。记得薛仁明老师说过，上海的维莹同学在她家茂喜哥啃了她啃过的、尚有一点余肉的骨头之后，终于破防，真正与夫君"成亲"了。我家夫君不止一次做过类似的事情，却始终没能打动我的铁石心肠。

我甚至严重怀疑自己是否爱他，因为我一直无法跟他真正亲密起来，我和他之间总是隔着一层东西，感觉我们的结婚证书就像一个合同，我尽力履行做妻子的义务，但终究藏不住对他的冷淡。现在想来，这种冷淡其实就是"作"的一种表现。我没有外婆那样的表演天分，但我也清楚地知道，我的先生不是贾宝玉，不会哄人，如果光明正大地作，我必死无疑。先生也感受到了我的冷淡，但他毕竟不是那种容易陷入儿女私情的人，对我来说，我这种"默作"更多的是一种自伤。

有多少个夜晚，我泪湿枕巾的时候，耳边却是他均匀的呼噜声，这更加重了我的悲伤与愤怒。我们的关系就这样"不冷不热、不阴不阳、不死不活"地持续了很多年。记得我和他相亲那天，娘亲问我对他的印象，我就是用这三个词来形容他的，没想到一语成谶！

于是，我陷入了抑郁。

在2022年国庆节的课堂上，我分享了自己如何结婚，如何在婚姻中求取"爱情"而不得，后来抑郁，又如何通过我们的课堂认清了所谓爱情不过是梦幻泡影的事实，老师说像我这样70年代末以后出生的人，在成长过程中不可避免地会受到西方爱情观的裹挟，故而在婚姻中问题百出，比如我，还因此抑郁了。我的故事是一个典型，可以写一写。

我想写，却不知如何下笔。我问自己，我陷入抑郁难道仅仅是因为求取"爱情"而不得吗？我和先生一直无法真正"成亲"，难道仅仅是因为错误的爱情观吗？我心里隐隐觉得没那么简单，但又无法厘清其背后的真正原因。

2022年10月底，老师给我们讲了四个半天的戏曲《贵妃醉酒》，对比了三个版本。老师让我们看"史娘娘"版本的《贵妃醉酒》时点评说，"史娘娘"无时无刻不在对观众暗示"看我、看我"，我看她的表演，轻佻做作，根本不像一个贵妃。高力士、裴力士两位太监照理是杨贵妃十分亲近的人，但在"史娘娘"的表演当中，看不到她的亲近之意，却给人一种目中无人、高高在上感觉，因此，这样的贵妃不可亲、不可爱，也不贵重。但在看梅兰芳先生演《贵妃醉酒》时，我感觉梅先生是用"无我"的状态在演贵妃，因此不觉得舞台上有梅先生，只有贵妃，而且是一个"眼里有人"的贵妃，所以这个贵妃才显得那么可亲可爱又贵重。就这样看着，对比着，我突然有一种幡然醒悟的感觉，我一下子看到了自己身上的问题，那就是我身上烟火气不足，不仅没什么人情味，而且把自己看得过重，而这些问题才是我困惑以及抑郁的根源。

想起一些朋友对我的评价，其中有"不食人间烟火"以及"仙女"之辞，我曾为此沾沾自喜，现在才明白，我之所以给人这种感觉，是源于我的清冷。大概除了我的孩子，我在所有与自己相处的人之间都树立了一道无形的屏障，你对我好，我也会对你好，但只是表面上的好，其实全无好意。一个人的心冷到极致，自然就抑郁了。人如果没有人情味，便不容易感受到别人的好，也不容易感恩，这样的人怎么会可亲可爱呢？外婆也是这样的人，我不希望自己和外婆一样，带着满腹的委屈和怨恨老去。幸运的是，在充满烟火气的课堂上熏了几次之后，我和先生之间那道冰冷的屏障就被化掉了，但我竟不知是如何化掉的。老师说，听课的最高境界是"听之以气"，我大概偶尔也能达到那个境界。

把自己看得过重，便会求关注，并容易把负面情绪放大。当我理性地仔细回想童年时期与外婆相处的经历，其实她对我打骂的情形，我能记住的次数是屈指可数的，我童年时期的所谓阴影其实更多充斥的是我放大了的恐惧和怨恨。而我过去对于先生的种种不满，也是因为求关注而不得，把负面情绪放大的结果。我也终于明白：人越想求关注就越得不到关注，越是想要贵重，越不能把自己看得过重。

在2022年10月底的课堂上，我又做了一次分享，讲到先生用沉默来处理我和婆婆之间的矛盾，我以前对他颇有怨言，现在终于明白他才是人间清醒。又因老师向我催作业时，我以未想好题目无法落笔为由搪塞，老师当即赐题"聒噪的人间糊涂"，用以对比我先生是"沉默的人间清醒"。老师说，我先生厚德载物。

我现在也越发看出先生确实德厚。我和他恋爱时，都是我在喋喋不休地讲话，他只是偶尔给我一个回应，我那种聒噪其实更多的是内心不安的表现。结婚这么多年，我从来没有听到他对任何人评头论足，也从不发朋友圈，而我总是忍不住要评价他人，并时不时想要在朋友圈显摆一下我自己或者孩子的小成就。他在家族聚会的时候总是第一个到场，不让长辈们等他，还因为我的拖拉批评过我，我以前竟觉得他古板。他不会因为要照顾我的情绪而冒犯婆婆，他始终清楚自己在家族中的位置，并帮助我把位置摆正。他也经常批评我对孩子讲太多道理，做太多谋划，不给孩子犯错的机会和自我纠偏的空间。我一直认为自己比他聪明，现在才明白自己以前是顶顶糊涂的人，我那颗冰冷的心也终于热乎起来了，心中对人有了好意，自然就感受到了先生的好，也让我越发敬重他了。

愿我们都带着一份好意"活"在人间，做一个越来越有情有义的人。

后记：此文完成于2022年11月1日，之后第五天，由于外婆的情绪状况太差，娘亲无论从精神还是身体上都感到力不从心了。我不得不暂时搬回乡下，帮助娘亲一起照顾外婆。当我给外婆捶背捶腿、给她端茶倒水、伺候吃喝拉撒洗漱、陪她晒太阳聊天的时候，我感受到她对我的依赖，并且我为她做这些事情的时候，内心已无比平静。

原来幸福很简单

李　雪

　　坐在去山房的车上，儿时在村里的一幕幕画面都浮现在脑海中，进入村子的大道，我住过的家，门口大树下大爷大娘的神情，东家长西家短地唠家常恍如昨日，心里莫名的感动，泪湿了眼眶，我突然明白了为什么每次回老家，即使父母现在已经住在县城，我依然魂牵梦萦地要到村里看看。

　　每次进村里我都莫名地高兴，我喜欢左邻右舍依然亲切如初地唤着"这不是小雪吗?"我喜欢坐在熟悉的炕头唠嗑，我喜欢一眼就望到头的在我小时候却觉得很远的路，我喜欢在我儿时很大怎么都跑不够的现在却那么小的村子，我喜欢在父母吵架时过来拉架的邻居大娘，我喜欢过年提着灯笼到处串门的小伙伴，我喜欢打打闹闹很快又和好的乡亲，还有一村人都为之忙碌的热气腾腾的酒席，甚至呼天抢地的骂街都那么亲近，原来我有那么厚的一片土，那么亲的一群人。

　　十几岁离开农村以后，我从来没有过这种感觉，村子对我来说似乎不再存在。而我现在却真切地体会到，我整个生命的状态和我生活的村子和村子里的人息息相关，他们影响着我对待周遭的态度和方式，例如我喜欢和邻居打招呼、唠家常，也有这方面的原因。因为在我小时候，村子里人和人见面，尤其是小辈和长辈见面的时候，如果不打招呼，不叫个什么，是不好意思说话的。

过去我嫌弃土的村子、落后的村子，现在却感觉那么有生命力，原来我身上某些品质和活力是村子带给我的，有村子真幸福呀！

有时候幸福很难，不只学渣会烦恼，即使被教育得非常优秀的学霸也依然苦，因厌恶而逃离，因心虚而贪求，认真优秀的学霸，认真于优秀，认真于成功。水流上而不能就下，像中医的升降原理（左升右降），当我们身体不顺畅时，我们一般会说生发不好，而实际上也许是气降不下去，是降路不顺畅。其实幸福与得失无关，我想是我们的心过于认真、过于用力了。

我们看见自己越多，离幸福反而越远，希望自己的成绩被人看到，希望自己的痛苦被人理解，希望自己的错误被人包容，为了光鲜亮丽的外表而迷失了灵魂，越是"希望被看见"越是与人疏离，越是容易生活在对立中，好的、坏的、美的、丑的，也好像成了敌人，无法共存，很难真心诚意地去欣赏一个人，也很难安心地做好一件事，于是乎成为一个外表光鲜而内心虚弱的、充满担忧的、长不大的自己。

其实幸福很简单。

做龙套的安心做龙套，做角儿的也不觉得自己是角儿，这样就挺好。哪里有那么多牛人呢？即使是牛人，也如老师说的首先是人，不是神，好好吃饭，好好睡觉，该哭哭该笑笑，苦难烦恼无法避免，而我们中国人就是可以边哭边笑，我们知道在高处提醒自己此时是下落的起点，在低谷处有向上的希望。突然感觉原来勇气不需要鼓足，勇敢可以这么简单。

中国文化讲究出入自在，游刃有余，该开则开，该合则合，人生处处如是。

戏曲《坐宫》里铁镜公主几次猜驸马的心事，公主在"格"驸马，我很疑惑，这怎么叫"格"呢？心里一直不明白，随着看戏、听讲解，感受到公主和驸马的情意，好像一下子通了，我的"格"是有界限、有对象的，是自己脱离于人、事、物的，是死的，而公主的"格"是投入其中的，与人无隔，真的去关心驸马，不是以自己为中心的，是作为妻子的真切情感。

还有很多夫妻之间相处的故事，例如上海同学邹佳琦对孩子说"以后我以爸爸为重了"，心里感觉重重的。是啊，习惯了以孩子为中心，打不得，骂不得，事事满足，孩子自然把自己看得越来越重要，目中无人，又不做家务，父母又说不需要孩子养，什么承担都没有，自然没有责任感，楼房的防盗门一层层加固，隔开了左邻右舍，没有人与人之间的送往迎来，房间的门紧紧关闭，隔开了家人的温情，没有情感的流动，一方面捧在手心，一方面高级隔离，不管是哪个方面，感觉都是冷冰冰的、孤独的，没有家也没有村。这样长大的孩子，心里只有自己，哪里看得到别人？身体长大了，心是空的，没有承担生活中的重，自然也受不住生活中的轻，成为容易受伤的人，抑郁、自杀、走入歧路。

下课回到家，孩子要买新电话手表，以前我可能会纠结，想满足她，或者迂回增加她的困难，让她自己放弃或者呵斥她的想法无理。这一次我果断而温和地告诉孩子，不能换，有了就先用着，节省点花钱，爸爸赚钱也不容易。只是这样就好，孩子也很顺畅地应着。想起老师书上说的对孩子，无有盛怒，心平气和，又让孩子心服口服，心里越发踏实，有了底气。原来教育也很简单。

老师也讲到夫妻之间的阴阳、不同，不以孩子为中心，当然以夫妻为中心。天地之始，造端乎夫妇啊，少时夫妻老来伴，当然要看重对方才是。人是不完美的，夫妻也是一样，不需要完美。完美了，谁配得上谁呢？爱情的谎言，荷尔蒙的作用让我们迷失在童话世界里，求一致、讲感觉，而中国文化讲究的是有别无隔，讲究有情有义、不离不弃，而实际上我们要求的无别反而导致了有隔，更夸张的要让对方合自己心意。

早上骑电瓶车送孩子上学，时间到了，孩子着急，发现钥匙没有带，更加着急，以往我会把责任怪在夫君头上，因为他没有按照我的要求好好放钥匙，今天我很平静，当孩子开始说："爸爸怎么又没放啊？"如此嘟囔着，嘴巴撅起来，我就跟孩子说："爸爸就是容易忘记东西的人，不要生气，一家人要互相理解。"很惊喜，我居然这样说，心也不计较了，也不要求夫君跟我一样了。走在路上，我和孩子继续聊天："越是着急越是要慢慢来，看我们在这么紧急的情况下，事情也都没耽误，多好。"我的平静，让孩子也很平静，孩子也乐呵呵地开始和我聊起各种小事。突然觉得自己能够容人也能够容事了，心变得有弹性了。就像老师说的，能接得住，而不是但凡一点风吹草动，人就被卷晕了。

现在，我找到了妻子的位，也找到了娘亲的位。让我明白了什么是本，什么是末。

人立住了，位就正了，位正了，事就不容易偏。突然感觉生活里很多事情都变得简单了。

《论语》里的"老者安之，朋友信之，少者怀之"，课程期间和娘亲的一通电话，也让我对"老者安之"有了些许体会。

电话中娘亲让我提醒老公给她的一个朋友回复问诊单，前两日娘亲也发信息提过，我当时没有太在意，只回复说"好的"，也没有和老公确认是否回复。今天娘亲又提起，我起初也是说"好的"，随后娘亲说："我不是给你们找麻烦，人家问了我答应了，不给人家看，好像不重视人家一样。"我突然感受到娘亲的心情，回应她说："妈，你是不是答应姨夫了，假如没有帮上心里不踏实，感觉没有面子也没有信用啊？"娘亲马上说："就是。"在娘亲的简单话语里感到她似乎舒了一口气，霎时轻松了。原来人之所求只有一个"心安"，同时我也感受到"信"在娘亲这里，也在每一个中国人的心里。对于老人，也许我们做不到事事顺从，至少可以明白理解那份心，更能够看到人。

家很重要，村子很重要，吃很重要。这样的生活不用外寻，就从自己所在的这栋楼，所在的小区开始。在城市里建设我们的村子，所以回家之后，给邻居送点粉干、点心，这些事做得更自然了，从一个小区到一座城市，从一座城市到一个国家，从一个国家到一个地球，那是多么美好的世界啊！礼有别，乐有和，在这样有方有圆的世界里，更加养人的心。人的心有了光亮，还怕什么呢！

父亲、娘亲在前面引领，孩子在后面跟随，把日子过热乎，过乐和；父亲、娘亲内心笃定，心里有人，眼里有事，带着孩子一起生活，一起做事，一起人情往来，过平常的日子，不需要着急。像《养出元气满满的孩子》中写的那样，教育只不过是走在前头的人一派气定神闲，于是后头之人一个个也跟着神清气爽。现在再去感受这些，觉得心里有了地图，无比宽广清晰。心定了位，走到哪里都不会迷失。

　　中国人有大局观，中国人是在一个更高的维度来看生命的各个方向，不容易局限在一些生活中小事上，仿佛有第三只眼睛，可以提醒自己明白分寸。

　　现在，我可以在厨房哼着小曲儿，很安心地做着饭，考虑到大家的口味。我不需要跟什么人在一起才有价值，我可以很自然地欣赏我喜欢的朋友，不需要通过比较来看待自己和别人，因为每个人都是平凡幸福的。

　　"海岛冰轮初转腾，见玉兔又早东升……"杨贵妃的喜气、贵气、和气还在心中回荡，贵妃不是她的名、她的形，而是由内而外的气息、是来自心底的那份真和美、是一个人的生命状态。

　　有了这样的生命状态，自然有分有寸，有喜有乐。

婆婆带给我们的福气

周　华

每个人都会老去，都有自己的临终时刻，当下不免会想到如何养老。

女儿说不结婚没孩子不要紧，以后可以和闺蜜一起养老，我跟女儿说，等你老了，走不动了，闺蜜还会跟你在一起吗？

我看到公公七十五岁前，还有老同事来看他，后来再也没见过。十年前和朋友也说起过一起养老，可是现在自己还没老，朋友们已经往来不多了。还有高级养老社区，这一般人可消费不起，只能住普通的养老院。我们小区有一位九十九岁的老先生，儿子在美国，请了一位住家保姆，这位保姆人还不错，但是儿子已经好几年没回来了。这些养老方式都没有小辈在身边的，我们中国人一向讲的是养儿防老，现在怎么了？不合时宜了吗？

有一回，一个朋友发我一段话，题为"论高级养老社区的鸡肋"，她说，高级养老社区表面很风光，其实老人、特别是行动不便的老人生活质量是配不上这表面的风光的。我回她说："其实怎么过都是过，在家过是过，在养老院过也是过，反正人最终都要死。如果孩子孝顺，能陪伴父母，而且两代人都能感到幸福，这是再好的保姆、再高级养老社区都无法比的。现在的人把老人送到养老院，或者自己不能陪而请保姆，是在给自己折福，给老人折福。还有老人自己要去养老院，说不给小辈添麻烦，也是在折小辈的福，折自己的福。"朋友没有回我，可能对我说的不置可否。很多朋友对我这句话不舒服，好像我折了他们的福。我们中国人是很讲福气，想要求福气的，但每个人的福气就是不一样，能怪谁呢？我觉得还是怪老天吧，有的人天生就是福气好。那有没有自己的原因呢？我觉得是有的，还是要靠这辈子自己攒。怎么攒？从孝顺父母做起还是容易些、靠谱些，而且子孙都看在眼里。

2021年3月，我第一次听薛仁明老师的课，不知为啥就生出了要接婆婆出养老院的念头，和老公说，老公觉得难度很大，不太可能，我想想也是。

同年年底，在上海浦东的课上，我终于坚定了要把婆婆从养老院接出来的信念。

我记得老师讲到亲，我想到了婆婆，我们把婆婆当外人、当累赘扔在了养老院。上海同学会总干事管维莹（本书里《病房里的味道》《当我不再努力》的作者）讲到了现在的人都要清静，于是做减法，去除干扰因素，貌似生活得很好，碰到事情却承担不起，没用。我对照了我自己，恍然大悟。老师还提到有一位国学老师因病去世，这位老师与妻子的感情非常深，结果第二年他的妻子自杀。老师说这不是中国式思维，他常常给我们讲的"20后"老太太，都是同学们分享出来的，那是我的奶奶辈，年轻时再困难都会撑起自己的家，年老后，儿孙小辈绕膝承欢。老师还讲到一些人只看眼前，不看将来，将来的情况是不同的，会后悔的。我当时就明白了，我不接我婆婆出来，将来肯定会后悔，婆婆是我的福气。

　　智梅同学分享的"跟着婆婆混"也特别打动我，位序一下子清晰了。以前我在婆婆的上位，不愿意听她的，嫌婆婆这样说没道理，那样做不对，还自以为对公公婆婆已经很好了。

　　课上完，对老公不知道哭了几次，要把婆婆接出来。老公看到我这样，大概也被打动了，利用见到婆婆的机会说给婆婆听，婆婆说自己没用了，不出来的。2022年3月很多人都被关在家里，很多老人去世家人都没能送别，要是婆婆有个意外，我永远不会心安呀。

　　2022年8月，我在建水，有一日晚上梦见婆婆从养老院出来，穿了一件小花底的衬衫，站在我家门口，我激动得紧紧抓住婆婆的双手。从云南回来的第三天，婆婆真的来了，穿着梦里那件衬衫。幸好上苍眷顾，婆婆还能来我们家，套用一句俗话，我大概上辈子拯救了银河系。

　　说说婆婆吧，她养育了三个孩子，夫君上面有两个哥哥，大哥没结婚，五十四岁去世，大哥比老公大了十岁，比二哥大七岁。兄弟三个都是爷爷奶奶带大，听婆婆说爷爷奶奶特别好，从来没说过一句高低的话。那会儿婆婆整天在地里干活，爷爷奶奶在家带孩子、做家务，把家里收拾得非常干净。收割麦子、稻的时候，婆婆从田里刚回到家，爷爷就接过镰刀，把镰刀磨得非常锋利。吃饭的时候，奶奶候着婆婆回来，已经盛好饭。婆婆一有空，就做鞋子、做衣服，没有停的时间。婆婆没嫁过来时，爷爷奶奶的衣服、鞋子都是出钱让别人做的，婆婆来了，老两口穿上了儿媳妇做的衣服鞋子。别人问奶奶，衣服鞋子谁做的呀，奶奶喜滋滋地说，新媳妇做的，什么都会做。这些都是我才知道的，婆婆每天讲给我听，有时候我主动套上去引婆婆讲，婆婆讲得神清气爽，我给婆婆跷大拇指，"姆妈嘉，姆妈有志气"，婆婆乐开了嘴，我趁机说："哎呀，姆妈，我什么都不会做呀。"婆婆说："你么，会看书呀。"把我逗得哈哈大笑，夫君说："你们婆媳妇俩就相互捧吧。"

婆婆文盲，耳朵不好，却很聪明。台湾版的《今生今世》很厚，她问我这本书多少钱，我说一百元。婆婆对钱没概念，她觉得一百元很多了，我猜她肯定会说"这么贵"，想不到婆婆没说贵，只说反正有的看了——厚嘛！把我逗乐了。就像我写这篇文章，婆婆看我草稿写了好几张纸，尽量不影响我，还跟夫君说我很聪明的，写那么多字。哈哈！

婆婆来之前，我对婆婆的印象是她对自己的孩子特别好，对别人一般，常常要上访（用婆婆的话说，乡政府父母家）。我们小辈儿都觉得很烦，希望婆婆能安度晚年，不要跑来跑去拆身体了。感觉婆婆活得特别沉重、严肃，只顾自己怎么想，就怎么做，我们谁讲都没用。后来房子拆迁好了，不上访了，每天出去捡垃圾，开始时早上五点半起来拣，后来人家也五点半，她就三点半起来拣，人家也三点半，她就凌晨一点半。我们住得离婆婆远一些，周末去看一次，给婆婆家里稍微打扫一下，吃好中饭就回来了。

2015年，公公去世，2016年9月，婆婆小中风，加上带状疱疹，痛苦不堪。婆婆提出要住在我们家，我害怕婆婆喜欢管，外加婆婆的负面情绪太多，老讲以前不开心的事，耳朵都听出茧。而且我觉得自己还有很多事情要做，不是就没自由了吗（那时我单位买断，是在家休息的第三年）。婆婆还说来了就哪里都不去了，那怎么行，我不在家怎么办？后来婆婆提出去养老院，我们也没办法，只能去养老院。我们每周末会去看一次，看到婆婆还好，心里的内疚会宽慰些。婆婆说"你们就当我死了"，她过年过节的也不愿意出来。我有个朋友说："中国大多数老人没有独立意识，老了要依附小辈，认为这样是应该的。"当时，我挺认同的，还认为自己挺独立的，不会像那些老人。时至今日，因为和婆婆在一起过得那么开心，不光是老人没独立意识，我也离不开我的婆婆、我的老公、我的女儿。

婆婆八十岁之前基本上没去过医院，连个伤风感冒都不太有。八十岁后先是因车祸，胳膊、腿骨折开刀；八十二岁食道癌，放疗后食道变窄；八十八岁在养老院大腿骨折开刀，从此后要坐着轮椅走路；九十岁岁首因便秘直肠穿孔做手术，二十厘米的刀口两个多月才好起来，从此肛门改到腹部造口。婆婆出来后告诉我们，养老院不是每天每顿都有面或粥的，婆婆没牙齿，食道又窄，其他的吃不下。没有面、粥的话，就吃儿子带去的饼干、蛋糕。我跟夫君说，要是妈不去养老院的话，是不会开这一刀的。

一天，婆婆腹部造口又痛了，大便不通畅的关系，哥哥带去看医生。医生说没办法，只能做手术，九十一岁的老人经不起啊。我找了一位医生朋友，让我第二天早上带去看看。因为家里车被女儿开走了，又估摸着哥哥可能刚送婆婆到养老院，于是赶紧让老公打电话给哥哥，把婆婆送过来。这下，婆婆真的来了，穿着梦里的那件衬衫，白发苍苍，脸色憔悴，五年多来第一次来我家，写到这里，还是有点泪湿。停当之后，我跟婆婆说："姆妈，不去养老院了，住在我们家吧。"没想到，婆婆想都没想同意了，大概家里的感觉不一样吧。

回到家两个星期，婆婆大概对家里的新鲜劲退了，觉得家里寂寞了，怀念起养老院的热闹，一有不舒服就嚷嚷，还说后悔来了。一个星期天下午，我从娘家回来，婆婆头晕，她坐在床边，一边给自己刮痧，一边嚷嚷。老公很紧张，朝着我发火，我知道他怪我把婆婆接出来。我一直在默默观察婆婆的变化，一个是因为环境改变要适应，另一个是婆婆刚吃了东西，老公推她下楼走了走，导致头部气血不足。再说毕竟九十一岁了，有个头痛啥的也正常。晚饭时，婆婆好了。我不担心婆婆，倒是担心老公。后来趁婆婆身体和心情都好时，我跟夫君说，你这么担心，我整天要陪妈的，像你这样，我日子不要过了。白天我会拍些婆婆的照片和视频发给他看，有吃点心的、有小区里散步的，从此以后夫君的担心好多了。

我以前非常烦婆婆老讲那些不开心的事，真的是不停地讲，听了至少几千遍了。现在来了，还是这样，白天讲给我听，晚上讲给夫君和我听。我烦是不烦，觉得婆婆讲的有些事情不高尚，高尚点呢还为自己和小辈积点德。唉，这就是命呗。

每天晚上六点钟电视里有斗地主，夫君喜欢看，婆婆摸准了，吃好晚饭就先坐在沙发上，娘儿俩挨在一起。说是看电视，婆婆文盲加耳聋，啥都看不懂，夫君呢，注意力在娘上，量血压、聊没内容的天，婆婆总会讲那些话，夫君顺着这些话瞎聊。我在厨房间洗碗，就听到夫君"哦、哦，哦"，声音是拖长的、往上转的，一会儿哈哈哈地笑，我边洗碗也边跟着笑。夫君有些话还有意套上去，让婆婆嘲笑他一下，婆婆笑，夫君笑。夫君跟我说，这句话一定要套上去。有时婆婆的一句话我会说"妈怎么这么说呀"，夫君说，妈说话没对错。

婆婆来后第一个月的笑声比以前三十年的都要多很多。

　　娘儿俩太多太多好玩的聊天了，我太喜欢这样的时光了，还拍了些视频记录下来。一天早上，婆婆起得晚，我进婆婆房间，看到夜灯没开，忙说，"哎呀，昨晚忘开了"，婆婆说昨晚没起来，夫君听见了，走过来跟婆婆说，"姆妈，你昨晚睡得像只猪呀"。太搞笑了，我说你怎么说妈像猪呀，夫君说跟妈就要这样说。每天晚上，婆婆睡了后不久，夫君总会进去看看。有一次看到婆婆在被窝里吃东西，夫君一惊，以为婆婆没吃饱，婆婆偷笑，说"馋来，要吃呀，不吃不好过的，养老院养成的"。后来，夫君常常会看到，婆婆先笑了，老公说"馋来喔，要吃呀"，婆婆在被窝里边吃边笑。

　　看京剧时，京剧里的一些坏人常常让我们哈哈大笑，老师说，我们要高于那些坏人，出入是非，高于是非。婆婆来了后，我看了《大宅门》，里面刘佩奇演的白三爷很缺德，有一天，我突然看得哈哈大笑起来。好像从这一天开始，我放掉了自己，喜欢听婆婆讲那些话、那些事。午觉起来，没事就坐在婆婆身边，就是套上去让婆婆讲，我听得津津有味，还给婆婆跷大拇指。于是也终于弄清楚了婆婆口中的爷爷奶奶这一辈的事，外公外婆的事，婆婆兄弟姐妹的事。

　　有位朋友说，你变了，你婆婆也会变。我说，我管她变不变。

　　有一次，隔壁阿姨叫我过去，说给女儿介绍男朋友，我和阿姨一家关系很好，很聊得来。聊完回家，一进家门，婆婆就说"你给人家烧晚饭呀"，意思是去的时间太长了，我说没一会呀，婆婆指了指戴在手腕上的手表，一个小时了。我呵呵地笑。等夫君下班，跟他说，我在隔壁待了两小时，说得我哈哈大笑。写到这里，还是要笑出来。

婆婆耳朵不好，所以喜欢看，看外面，看我在做啥，我一举一动都在她眼皮子底下。但是我却做啥事都非常安心，要出门一会儿跟婆婆说清楚，要上线上读书会也跟婆婆说清楚。有一次没说，无声的眼神怪我一直看手机。说清楚了，就好了。我跟夫君说，我们两个怎么那么喜欢哄老领导开心呢，啥事都会想妈怎么想，别让妈操心。写到这里，想起开始时担心婆婆没事做，让她拣菜、叠衣服，总想找点事让她做。现在已经好久没让妈拣菜、叠衣服了，我们没这方面担心了，我想大概是婆婆在我们家这个老领导的位置坐稳了的关系。

婆婆在，我明显感觉到夫君比以前疼我了，不问不说出来，更显得有分量。老师说我们中国夫妻讲恩情，我好像有点懂了。

吃好晚饭在饭桌上写这篇文章，听到沙发上夫君问婆婆："今天被子晒过吗？昨晚被子晒过了睡得暖和吗？"婆婆说："昨晚大便胀，不舒服，顾不得暖和不暖和了。"夫君哈哈哈地笑。

婆婆从养老院回来快七个月的时候头发变黑了，从雪白成了花白，我老公说，娘的幸福指数现在好高呀。看着娘这样，我们俩都好高兴，也体会到其他任何的快乐都比不上有娘在一起的快乐。庆幸婆婆回来了！

很多人觉得陪老人哪有这么容易，有的嫌老人脏，有的嫌老人啰唆，有的嫌老人什么都要管，有的嫌老人负面情绪太大，有的觉得自己没空，有的觉得自己不能陪。这些我以前都有过，所以把婆婆送去了养老院，过我自己的"精彩"人生，差一点错失了婆婆回家。

照顾婆婆，工作日就不能出去，即使再喜欢、再重要的活动，只要夫君不能替我，我都不会参加。婆婆心里也知道，她常常会说，我活着，你们倒霉，被套住了。我说，我们希望你活到一百岁，我们就更有福气了。

婆婆现在已经习惯了家里的生活，早上我家务活比较多，婆婆打打瞌睡，有时静静地坐在阳台上看看外面，有时翻翻自己的衣服，有时晒晒自己的被子、鞋子、衣服，也给我们的衣服晒晒，有时吃吃小点心，有时我会热个南瓜饼或半个馒头给婆婆吃。早上我和婆婆两个人是相忘于江湖，各自安好。下午我睡好午觉起来会和婆婆坐在一起，开始的时候，婆婆会说以前的事，后来慢慢说得少了，有段时间干脆不说了，弄得我不知道该怎么和婆婆聊天。后来，两个人并排坐着，看看外面的风景，有一句没一句的也挺好。三点多，我泡碗热的点心或麦片、藕粉之类的给婆婆吃。婆婆比较喜欢，昨天吃完还跟我说"谢谢侬"。我拍拍婆婆的背说，自己的媳妇不能谢的。其实婆婆心里明白得很，她说住在儿子家是应该的。

大家是不是觉得我的婆婆很好弄，一点儿都不作，夫君看着婆婆这么舒坦，说娘以前不是这样的，一句话都听不起的。我说，我们现在都顺着娘了，还有啥听不起的。两个人说完咯咯咯地笑。

婆婆每天对我们念叨的话，对孙辈是从来不说的。有啥不开心的都是对着我和老公，夫君说，没办法，我们是出气筒。说完，我们俩又咯咯咯地笑，谁叫我们是儿子儿媳呢。夫君总有本事把婆婆逗开心，他自己也开心，总说和娘拌拌嘴有劲。我在旁边也心里暖暖的，一团和气在家里流动，特别滋养人。

这样的日子过着真好！

婆婆从来不说我们好，还不允许我们说自己好。从养老院刚回来时，有一回，我说夫君好，婆婆说，哪有自己说自己好的，说出来就不值钱了。我曾经是多么盼望婆婆说我好，因为我家爷爷奶奶、父亲和娘亲看到我们稍微有点好，就老夸奖。我跟夫君结婚三十年了，最佩服他的一点是，从来不要别人夸他好、认可他，正因为这样的心态，他做事特别稳、特别踏实，不会因为别人怎么说而受影响，把事做好是第一。维莹说，孩子做了事，做父母的平静地勉强点个头，孩子乐得屁颠屁颠的，这样的教育，就差不多了。

现在有句话说，若要好，老做小。婆婆是不会做小的，她不会让我们的，所以以前常常觉得婆婆对我们小辈好是好的，心里尽装着我们，但是不讲道理，没法和婆婆沟通，总怪她由于耳朵不好，所以脾气不好也孤僻。这次听老师讲，我也明白了不是婆婆不讲道理，而是婆婆在婆婆的位置上，但是现在的媳妇都不懂，媳妇把婆婆拉黑的多的是。

这次把婆婆接出来，我明白了婆婆是我的福气，那我必须在媳妇的位置上。为了让婆婆过得开心舒适，我们常常要对婆婆察言观色，还要听她说什么，说话的口气，每天早上婆婆起来要看婆婆的脸色，马桶里有几张草纸，来猜测她昨晚睡得怎样，心情好不好。在婆婆面前，事情我要做得多些，当妈的都是心疼自己的儿子，这样她也舒服。看似我好像挺委屈的，其实我自己舒坦着呢。

婆婆没来之前，在我的人生中，从来没有第二个人能让我如此放在心上，就算是爷爷奶奶活着时，心里对他们有敬爱，会常去看他们，但不会察言观色，观察他们是不是开心。对娘家的父母亲，常常是我对他们管头管脚，常常觉得自己天不怕地不怕，我最对，对别人的感受都是带着个人的看法，觉得不该怎样怎样，应该怎样怎样，根本没有自己的位置可言。这样我这个人的格局其实是很小的，识人辨事只是基于基本的个人喜好，根本看不懂事情的好坏、别人的格局。

以前学的西方心理学，对识人辨事是起不到大作用的。我的朋友严凡说西方人也有察言观色，倾听、同理等。但其实和我们的不同，我们是基于自己的位置来察言观色，其结果是不同的，所谓的不在其位不谋其政，该说啥该做啥、不该说啥不该做啥我们中国人心里是清楚的。

我们的祖先不是不知道心理学的那套东西，因为这太小儿科了。我们中国人讲孝为先，我体会下来是在护佑我们，是让我们学习做人做事的学问，在家里能孝能顺，出去也会学得快，这样就能平安、吉祥，我们会慢慢有德起来。现在的人很容易被一点点小事搞得发脾气，甚至焦躁抑郁，要找心理医生。当我们安稳、有分量的时候，还会对一点点的小事焦躁不安吗？自然会看开，自然会知道如何妥帖地处理。

2022年12月的上海周末班课上，我分享了和婆婆一起的生活。我最想说的是我感到自己非常重要，实实在在的重要。说起重要，女儿还小的时候，我蛮多问夫君爱不爱我，最好他的回答是爱的，不能没有我。夫君要么不回答，要么支支吾吾混过去，有时有个糊里糊涂的"嗯"已经很好了。

学习身心灵后，就不问了，明显感觉到自己无比强大起来了，觉得没有丈夫也可以过得很好，而且身边好几个朋友有共鸣。有时因为提到某个朋友，正好这个朋友丈夫去世，一个人生活,夫君会说她一个人过得会不会寂寞,我因为了解那个人,所以说不会,一个人过得好着呢。夫君总不相信,我笑他不懂。现在我改变了我的观点,婆婆来了之后,家里常常笑声连连,我盼望等我们老了,女儿一家也可以这样陪伴我们。

心理强大起来了,认为自己生活得很好,有自己的时间、空间,经济上也还可以,自己想做啥就做啥,做做志愿者,看看书、电影,一年一次的国外自驾游,住心仪的民宿,看旅行团到不了的风景。之所以能这样,是给自己的生活做了一些不应该的减法,其中之一是把婆婆减到了养老院。后来这个美好境界是被维莹的分享打破的。

在这个境界中,我是我,夫君是夫君,女儿是女儿,去养老院看婆婆是尽到责任。平时我待在书房,夫君在客厅里对着电视机,会对夫君有埋怨,觉得他老对着电视机,好无聊好无趣,不学习,别提交流沟通了。还埋怨他不仅不支持我学习,竟然还认为没什么用。对女儿表面想要给她自由、尊重、理解、平等,内心却想要她听我的话,以至于有看不惯的不敢说出来,生怕她不开心。后来学了非暴力沟通,做了无数次练习,可是终究不能彻底根除内心深处的不愉快。

婆婆回来后,三代人生活在一起,没有倾听、理解、尊重,因为知道自己是儿媳妇、妻子、娘亲,心里却特别顺。琢磨一下,用西方的这套是以问题为导向,假设和婆婆之间有十个问题就要做十次练习,甚至更多,但是永远不能彻底解决,因为我们是中国人,位序不对。老师说,西方的适合西方人,人家的肉长不到我们身上。再说人活着总会有不愉快发生,难道人生就是不停地纠结问题、处理解决问题吗?

上海的同学俞军姐照顾父母亲小腿都肿了，太累了，我觉得俞军姐缺了庄子在《渔父》篇里提到的"真"，以及老子对孔子说，为人子者毋以有己，为人臣者毋以有己。我觉得所谓的无己是没有那么多思想在打架。老师说，这些理论性的东西我没有他擅长，这些老师来做，老师让我好好做就可以了，不要上什么网课。是呀，本来就是那么简单，好好做就可以了。

老师也因为我提到了"真""无己"等，特意展开给我们讲了一下。所谓的真我、大我、小我之类是西方的二元论，对我们中国人来说，我的父母、我的祖父母、我的孩子、我的兄弟姐妹，等等，他们好了，我就好了，离了他们，我一无所有。薛仁明老师用他的娘亲做比喻，老人家的心里就装着老伴、三个儿子、儿媳、孙辈，他们好她自己就好了。真是这样的，就像我婆婆说的，人都是为小的，盼小的好。老师说虽然有点人我不分，但还是有关系上的本末先后，先是自己，然后是丈夫或妻子，再是父母、孩子，再是兄弟姐妹，有个先后顺序，先把自己弄好了，再从近的到远的。人是不可能自己不好，亲近的人不好，外面能好的。

我们小时候，人家都问这是谁家的孩子，不会问孩子你叫什么名字，大概那时孩子也多记不住，只要知道父母是谁就可以了。但是从另外一面也可以看出，不会突出孩子，突出的是这家的长辈。孩子就代表着他们的父母、家族，孩子不好就是给家里丢脸，孩子好是给家里长脸。我婆婆一直到现在还自豪地说，下乡干部表扬她的儿子懂事，从来不出来闹。可是我们现在看到孩子好就是孩子好，孩子不好就是孩子不好，都是孩子的事情，跟家里没关系。现在人的心理问题越来越严重，而且越来越低龄化，自杀、早恋，很大部分的原因是他们从小被捧在了上位，他们比自己的父母、祖父母都高，是小祖宗。在他们的心里只有高高在上的自己，哪有父母、祖辈，老师说德不配位是很凶险的。

本书《稠林人不知，明月来相照》一文里，吴义田同学分享他的父亲，"直到拿到大学录取通知书，父亲看了也只是笑了笑，能感觉到他很开心，但还是没有一句赞赏的话。算了，他不表扬也不妨碍我很开心。父亲虽然没有特别的表示，但村里破天荒地出了个北京的大学生，还是很轰动的，门前屋后的邻居都到我家院子里来表示恭喜，言语中夸我有出息，要让自家孩子向我学习什么的。我也谦逊地回应着叔伯们对我的夸赞，其实心里还是很爽、蛮傲娇的。在我正回应说：'哪有那么厉害，是运气好啦！'突然听到父亲很大的嗓门嚷道：'就凭他自己十个都白给，这都是老天保佑、祖宗保佑着呐！'"我看了不知几遍，看一遍就感动一遍。当我们的心里有父母、有祖宗，我们才可以稳稳当当的呀。

上海的丁诚同学（本书中《谈不上家风的家风》的作者）分享说他考上大学，他父亲并不怎么高兴，反而说隔壁某家的四个儿子天天回来吃饭蛮好的。当时我听了一愣一愣的，琢磨了好久，后来经过上海两个多月的疫情封闭在家，又经历了疫情放开身体极其虚弱，总算明白了他家老爷子的厉害。原来，家才是自己的大后方，自己最困难的时候，只有家里人能帮到自己，一家人和和睦睦、整整齐齐才是最吉祥的。

和婆婆在一起，我家也是吉祥的。

病房里的味道

管维莹

那天，娘亲躺在医院病床上，看着吊水瓶里的药一滴一滴地流下来，她皱着眉头，哀怨地说："隔壁老王家，好像没有阳，之前她老头子看着病病歪歪的，这次，怎么就没有阳呢？不是说大部分人都阳了吗？"

老王家和我娘亲做了二十多年邻居，一直是见面点头寒暄，互问"吃了没？"一转身，娘亲就会给她个白眼的那种。

娘亲看我没回答，继续说："你阿姨和小舅舅也阳了，可他们吃了两粒退烧药就好了，也没有像我这样变肺炎，还来住院呀。哎呀呀，难受呀难受，心里像火烧，怎么这么难受？"我赶紧按住她的手，帮她顺顺气说"谁让鸟屎，落到咱们头上了呢"。

眼看令人气郁的2022年就要过去了，可老天偏偏不让你过得太容易，在一场席卷全国的疫情中，我们全家都中招了。最严重的，就是我娘亲。高烧七天不退，实在熬不住了，来医院一查——大面积弥漫性肺炎，住院。那天老爹一听到这个结果，人差点没站稳，一个跟跄，颤抖的声音问我："是不是大白肺？"我赶紧堆出一个微笑说："哎呀，你胡说什么呀，普通肺炎，普通的。"实在就是骗骗老爹搞不清楚二者的区别。可他的这一跟跄加上我的这一微笑，自己刚刚阳康后的各种不适，突然消失了，就像身体里有个发令枪一响，气血忽然就奔腾起来。

我看娘亲还有些郁郁的，就继续说，"可还有鸟屎比我们大的，你看32床的老太太"。被称为30床的娘亲，听到这个话，立刻朝我眨了眨眼摇了摇头，示意我说得轻一点："她也没比我大几岁，看着怎么比我老那么多呢？唉，好吧，我睡会儿，你看着点盐水，早点打铃叫护士来。""好嘞！"

我坐下来，看了看32床的老太太，她比娘亲年长三岁，病床边除了打点滴的设备，还比我们多了不少仪器，心脏监控的、吸氧的……娘亲入院两天来，没有见到她的其他亲人。每天她自己蹭着地面往前慢慢挪步，去打饭、去洗脸、去洗碗……人倒是收拾得干干净净的，眉眼间看得出，年轻时也是个美人。

"32床，下楼去做CT，来，衣服裤子穿好。"医院里护工老张的大嗓门又响起，他负责我们这层楼，六十岁的人了，每天在医院呼吸科忙，居然还没阳！看来鸟看不上他，懒得拉屎。

"你家没有小辈来吗？"老张问32床，老太太说："老大今年做奶奶了，带孙子，太忙。老二工作忙，没空来。"老张一边扶她坐上轮椅，一边大嗓门继续说话："作孽哦，作孽！"老太太瞬间低下了头，人缩得更小了。

即便上海这样一个西化的城市，在医院里，面对生老病死，人们骨子里，还是向往养儿防老，病榻之前有孝子的。

因为疫情，医院的规定是一家只能有一个人陪护，二十四小时内不能出去。老爹还在住院部门口权衡谁陪时，我一把就把他推了出去："我来，你回家好好休息。"老爹就这样迷迷糊糊地回去了。因为我知道，入院第一天的各种检查特别多，女儿在身边会方便许多。

娘亲这个时候走路都是需要我架着的，哪里还有力气穿脱衣服。验血时，需要我帮忙脱一只袖子，还要接小便，弄大便，这些事情，看着不大，却很折腾。娘亲病中，本来就急躁的脾气变得更急，遇到技术不熟练的小护士，一次抽血没成功，还要再来一次，娘亲是又急又气又怕。做心电图检查时，遇到一个男医生，一辈子没怎么上过医院的娘亲，尴尬得要命，还要我用手在她胸口挡一挡。

今天要抽动脉血，娘亲特别紧张地说："你外婆以前也抽过，很疼很疼的。"护士来了，说是要露出大腿根，我帮娘亲脱下棉裤，娘亲深吸一口气，一只手紧紧攥住了我的手，针扎进去的一瞬间，她倒吸了一口冷气，护士转动着针头，要去找到血管，娘亲眉头紧锁，已经轻轻地发出哎哟声了。我心里只默念着"快一点，轻一点"，幸好此时，护士拔出了针头，让我帮忙按住伤口。我的手有点凉，按住棉花时，也触碰到了娘亲温热的肌肤，瞬间有股奇特的感觉打到我心里。好像很久没有这样触碰娘亲的肌肤了，她的皮肤都松弛有褶皱了，娘亲是老了。我忽然鼻头一酸，赶紧问她："我手冷吗？"娘亲说："还好，你人冷吗？多穿点，你自己也还没好透呢，还在咳嗽，别又冷到了。"在最虚弱的时候，娘亲想着的还是她的儿呀。

最近网上看到一个帖子，大家讨论"闺密养老"的方式是否可行。有一个跟帖我印象深刻："在病榻前伺候过的就知道，养老，不是一群人一起聊天晒太阳，不是在花园用餐，更不是浪漫的旅游拍照。如果没有在一张床上睡过的人，是没有办法在最不堪的时候相伴的。因为，你们没有过肌肤之亲，如何忍受为对方擦身、擦屎、端尿？"是呀，肌肤之亲，原来这不是专属于男女之间的词语。我们与父母，与配偶，与子女是有肌肤之亲的人，这份亲，在顺遂时或许只是一种浪漫和温情，可在最无助时，却是一种承担和支持。

晚上，我拿出躺椅，准备陪夜。病房里没有什么娱乐设备，十来平方米的房间里放四个床（后来又不断加塞），走路拿东西都有点腾挪不开。只有一扇窗户，还只能开条逢，闷热得很。所以，不到七点，大家就都睡下了，病房里安安静静的。我睡不着，脑子里断断续续浮现出我小时候的一些事情。

那时候住九平方米的房子，娘亲对家里的卫生之事切切在心，总是各种洗洗刷刷。尤其冬天，每次洗澡，都是娘亲从楼下提着一桶又一桶烧热的水上楼，这对小个子的她来说非常不容易。洗澡换下的衣服，又是娘亲拿到楼下去洗，再搬到三楼的晒台去晾晒。晒台上微风吹过，衣服挂在竹竿上飘动，洗衣皂那好闻的味道就从天窗飘进房间，我每每闻到这个味道，都会觉得心安，觉得幸福。一直到现在，娘亲还是习惯手洗衣服，那天她病倒时，难受地说："我连再洗一次内衣的力气都没有了，只能让你爸爸来帮忙。"

我十四岁那年，突发高烧，三天不退，老爹连夜背我去医院打退烧针，可依然没有效果。我吃不下任何东西，连上厕所都只能在床上。迷迷糊糊中，只觉一滴冰凉的泪水滴到我脸上，睁开眼，看见娘亲在身边。我那坚强的娘亲，可是连生孩子都不觉得疼，看电视剧从来没有哭过的。从娘亲眼里落下的泪，打在我的脸上，也永远留在我的心里。

可是，为何在我自己生了孩子之后，莫名其妙就觉得娘亲从来没有"爱"过我呢？她把我留在奶奶家而不带在身边，她从来不称赞我反而经常打压我，她不理解我不懂我……如此种种都成了"罪状"，都是我受伤害的证据，让我愿意花大量的钱去疗愈，她伤害了我。

我真是被猪油糊了眼蒙了心呀，真正是多读了那么些书，把人样子读没了。那些西方标准下定义的"爱"，就是那猪油，怎么能用来量度我们中国人的情感呢？还好，我毕竟是中国人，天台上飘来的香味、娘亲滴落的眼泪，都是化开那猪油的无上良药。想到这些，我也不似前几年那样懊恼，既然鸟大便在头上，擦干净就好。有时候想想，反而觉得好笑，曾经这么傻的事情，居然也是我做的。

此刻，耳边传来娘亲轻轻的鼾声，好几个晚上没有睡好觉的她，今晚倒是睡得安稳。想起小时候和娘亲在一个被窝里睡觉的情形，这鼾声，真好听呢。

第二天一早，照常量体温，各种检查。我的手机震动，一看是老爹发来的短信："昨天一晚上没睡着，房间空荡荡的，实在挂念你妈，今天换我来吧，换我吧。"我打了一行字："我照顾比较方便，你腰不好，在家好好休息，过几天再换。"想了想，删除了。再想了想，回复了两个字："好的。"

老爹小时候过了很长一段时间孤单的日子，自己有了家庭后，对亲人特别依恋。即使娘亲时常有些过激的幼稚言行，老爹也总是忍让，用他的话说，"也没给你妈大富大贵的生活，就让让她吧"。我知道，老爹是个重情之人。

如今，让这个重情之人独自在家，什么都不做，他必定是焦躁难耐的。很多事情，都是自己想啊想的，想得严重了，处于当下，做一点是一点，心反而就安定了。记得薛仁明老师的书中说过,"越想做好的事情,越不可急切。有些事情,要若有似无,举重若轻"。我越想老爹休息好,心能安下来,就越不可阻挡他来。

果然,傍晚时分,老爹端着炖好的鸡汤来了。虽然,我并不赞成给病中的娘亲喝鸡汤,但不忍拂了老爹的心意,反正娘亲也没有胃口,喝了两口就躺下了,但老爹心安了。我看着老爹,一会儿和29床的大姐打招呼,一会儿又去帮32床的阿婆打热水,回来又遭娘亲白眼,说他"瞎起劲"。行,就把这个小小的病房当作老爹的村子吧,让这个重情义的男子,有个村子可以混混,以解他莫名的担忧吧。

过了几天,我在家洗衣服,收到老爹的短信:"今天又加了一床,房间更小了,放不下躺椅了,新来的是个盲人。今天问了医生,医生说再过三天做个检查,后面排队人太多,要赶我们出院。"我算了算,娘亲住院已经七天了,烧退了,只是精神还不好,吃东西没味道,也闻不出气味,出院前,还是得好好检查一下。

第二天,我一进病房,果然,和两天前气象不一样了。更拥挤了,房间热得只能穿单衣,还有好几个不认识的人,颇有些人声鼎沸之态。我先看了看娘亲,嗯,气色比之前好转些。娘亲还是叫着热,说吃东西没有味道,我略略安慰她,便问:"那边32床坐着的是谁?"娘亲用手示意我靠近她,贴着我的耳朵说:"是她大女儿,刚刚来的。"我转身朝着32床阿婆笑了笑,阿婆立刻对她女儿说:"这是30床阿姨的女儿,你看人家多好,来了好几次了。对了,这里的早饭不好吃,你出去给我买吧,我想吃小馄饨。"那女儿说:"这里附近哪里有小馄饨呀?""有的,前天29床的老公就给她买了,你自己去找找……"我听着那阿婆说话的声音都比前两天高多了，腰也直了，原来，有亲人在身边，气是会足起来的。即便是差遣她干活，也是因为她是她的孩子，差遣亦是亲。

年轻的时候，爱读宋词，觉得"流水落花春去也"的美，是人间极品。可如今，更爱看戏词，杨四郎见老母时唱的"儿在番邦一十五载，常把我的娘亲挂在儿的心怀……每年间花开儿的心不开"，听一次心动一次。如今我也是见到娘的脸色好了，比见到那花开心更开呢。娘是我的亲人，我亦是娘的儿。人生在世，渡劫之时，若没有亲人在身边，即便有再大的富贵，亦总有欠缺，总是底气不足。

忽然，听到一阵声响："幺！叁！捌！幺！贰……喂！喂！阿大，是我呀！"原来是那新来的瞎眼老太太在打电话，娘亲又向我招招手，我俯下耳朵，她轻轻地说："这人太吵了，看不见，就整天打电话，她儿子孝顺，她还有个瞎眼老头，也阳了，住男病区，他儿子两头跑。她居然还离过婚……"我边听边点头，心里觉得好笑，这中国人呀，才一天的时间，我娘这个病老太太，就已经把别人的家庭隐私打听得一清二楚了。人与人之间的界限呀，这老外，可真的是看不懂我们呢。这不是我们低级他们高级，而是东西方的不同。既然住一个病房了，既然都是病友了，自然多了一份亲，谁家那点破事不能拿出来说道说道呀，都这样苦了，还不兴让大家乐一乐呀。

何以解忧，唯有八卦！

入夜，我扶着娘亲洗漱好，因隔壁床咳嗽吐痰声太大太频繁，又安抚了一下娘亲焦躁的心。病房里又热又闷，这一天也着实累了。我找了个靠背椅坐下，关照好娘亲半夜要上厕所叫我，我准备睡了。只听得娘亲轻声叫我："你把两只脚跷到床上来，放到我被子里来，这样脚可以伸伸直。"因为外面冷，我来的时候还是穿的大棉鞋，这忙了一天，脚还真有些胀胀的酸酸的。

"嘿，好嘞！"我脱了鞋，两只脚钻进了娘亲的被窝，好舒服呀！人一下子放松了。想着这几天能和娘亲这样亲近，端茶送水的做了女儿该做的，看到娘亲八卦时的闪亮神情，嘴角忍不住地上扬，今晚一定能睡个好觉。

我正在迷迷糊糊中，忽听到娘亲嘀咕了一句："你的脚真臭呀！"，哈哈哈，我知道，我娘的病，要好了，很快，我又可以闻到微风里飘进来的晒衣服的香味喽！

卷三 ｜ 戏曲里的教化

我家的戏曲小世界

晓　艳

如果现在做一次问卷调查，内容是："电视中出现哪种节目你会毫不犹豫地换频道？"答案肯定五花八门，但选择最多的恐怕就是戏曲节目吧。

对戏曲的印象最早还是在小的时候，那时过年各村都会请县里的剧团来唱戏，去看戏的基本上都是老头老太太、家庭妇女和小孩子，孩子们哪懂戏啊，基本都是去看热闹看稀罕的……

虽然这些记忆已经久远，但我感觉那时候唱的基本上都是一些老戏。自从有了电视，现场看戏的机会就不多了，不过那时候电视节目也少，像《朝阳沟》《卷席筒》等好多这样的戏被改编成了电影，所以在没得选择的情况下也看，但即便是新编戏还是会觉得剧情老套，唱起来磨磨唧唧的，哪有电视剧情紧凑、跌宕起伏、吸引眼球呢！

再后来流行音乐当道，戏曲为何物，早就是九霄云外的事了。早年参加工作是在外地，有一次放假回家，给我妈买了几张河南豫剧、曲剧的光碟准备带回去，当时想着闲着也是闲着，听听吧。哎呀呀，乍然一听，那熟悉的乡音和味道，咋觉得那么亲切耐听呢！于是跟着唱了好几天，不过，也就仅止于那几日吧，在时代的洪流中听戏这件事很快就被卷到不知所踪。

　　当时工作的地方有很多书展，有一次去闲逛，被从不远处传来的一段音乐声吸引，站定一听原来是《红楼梦》的插曲，哇，怎么会那么好听，不过听了良久也纠结了良久，因为口袋里已是捉襟见肘，但最终还是买下了这张对我来说价格不菲的唱片。后来央视采访《红楼梦》的作曲家，他说演唱这些歌曲有个非常重要的要求就是词的发音问题，他说每个字的发音不能是单一的，而是要把每个字音中的虚实、停顿、拖腔全部要唱出来。当时听完不太懂，直到后来接触了戏曲，听了戏曲演员的念白和唱腔的发音后，再回想起这句话，才明白当时之所以被吸引，乐曲的旋律是一方面，另一方面类似戏曲的唱腔是不是也是更重要的一部分呢？

　　2015年，我第一次真正开始走进戏曲的世界，看了裴艳玲先生的《龙凤呈祥》，自此戏曲开始在我的生命里熠熠生辉。那几年一直在陆续地听戏，其实也没太大的触动，而真正有感觉是在2018年年初学唱京剧《甘露寺》唱段。由于是自学，我只能笨笨地凭着感觉从戏词、腔调和发音一点点入手，学得差不多了就录音频，听听哪里还需要改进，就这样唱着听着琢磨着，慢慢地开始感受到戏曲的精微和美妙！那里有着波澜壮阔的传统文化，那里有中国最传统的"礼乐"风景，有世间百态和色彩美学……

　　后来又看了《平贵别窑》《钟馗》《锁麟囊》等一系列京剧曲目。有一段时间，我每天循环播放梅兰芳先生《贵妃醉酒》的唱段，一句"摆驾"柔中带刚，珠圆玉润，再看那一举手一投足间如行云流水般的技艺，眉眼间流露出的恬淡沉静和宽广大气，此刻方能体会何谓"厚德载物"，才明白了贵妃之所以"贵"不是源于她的相貌与地位，不是有技巧扮相美等就能上演一出好戏，唱者本身的生命状态才最直接决定整出戏的水准!

就这样看看电影版的,又听听唱片,说来也是奇怪,在那日常里情绪的尽头也会倏地心头柔软,犹如那一曲戏中唱的"乾坤分外明,皓月当空……"

说到这,后来还发生了一件和"贵妃"有关的趣事。我有一次晚上外出和朋友聚会,走到半路的时候突然想起东西忘带了,为了节省时间在回转的同时,让我家先生也给送一程,想着要劳驾人家跑一趟,便想这态度要好一点吧,于是"贵妃"附体,电话打通后,我前所未有地娇滴滴地叫了一声"良",中原女子多刚毅,这一声"良"叫得我自己都鸡皮疙瘩起了一身,这还是我吗?哈哈哈……还未等我再言,只听到电话那头传来我妈警觉的声音"这是谁呀?"哈哈哈……我的妈呀,我是在给我家良找"事"吗?只听我家先生特别不好意思又极其尴尬地说了句"我在咱妈这",这时闺女在旁边说:"是妈妈",哈哈哈……

儿子起初听戏的时候将近十岁了,这个年龄让他看戏是稍微有点困难了,因为在此之前动画片已经先入为主了,果不其然,当我直接说:"儿子,和妈妈一起看戏吧。"他直接拒绝了。得,我自己先看吧。先是放热闹又好看的京剧《闹天宫》(裴艳玲版),这个本领高强、调皮又好玩的孙猴子被裴先生演绎得淋漓尽致。果然,锣鼓声响了没多久他便慢慢地凑过来看,我说,好玩吧,要不你跟着学学唱呗,"不唱"。呵呵,我又开始"上杆子"了。就这样,我一场戏一场戏地放,他也跟着看。一天晚上,他和两岁多的妹妹在床上玩,玩着玩着,哥哥说,"我考考你啊,看你这一段戏听得咋样,我念一段戏词,你猜是谁说的,是哪出戏的"。"好啊!"妹妹可乐意跟哥哥玩游戏了。"这大圣的性情不好,我啊要小心伺候……""这台词是谁说的，是哪出戏里的啊？""是《闹天宫》里的土地爷爷说的。""好，答对了。""诸葛亮的火大，烧得你在此胡说八道……""我不免脱了这大衣服，饱餐一顿便了……"只听他两在那一问一答，我不禁哑笑，嗐，这小子念白说得比唱得还要好，还有这大段的戏词又是什么时候学会并且记住的呢？哦，是了，他没出来看，但在房间里也是一心二用，在听啊！

一天，先生和儿子在看戏曲频道里的《龙凤呈祥》，看了一会儿他说："嗯，这个乔玄没有裴奶奶的好。"我问他裴奶奶哪儿好，他想了一下说："我说不出来，反正我听了裴奶奶唱的，再听其他的就觉得不好听。"呵呵，不知不觉中他也能自己感受、品味戏曲了呢！

从怀二胎的时候断断续续地听戏，到现在没事都在哼戏，我家小妞听的是最多的，她那时一岁七个月，你如若问她："妈妈是怎么唱戏的？"她就会笑眯眯地"啊啊啊……"地唱起来。每日午后，坐在窗户那里晒着太阳喂她吃奶，旁边放着《贵妃醉酒》，我跟着唱，唱着唱着低头看她，她也正看我呢，我冲她笑笑接着唱，等过一会儿再看，她已然闭着眼睛睡着了……

两岁多的时候女儿开始看戏，想着小女孩让她多看看京剧《闹天宫》中的仙女舞吧，谁知她却偏爱看裴艳玲奶奶的各种武戏，尤其是《林冲夜奔》和《龙凤呈祥》里的张飞，每每看的时候还要全副武装，腰上要系着带穗穗的腰带，说是用来甩呢，还把哥哥的木剑别在腰上，待站定，只见一手扶宝剑，另一只手两指一扬，"英雄藏宝剑，要锄奸佞头……"哎呀呀，真的是气势十足，像模像样呢！

有时骑车带她出去，我俩就会一起唱戏，特别有意思的是，我只要一唱《贵妃醉酒》，本来精神蛮好的她就开始昏昏欲睡，哈哈，难道是吃奶听戏的后遗症吗……

2023年，我家三宝半岁了，他每天早上醒得早，等爸爸、哥哥和姐姐上班、上学之后，家里就剩我俩，我只能把他放在小车里，然后去洗漱、吃饭、洗碗……同时开始放戏听，期间听着小车内没动静，以为他睡着了，我会过去看看，一看正静静地躺着呢，待我忙完了，再来看：嘿，人家睁着眼吃着手，还听得入神呢！

最后说说我家先生，人家是属于唱戏跑调能从南跑到北的那种，只要他一开口我和孩子们就会笑个人仰马翻，但人家也是自得其乐，说起小时候看戏的情景，那是一副难忘初恋情人的模样——啧啧赞叹且回味无穷。

一家人茶余饭后一起看一看、听一听戏，一起讨论讨论戏曲的美妙与动人，听我说说学戏的感受和体悟，偶尔也会一个人打开电视看场京剧。

一日，他对我说："等三宝长大些不妨再写一篇咱家学戏的氛围吧！"

"好哇，夫君，我也有此意，那么标题就由你来定吧……"

我与戏曲的不解之缘

慧　芬

　　若提起我与戏曲的不解之缘，实则与我的父亲，以及"明艳"二位先生有关。这"明艳"的"明"，乃是薛仁明老师；"艳"，乃是裴艳玲先生；"明艳"乃是二位先生各取一字的合写。

　　薛仁明老师，这位出生于台湾（祖籍福建）的作者、行者，近十年来，穿梭于台湾和大陆之间，足迹遍历大江南北，每年有大半年的时间在大陆讲学。即使是疫情三年，也无甚碍，走了不知多少地方，讲了不知多少场。这位着布衣布鞋的讲者，这些年人愈显气象，功夫更见精微，与人感通，与物无隔。一如瑞雪春雨，润物无声，听者也因此受益多多。我心安处，天清地宁。

　　裴艳玲先生，这位年过古稀，仍活跃在舞台上的艺术大师，是薛仁明老师戏曲欣赏课的主角儿。傅谨为《裴艳玲传》作序的开篇，称之为"这个时代最具代表性的京剧表演艺术家"，戏剧家曹禺称之为"国宝"，最近这五六年来，裴先生也曾多次赴"明艳之约"，来到我们中间。

　　2014年4月，我于北京辛庄师范的课堂上遇见薛仁明老师。一年内他给我们讲了四次长长的课，讲《论语》《史记》，带我们看戏曲，我才认识了荧幕上的裴艳玲先生。后来又有幸多次亲历"明艳之约"。

前不久，在北京的鼓楼外，癸卯年初的第一场"明艳之约"刚刚结束。听两位先生对谈，常有"朝闻道，夕死可矣"之感。我还曾写下一篇长文《印象明艳——台上台下相辉映，高山流水遇知音》。"明艳"的动人之处，正在于他们身上活出来的中国人的那个光明喜气，生命的通透，出入自由的洒脱。

回想当年薛仁明老师来辛庄讲学，我印象最深的是薛仁明老师带的中国传统戏曲欣赏课。老师以其独特的视角，从中国人传统的审美观念，京剧表演上的虚、实，从舞台上的服装、道具、守旧的色彩搭配，到人物的性情，演员的唱、念、做、打功夫，甚至下场时留给观众的背影，给我们撩开了京剧的神秘面纱，吞吐开合，气象万千，真是精彩之极！

这几堂课、几场戏曲欣赏，勾起了我几十年的戏曲情怀。

于是由戏曲入生活，触发、带动了我，这对我的影响非常大，也非常深远，在这几年里我的人生轨迹也发生了重大转折。

生活、生命的状态，也与此息息相关。

我出生于河南洛阳伊河河畔的偃师农村。中原腹地，流传的地方戏是豫剧、曲剧等。农村里有个习俗，正月里自春节到元宵节，远近的村子都会请剧团来唱戏，或两天、或三天的轮番来。村子里婚、丧、寿、祭等红白大事，也多有戏班、唢呐班来唱戏和吹打。

记得十多年前，村人迎娶新娘时，少不了豫剧《抬花轿》中唢呐主奏的迎亲乐，一路吹吹打打，十分喜庆。

我父亲是个戏迷。他生性乐观，幽默，喜善交友，一副热心肠。每忆起年轻时的父亲，娘亲总是说："你爸呀，那才是一路梆子戏回家来呢！"那时父母亲都在生产队里集体劳动，天黑才下工。有一回我父亲和几个同村的戏迷，下工后顾不得饥饿劳累、天黑路远，骑自行车到三十里外的城关镇，去看名角儿马金凤的戏。村子里的大小戏，只要不是紧急事缠身，父亲差不多场场不落。也许是受了戏迷父亲的影响，我打小儿也喜爱戏曲。

娘亲常回忆起我们全家还在老宅院里生活的一个场景：下雨天，在迎着屋门口的竹床上，我用床单搭起戏台，换上干净衣服，穿上新鞋子（鞋底没沾过土），肩头绑上长条的纱巾做水袖，模仿戏里的小姐、书童，咿咿呀呀地唱自己的戏。那时我大约四岁，这场景我自己都记不得了，是娘亲后来告诉我的。

父亲经常带我去看戏。农村里露天的戏园子，只是一片空地，如果没工夫儿提前几个小时拿着板凳去占地儿，就只有做外围的站客。小孩子要是站在外围，即使是在各式的高椅凳上，踮着脚尖儿伸长脖子，戏台也未必看得全。多数时候父亲和我属于那"外围的站客"。但我父亲有办法。他把我举起来，越过头顶，放在肩头，然后再站上板凳去。我两脚搭在他胸口，骑在父亲肩上看夜戏。这样子有好几年——也许是我幼时生得瘦弱，体重轻的缘故，我坐在父亲肩头，眼前是黑压压的人群，戏台上亮闪闪的灯和幕布前站着的麦克风——几个头上绑着红绸布的瘦长"小人"。从开锣到煞戏，一直看完整出戏，我从不打瞌睡。中学时语文课本里每册都选鲁迅的文章，我心中最相印的是那篇《社戏》——幼时的鲁迅在外婆家和阿发们划船去看夜戏的场景最美——可能跟我幼时常和父亲去看戏有关。

直到我长大了，出外念书、工作，父娘亲还津津乐道我幼时"骑父看戏"这件事。那些年农村的文化生活还很贫乏、单一，除了偶尔放露天电影，看戏大约是最为丰富鲜活的了。在那懵懂的岁月里，我就这样子被戏曲熏染着。

记得幼时看过的曲剧《卷席筒》，是当地广为流传的一出戏。一起玩耍的男孩儿，好多都有模仿戏中男一号的经历：头顶上扎个冲天辫，双手拱拳，似戴镣铐，步履踉跄地唱"小苍娃儿我离了登封小县，一路上受尽了饥饿熬煎……"

高中毕业十多年同学聚会时，一个为人很敦厚的男同学，上学时极守纪律的，说起他小学时和同桌的男生晚自习钻在课桌下面，偷唱《风雪配》，两个小男生饰演戏里的闺门小姐、丫环，以及那个弄假成真的女婿。这让我们嬉笑不已，同时也让我惊讶不已：哎呀呀，戏曲与不少孩子有着天然的连结呢！

记得我小学毕业前，有一次偶然听三婶儿纳鞋底时闲聊，说了一句："其实川剧也好看呢，昆曲也好听呢！"我在旁边玩耍，就记住了三婶儿的这句闲话，向往着那"好听好看"的"世外戏曲"。

及至1997年我到北京工作，闲时看央视戏曲频道，接触到京剧、昆曲以及其他地方戏曲。那几年《京剧名家音配像》节目正热播，我出差常驻深圳一年多，同事中有位退休的老者，在北京居住了几十年，喜爱京剧。节假日我跟着他看了不少戏曲频道的京剧音配像剧目，几大名旦，几大须生的戏是从那时开始接触的。

2003年至2004年怀我女儿的那段日子，我戒了电脑，几乎戒了电视——唯一没戒掉的是戏曲频道的节目。我女儿三四岁时也爱看戏，等她身高长到刚刚能进戏院时，我就带她一起去看现场演出，母女同乐。

小孩子很喜欢看舞台上的彩唱，记得有一年岁末，我们一家四口（当时奶奶也在）去梅兰芳大剧院看名家名段演唱会，京津诸多名家汇集，梅葆玖先生唱大轴，票价不菲。记得我买的票是三百八十元一张。也许因为多半是清唱，勾不起小孩的兴趣，看不到半程，女儿就呼呼睡去。梅先生唱完之后，台下掌声雷动，一下子惊醒了梦中人，女儿醒来，伸着懒腰，兴高采烈地加入了鼓掌的队伍。

相声大师侯宝林早年曾学京剧，他的相声中有一些关于戏曲的段子，说、学、逗、唱的功夫很深，也很耐听。如今还记得的《戏曲杂谈》《改行》《捉放曹》《关公战秦琼》《空城计》《文昭关》等，讲的都是戏曲的故事，兼具相声特有的抖包袱的幽默和浓厚的戏韵，让人百听不厌。

女儿也爱听。那时常常见她收听中央人民广播电台《今晚八点半》的相声段子，一个人在屋子里哈哈大笑。

女儿七岁时开始课余学京剧。她身上生来就有些大大咧咧的虎气，打小儿不爱公主娃娃和裙子装。我本想让她学学旦角，能纠偏一些。选行当时，女儿不爱旦角，偏偏爱上花脸和生行。其实连专业学戏的，女老生都少，女花脸是少之又少。为此，我起初还真有些纠结，不过也从了她的心愿。

记得2014年6月薛仁明老师带我们欣赏了裴先生主演的京剧《龙凤呈祥》，在剧中她前饰乔玄，后饰张飞。一个人分饰老生、花脸两个行当，唱、念、做、打，样样精彩绝伦。听着老师的讲解，看了这个戏，我当初的那份纠结放下了。

话说那一天，老师带我们欣赏《霸王别姬》（1955年的艺术电影，梅兰芳饰虞姬，刘连荣饰霸王），剧情其实很简单，其中的虞姬因梅兰芳饰演，反倒成了"姬别霸王"。梅先生的身段儿、唱腔、扮相等，美轮美奂。尤其虞姬剑舞，与项羽死别，刎剑那一节，让人慨叹！

项羽（白）：想俺项羽乎！（唱）：力拔山兮气盖世，时不利兮骓不逝，骓不逝兮可奈何，虞兮虞兮奈若何？

虞姬（白）：大王慷慨悲歌，使人泪下。待妾妃歌舞一回，聊以解忧如何？……

（虞姬下，未几，持双剑复上，背对项羽抹泪。半晌，暗喊了一声"罢"，转身为项王舞剑）

虞姬（唱）：劝君王饮酒听虞歌，解君忧闷舞婆娑。嬴秦无道把江山破，英雄四路起干戈。自古常言不欺我，成败兴亡一刹那，宽心饮酒宝帐坐。

……

项羽（转对虞姬，白）——妃子，快快随孤杀出重围！

虞姬（白）：大王啊，此番出战，倘能闯出重围，请退往江东，再图复兴楚国，拯救黎民。妾妃若是同行，岂不牵累大王杀敌？也罢！愿以君王腰间宝剑，自刎于君前。

……

（虞姬第三次索要宝剑，项羽又复避开）

虞姬（指向帐门处，白）：汉兵他，他，他，他杀进来了！

项羽（不知有假，转身看去，白）：待孤看来——

（待他方一回头，虞姬即抽出项羽腰间宝剑。未几，项羽意识到受骗，忽一低头，惊见腰间抽空的剑鞘——）

项羽（猛回头向虞姬，惊呼）：啊！这——

（话未出口，已见虞姬自刎于前，项羽顿足不已）

项羽（痛悔，叹）：哎呀！（众侍女扶虞姬下）
剧终。

虞姬这一秦末乱世中的女子，史书中着墨极少，因项羽而青史留名。梅兰芳先生饰演的虞姬，有一副真风骨，有着一个非凡女子的气概。自古生死一刹那，再大的事情，来了就来了；再痛的经历，过了也就过了。不黏不滞，生死都明明白白。听老师讲着《史记》和这部戏，那一刻，我心无比震动，眼泪迸出。此前我看过几遍的戏，今日方略知一二呵！

听老师讲京剧、昆曲，体味到中国传统戏曲不仅仅是一门艺术，在中国民间来说，实则是继《诗经》之后，接续中国的礼乐文明，是在行乐教之实，于中国人是不可替代的润养。几千年来，戏曲于国人大化于无形，戏曲里头的中国文化，宽阔而活泼，处处皆源头活水。

中国文化几千年生生不息，传统戏曲可以说是其中的一枝奇葩。全国各地的戏曲有三百多种，无论京剧的精致、严整，还是秦腔的粗犷、豪放，戏曲大观园里是"千朵万朵压枝低"。传统戏曲中一个个生动、饱满、鲜活的人物，蓝脸的窦尔敦盗御马，红脸的关公战长沙，黄脸的典韦，白脸的曹操，黑脸的张飞，叫喳喳……戏曲里头的中国文化，真是个清平世界、荡荡乾坤。

我回想起已故的奶奶和幼时的街坊邻居，他们中识字的很少，但他们看戏，懂得接承老祖宗的好东西，尤其是传统的戏曲和曲艺，活泼泼、接地气的生活，大家在民间、民俗上建立的"三观"，气象万千！

十几年前，我在北海公园遇见一群京剧票友在凉亭里排练，不禁心中感念：我虽不能如他们这般，传承中国传统戏曲，做一个懂戏的观众也好。从欣赏切入，从易学易演的剧目入手，可以建立起孩子和大人们的小剧社，学唱、表演多种方式熏染、传承。当时心生一念：是否可以尝试在学校里开设中国传统戏曲课程呢？于是在2014年6月期末的时候我写了一篇稿子交给了黄明雨老师（他是南山学校的创始人）。也许他早早有意于中国戏曲，不久即让我邀请京剧院的专业老师，在学校里开设了京剧课和器乐课。

此后的几年间，学校四年级以上的几个年级和辛庄师范实验班的孩子们每周都会上一堂京剧课，辛庄这个小村子里，那时有六个班大约一百个同学，每周都在课上和京剧相遇。配合学生学习的唱段儿，每学期看上几场京剧演出。

有一次组织去新清华学堂看京剧《穆桂英挂帅》，全校师生家长共一百二十人，因为学生人数多，售票窗口为此还给我们打了些折扣。孩子们去现场看演出，看到自己会的地方，不由得跟着连比画带唱。台上台下，欢声雷动。此后配合孩子们和老师们的京剧学习和汇报演出，我也带动社区里的家长们一起看戏。这几年，因着京剧和孩子们混在了一处，体味了此前我二十年职业生涯中不曾有的另一番风景。

回想起来，深感此生有幸，有"三幸"要提。

一幸——我的"戏迷父亲"，和记着我许多小事的娘亲，乃是我的养父母。他们早年间无子女，我一岁多时跟了他们去。我十一岁时，两个妹妹相继出生。我这半生最感念的是这一双朴实、温厚的父母亲，他们待我不仅如亲生，且胜似亲生。我十分庆幸今生和他们有缘在一家里生活。

假期里我们三姐妹都在家，父母亲每提及我幼时"骑父看戏"的事，父亲总要再加上几句："二妹、三妹小时候也抱去看戏，不一会儿就困了，回家睡觉去。哪里及得上你们大姐，一晚上坐在脖子上看完整出戏，都不打瞌睡嘞!"父亲满脸都闪着光，言语中赞我和他骨子里似乎很共通。三妹幼时我已经成年，也曾带她去看夜戏，让她骑我脖子上，才一会儿我就累得直不起脖子了，可以想见父亲当年驮我的辛苦!

父亲五十四岁时突发脑出血去世，走得很突然，那年二妹念高中，三妹念初中，还好我已经工作了。此后十年间，我和娘亲齐心协力，妹妹们先后大学毕业自立。记得三妹毕业前的那个暑假，两个妹妹来北京，我们三姐妹相处一起，忆起以往生活的点滴。我觉得尤以我在父母膝下承欢最多，受惠最深。

我和父亲在看戏上如此相印，我们今生有父女之缘，相伴了二十七年，也许是我前世修来的大福分。我借此感念父亲，也感恩娘亲。

这几年因着戏曲的缘故，我寻到了与已逝的父亲在现世的精神链接，心中说不出的感恩，感恩，再感恩!

我四十几岁以后的岁月，但凡有机缘，愿做一马僮，牵马坠镫，为传统戏曲的播散传承，尽己绵薄之力。

二幸——癸卯年春节，我们回了老家一趟，与周围亲友闲聊，发觉婚姻家庭出状况的，比比皆是，真是触目惊心。离婚的，前几年已不鲜见，近几年更是熟视无睹；没离婚的，有些人的日子，过得"水深火热"。

薛仁明老师在文章里和课堂上都谈家庭、谈夫妻，谈的特别到位。2014年出版的《这世界，原该天清地宁》书里，有几篇文章，合在一起也叫"夫妻四帖"（《恋爱是诗情，婚姻是修行》《成"亲"》《夫妻关系是修行的大功课》《揖梅让石》）。他带我们看戏，《坐宫》《平贵别窑》《卢林》等，好多地方也结合家庭来谈，父母、夫妻、子女等家庭之道，为人处世，修己安人，都在此中，开合中显大气象，又非常接地气。

在当下躁郁的时代，我们可算是幸运的——遇上"明艳"二位先生，遇上一路同行的同学们。回过头来看我这些年，一路走来难免有磕绊，但眼前仿佛若有光。对我来说，戏曲是"药引子"，合起来，特别对我的症，这几年下来，疗效还不错。

恰应着《白蛇传·断桥》中的那一句：

猛回头，避雨处，风景依然。

三幸——薛老师带的戏曲欣赏，与平时媒体和书中所见的戏曲赏析有大不同。他的视角独到，起落有情致，平实又风趣。起处看似平凡琐细，开合处却见到大风景，落处又在脚底下，让人踏实有着落。即便是没看过戏的人，三五个半天也会入戏，甚至入迷，这是薛老师的神奇之处。我起初还记几行笔记，后来听得熨帖，看得出神，竟拿不起笔了。课完了又有些小遗憾——老师这些生机盎然的戏曲话语，转瞬即逝。

老师在讲课中，借中国传统文化和戏曲所谈，阴阳呼应，真算得上是"前无古人"。于戏曲欣赏，开一先河。老师有好几本书，皆为讲课、对谈实录，生机活泼，音转文字，整理即成。讲戏曲的内容，若辅以音视频，是否也可以呢？中国的礼乐文明，从戏曲这里接上这口气，倘能日后保存流传，真是一桩幸事。

家有小戏迷之这才是人生难预料

清　泉

　　算来我家小戏迷看戏有两年半了，两年多来，小妞看戏唱戏，自得其乐，一派天真活泼。

　　在小戏迷的熏陶下，我这个当妈的，从陪看，到陪唱陪玩，再到如今一个人有事没事唱上几句，原来苦大仇深的脸上也多了几分喜气。经常是，我在一旁干活儿，她在一边看戏，边看边唱边舞着，偶尔扭头看到她一脸的活泼和喜气，于是这平常的日子也多了几分滋味；经常是，在接送她上学放学的路上，娘俩有一搭没一搭地对唱几句，欢欢喜喜去学校再开开心心回到家。

　　到目前为止，小妞先后看过和听过的戏曲有：《闹天宫》《钟馗》《贵妃醉酒》《锁麟囊》《天女散花》《龙凤呈祥》《春草闯堂》《林冲夜奔》《萧何月下追韩信》。其中《闹天宫》、《钟馗》和《锁麟囊》看的时间最长，每部戏反反复复看了半年之久，到现在还会隔段时间再看看；然后是《贵妃醉酒》、《龙凤呈祥》和《春草闯堂》，各看了有两三个月；《天女散花》和《春草闯堂》是无意中看到的视频，很喜欢，也各看了有个把月，那段时间女儿经常拿着我的长围巾边舞边唱似天女，又或她扮春草前边走我抬着轿子在后头，娘俩玩得不亦乐乎；《萧何月下追韩信》是我在薛老师课堂上看周信芳的《平贵别窑》版本时，被麒麟童的声音惊到了，老师说麒麟童最经典的是《萧何月下追韩信》，于是回到家搜了这个版本的音频，天天放，结果小妞竟然也听会了。《龙凤呈祥》和《林冲夜奔》是她最近的新爱，主要是听《甘露寺·劝千岁》和《林冲夜奔·折桂令》片段。看戏唱戏的日子久了，小戏迷故事也不少，各位请看。

一、我是娘娘

裴艳玲老师的《闹天宫》是小妞看的第一部戏，也是看的时间最长、次数最多的一部戏。刚开始只爱看某个片段，后来就可以看全场。从原来只爱看仙女出场、偷吃桃子和仙丹，到后来看与天兵天将打架，现在是连原来害怕的巨灵神都喜欢上了，时不时来一句："把天门的，可否看见猴头过去？"一天，我原来的同事来家里玩，问她叫什么名字，她扭头告诉我同事说，她叫仙女姐姐。于是那段时间随时可见仙女姐姐扭着个小碎步走来走去。

后来看《贵妃醉酒》，又迷了一段时间，看完人家自己改名叫娘娘了。那段时间扇子都买了好几把，有次还嘴里叼个玩具往后弯腰"喝酒"，这娘娘还真不是吹的。受小戏迷的感染，那段时间我每天送她去幼儿园回来，路上都是哼着海岛冰轮，于是觉得这乾坤朗朗，送女儿上学也有了嫦娥离月宫的味道。回到家，本嫦娥也就安安心心面对这柴米油盐酱醋茶和公司的种种琐琐碎碎。

再后来看《锁麟囊》，看了一段时间，告诉我说她是小姐啦。一个周末，她读大学的表哥来家里玩，跟她玩了一会儿，自己看手机去了，只见她生气地说，"我告我妈去"，然后走过来跟我说，"小姐，他不跟我玩"。我逗她说，"我是小姐，那你是梅香啰"，结果人家不认账，说"你是小姐我也是小姐"，好吧，咱也跟着荣升为小姐了。

如今看的戏多了，这小戏迷的身份也不时变化，前段时间是春草，最近又变林冲了。有天我在准备给她洗澡，她在看裴艳玲老师的《林冲夜奔·折桂令》，突然跑过来一本正经地对我说，"妈妈，我要学戏，我要当裴艳玲"。哎哟，我的小祖宗，吓了我一跳，然而，很快咱也明白了，想来是，看了这么多戏，发现还是裴艳玲奶奶最牛。

二、约法定三章

2019年4月份开始，我听麒麟童周信芳的《萧何月下追韩信》，断断续续有个把月时间，突然有一天听见小姐冒出一句"先进咸阳为皇上，后进咸阳扶保在朝纲"，接着又来一句"我也曾约法定过三章"，然后问我什么叫约法三章。

当妈的我灵机一动，跟她解释说约法三章就比如你看戏，妈妈跟你约定，第一，每天放学回来可以看一会儿戏；第二，妈妈要做饭你自己看；第三，到吃饭时间就不能看了，这就是约法三章。从此这个约法三章成了我和她定规矩最好用也最管用的词了，甚至有时人家还会主动问约法三章，这可真是意外的收获。

六月初，儿子高考完，想出去走走，我让他选好旅游的地方，带上妹妹一起。选来选去，他决定去西安，于是订酒店、机票和行程都由他安排。我跟女儿说了和哥哥出去玩的安排，顺便又提出出去玩的约法三章，第一要自己走，第二在外面不能吵闹，第三不买玩具。她答应了。

出发那天，在去机场的路上遇上堵车，小妞坐出租车晕车，于是我用手机放麒麟童的《萧何月下追韩信》，边听边跟着唱，一路上唱着玩着赶到机场时离停止办理登机牌只有十来分钟了，真的是连滚带爬办好手续，虽有些狼狈却依然兴致勃勃、笑语吟吟。到了西安一下飞机，猛然看到咸阳机场几个字，突然有了一种以前来西安时没有的亲切感，突然觉得跟这个城市有了连接，我知道这种连接来自听薛仁明老师讲《史记》，也来自一路上唱的萧何。

在西安的几天，只要是坐出租车，女儿一定是放着萧何月下追韩信，而她也有两次想要抱或是看到景区卖玩具想买，我只要唱我也曾约法定过三章，她也就作罢了。

最后一天，儿子安排去秦岭野生动物园看动物，动物园离酒店有些距离，我们打车过去，路上又是唱着《萧何月下追韩信》，出租车司机秦师傅看我们唱得开心，跟我说，你这女娃好可爱啊，于是拉开了话闸，说他也有个女娃，读小学了，也爱唱歌跳舞，还有个儿子刚大学毕业参加工作，儿子还交了个女朋友……，一边跟秦师傅拉着家常，一边听女儿哼着戏，很快就到动物园门口了。

那天天气预报有雨，下车时，秦师傅说可能会有大雨，这边打车不方便，要我留他电话，如果打不到车可以联系他，他可能就在这周边转转。动物园人很少，在动物园逛了两个小时，开始下大雨，我们决定打道回府，出了门，果然打不到车，公交站也没车过来，于是我拨通了秦师傅电话，他说他就在附近吃饭，大概十分钟过来，于是我们又坐上秦师傅的车回酒店。一路上又是拉着家常，我说我们明天就回广州了，又问他明天早上是否愿意来接我们去机场，因为比较早，加上天气还是下雨，我怕他没那么早上班。结果秦师傅爽快地答应了，约定了时间。第二天一早果然见他在酒店门口等着了。西安之行，短短几天下来，因着这萧何和约法三章，我们跟这秦岭大地和当代秦人有了一次亲密接触，西安这座城市在我们娘仨心头鲜活了起来，西安也不再仅仅是一个名称了。

三、这才是人生难预料

第一次看《锁麟囊》这部戏我是没什么感觉的，谁知女儿却一看就喜欢上了，这多少让我有些意外，不过正如老师说的，我这人反应慢，看戏唱戏还要多跟我家小戏迷学习。

她看的次数多了，我这当妈的当然也耳濡目染被熏陶到了，也会哼上几句。但真正打动我的，还是这样一件小事。

那次我带女儿参加广州同学会的活动，先是大人小孩一起动手做马鞭，然后大人读书，小朋友们在一边玩。午饭是大家各自带的百家饭，吃完饭，下起了大暴雨，直下得门前积水有一尺深，根本出不了门。大家聊着天，等雨停，足足等了两三个小时。后来雨小了，积水少点能趟过去了，大家纷纷回家。

我带着女儿准备打车，结果约了几次都约不上，只好改坐公交车，在公交车站左等右等都没车来，这时又开始下大雨，眼看娘俩全身都要打湿了，心里开始焦躁不安甚至后悔出来参加活动，这时，在旁边一直淡定玩着水的小妞突然唱了一句"这才是人生难预料"，那一刻我所有的焦躁不安烟消云散，整个人立马安定了下来。后来公交车来了，人多拥挤，带着娃、拿着湿淋淋的雨伞，却也一路安心回到家。

回首这几年，辞职高龄生二娃，神仙儿子高考，为了生计，和先生一起创业，困难重重，内忧外患，叠加在一起，有一段时间真的是日日是苦日，用老师的话说一张苦瓜脸，好像人人欠我几百万，简直没救了。没想到就在这奔五的年龄，竟然还能走进老师的课堂，跟着老师和同学一起混着，又因着戏曲的因缘，在家跟着小戏迷混，咱这榆木疙瘩苦瓜脸竟然也因此有了翻转，苦大仇深的脸上也有了两分生机和喜气，这才真的是人生难预料啊！

后记：特殊时期，困守家中，种种信息，扑面而来，时有忧愤，难以排解，又无处援手。幸家有小戏迷，天天看戏唱戏，一派天真，满脸喜气，跟着吼上几句，也觉神清气爽，于是做此分享。愿在这重重忧患中，人人在家多看戏听戏，养吾精气神，待乌云散去，咱们再相聚。

一马儿踏入了唐世界

胡兴旺

2019年元旦，独自去看了一场京剧《锁麟囊》，于我而言，这是一件极不寻常的体验，充满了惊喜。

印象中，实在记不起我是否在剧院看过京剧了。多年以来，和当今的"主流"思想一致，我心目中的京剧是落后、封建、与时代脱节、即将而且应该被淘汰的东西。对于那些京剧爱好者们的印象，与对那些广场舞大妈们基本一样，内心有点不屑。

2018年的6月份，听了几天的讲座，几乎一半的时间是老师带大家看京剧，一下子让我看到了京剧的好。小时候，娘亲特别爱吃水煮萝卜，经常做了来吃，我是非常讨厌那个寡淡味的，如今我却特别爱吃清水煮的萝卜，觉得回味无穷。京剧有点类似，早期觉得寡淡无味，一旦品出其中的味道，才觉得妙趣无穷。

生命中确实有许多东西，是要够老，时间够久，才能看到其中的好。

听完薛仁明老师的一次课，对京剧产生了兴趣，开始看起一些经典剧目来，结果竟一发而不可收，越看越觉得有意思，嘴里也跟着哼唱起来。九月份，听完薛老师的课，又一口气看了十多个剧目的视频，仍觉不过瘾，终于趁元旦假期，走进了剧场。

虽然在视频上先看过程派的表演，但进入剧场看戏的感受还是很特别的。本以为不太主流的京剧剧场，竟然座无虚席。不知是"魔都"魔幻，还是京剧确实在复兴。上海京剧院的《锁麟囊》确实不错，虽然不是一线大角儿，但传统经典剧目之美依然令人惊叹，或许这就是人说的经典好戏"戏包人"吧。这出戏戏词之美，着实让我叹服：

> 春秋亭外风雨暴，何处悲声破寂寥。
>
> 隔帘只见一花轿，想必是新婚渡鹊桥。
>
> 吉日良辰当欢笑，为什么鲛珠化泪抛？
>
> 此时却又明白了，世上何尝尽富豪。
>
> 也有饥寒悲怀抱，也有失意痛哭嚎啕。
>
> 轿内的人儿弹别调，必有隐情在心潮。

唱词充满着中国古典诗词韵律之美，合辙押韵，又意味深长，不愧是当时学养深厚的文人作品，让人不禁对作者翁偶虹先生心生敬意。加上程大师的唱腔设计和舞台演绎，确实经典！剧场不断响起叫好声。许多经典的唱段，不少观众是和台上演员一起唱的，可见一些老戏迷对剧情、唱词非常熟悉。的确，像这样的经典剧目，的确是百听不厌，常看常新，余味无穷。

京剧的好，也在于此。多数京剧曲目故事情节非常简单，基本上三两句话就能说完，而且几百年没什么变化。一出戏，演员们可以唱一辈子，观众可以听一辈子，从小听到老，看到老。为什么？

近年来在学习传统中医和古琴，也接触到一些传统文化，对此有过一些思考。中国传统文化更重视无形的东西，抽象的东西。相比有形的、具象的东西，那些无形的、抽象的往往是更为本质、更为高级的。中国文化的源头，孔孟以上至黄老及更早，对生命的源头和本质都有极高的认知，那就是"阴阳""太极"的观念。中国传统文化是"有无相生""阴阳变化""无中生有"的学问。而几千年来，中国传统的文化，都离不开"阴阳之道"。以我浅薄的认知，是否有"阴阳"观念，是判断一个中医是否"合道"的标准，也是判断一门学问是否"究竟"的根本依据。

传统中医不仅仅是停留在人体的器官、病症、解剖、病理等有形的、物质的层面，更在意生命的"精""气""神"等无形的层面，而这无形的层面，才是生命生生不息的根本、生命质量高低的重要体现。

中医提到的"神魂魄意志"，在中国传统文化如书法、古琴、诗词、武术、戏曲之中，都有非常全面的体现。在学习古琴时，我对于"韵""韵味"的理解常常找不到感觉，在听戏曲时，我突然对它有了体会。这种体会，也是"虚"的，直白一点，就是一种"感觉"，是那种"言已近而意无穷""若有若无"的感觉，不是努力思考可得，就像一丝春风，瞬间花开一样。这种体验，对于没有切身体验的人而言，多少语言都无法说明白。

在学习古琴时，常常就一个"气韵"的问题纠结半天，总是试图让老师把"气韵"三言五语说清楚。发现根本无用，当自己在听过几百首曲子，弹过几百个小时后，发现"气韵"是自己慢慢出来的，就像花开一样，时机到了，它就在那里。

多年来的"现代教育"和思维习惯，让我们太过于强调逻辑、强调推理论证，以至于形成了一种以读书多、博文强辩为荣的心理。这些年学习传统文化的经历，让我反思。我意识到，靠知识的堆叠、推理、论证出来的东西往往都是空中楼阁，看似"成果显著"，实则毫无用处，不堪一击。我见过了太多的医生对于自己的高血压、糖尿病束手无策，见过了太多的心灵导师自己陷入抑郁与绝望之中，见过了太多懂得一堆"道理"，但临事却一筹莫展的"专家"……这些人让我看清了一个真相：外表的光环下面往往内在空虚，"名相"往往是"假象"。

"聪明人"如我，曾经嘲笑京剧中的故事简单，人物多属虚构，里面的历史人物及情节也完全与史实相距甚远，那些看戏的人却傻瓜一样，觉得像真的一样，跟着哭、跟着笑，简直是幼稚。京剧哪里有现代欧美大片好看，哪里如现代摇滚音乐过瘾嘛！

的确，这是我长久以来的想法。时过境迁，我已彻底改变了自己的认知。这种改变，是时间的沉淀，是基于个人真实的体验而得，因而是沉甸甸的，细微之处，难以言说。

常听说，"人生如戏"。以前不太理解这个说法。跟着老师听戏看戏，自己又补了不少课以后，对"人生如戏"有了新的感受。

戏中的人物，往往不见得真实，故事也多属虚构附会，与真实的历史相距甚远，可见都是"虚"的。但演员是真的、是"实"的，剧中人物的才情、个性、气场、能量是真的，是能见、能感、能体悟的，是"实"的。这些虚构的人物和角色身上散发出来的"气""韵""场""能量"确能真真切切地让人感动，让人舒畅，让人喜悦，让人共鸣……这便是"虚中有实""无中生有"：从看似抽象的艺术中生出实实在在的"气"、"势"和"能量"来，结结实实地滋养人。

身边有太多的朋友，身体不好，疾病缠身，经常研究如何

"补"，如何"食疗"，在我看来，他们衣食富足，获得有形食物的营养已经过剩，他们缺的不是物质，而是"气"，是"能量"。有形的身体只是个躯壳，无形的"气量""气场"才是决定生命质量更重要的因素。

从这个意义上讲，相对中医而言，现代西方医学的换肝换肾，换得掉器官，但换不来"气"和"能量"，"气"和"能量"是生出来的，是"无中生有"而来，是"阴阳转化"而来的。好比对于婚姻，房子、车子、钻戒、存款不是决定家庭幸福与否的根本，"亲情"才是。因为"情"才是"气"，才是"能量"，才能滋养生命。物质如果无法被转化为"能量"，不能被"气化"，进而推动生命，则反而成为"耗气"的累赘，不仅无助，反为其害。这样的例子很多。

上了两次课，我开始试着学唱《甘露寺》里的《劝千岁》一段，发现貌似简单的一段唱，真的是好难好难，比学习一首流行歌曲要难百倍。由于"气量"不足，一个声腔需要拖得很长，经常在唱到一半时"气数已尽"。每天开车时唱，洗澡时唱，走路时唱……两个月，才勉强唱得下来。虽然不免荒腔走板，但每次唱完，自觉神清气爽，畅快怡然。

自从接触了京剧，无聊的时间瞬间翻转，等车、拥堵、步行赶路时也变得无比轻松愉快了。难怪许多戏迷都是"票友"，原来唱戏也是在练功，在养"气"。当我第一次面对面见到七十岁还"朝气蓬勃"的戏曲艺术家裴艳玲先生时，彻底明白了"戏"是怎么养人的。不仅养形，而且养"气"，养"神"。

接触过一些京剧演员，他们举手投足，形容仪表都有一种无形的"范儿"，透着一股端正与庄严。没有规矩，不成方圆。学习中医、古琴及看戏的过程中，我意识到平时站姿坐姿的中正平和对于身体健康的重要。如一棵树，只有躯干中正，才可能"气脉舒展"，枝繁叶茂。看书时刻意让自己颈椎、腰椎中正，日日不断，经过一年，我发现自己原先颈椎的毛病几乎"不药而愈"了。

翻看了一些梨园旧事，发现戏曲界固然有不少问题，这个行业也传承了许多中华文明的精华。比如对传统的尊重，比如对先贤的敬畏。礼义廉耻、忠孝节义的精神在传统戏剧中得到了很好的传承和发扬。想来一个在舞台上经常演包公、演关羽、演诸葛亮的人，生活中也不太容易小肚鸡肠、自私偏狭。因为能把包公、关羽、诸葛亮演好的人，需要的"气量"也非常人可及。演戏、看戏，常在那些不朽的艺术人物的灵魂中游走，很难不吸取那些伟大灵魂的"气质"。"演其形"，到"得其神""得其气"，借"假"修"真"，这或许也是京剧的伟大之处吧。

听戏，看戏，于我而言，路还很长。但短短半年，我已经感受到了京剧的威力，这"国粹"的名字真不是白得的。起码，我如今比以前有了更多的耐心，更能"沉得住气"了。以前，与人聊天，对于废话太多的人，我是很不耐烦的。与家人相处时，也是经常打断对方，巧言强辩，试图和别人"讲理"。看戏时，常常有大段自己不喜欢的唱腔，或者锣鼓，起初觉得不耐烦，因为自己不喜欢。逐渐发现那些唱腔、锣鼓中颇有些门道，非心静无法捕捉。进而我意识到能静静地听别人讲完那些"无聊"的话，也是一种功夫，看得到别人言语背后的那股"气"，才能更理解别人，听懂别人的"言外之意"，别人顺气，自己养气，最后往往是一团和气，皆大欢喜。

京剧看久了，人"不得不"有耐心，"不得不"沉住气，因为京剧的节奏太"慢"了，一句"武家坡又来了王氏宝钏"十个字，就能唱九十多秒，平均十秒钟唱完一个字！对于如今强调"时间就是金钱，效率就是生命"的时代而言，看戏听戏简直就是谋财害命啊！但这恰恰就是京剧的美妙和高明之处：让人体会唱腔"气韵"的同时，养气、养神。

看京剧让我明白了一个道理：慢有慢的好。效率，是经济概念，算的是有形的物质，无形的"神"和"气"，不是追求"效率"可得的。生命有尽头，效率越高，消耗越大。不是说"人活一口气"嘛，何不坐下来看戏、唱戏，看那口"气"如何曲折蜿蜒，百转千回，绕梁三日，余味无穷呢？

人生如戏。演戏的"出出入入"，演各种人物，经历各种不同的命运，那些看似"虚"的东西可以让自己的生命充实，给自己的生命注入能量。而"真实"的生活，也并非处处"真实"，更不可陷入其中。真真假假，入戏太深，也常常会被生活所困，能够像"曲终人散"一样随时从中抽离出来，才可能看清生活的本质：虚虚实实，无中生有。

懂得了"虚实"，懂得了"阴阳"，人就不易被困住，生活才可能活色生香。

2018年，无意之中进了京剧的世界，发现惊喜连连。这真是应了京剧《珠帘寨》中那句唱：

一马儿踏入了唐世界，万里的乾坤扭转来！

小子，何莫看夫戏？

清　泉

　　小妞看戏以来，我这个为娘的受益匪浅，特别是这次疫情二十多天没出门，天天窝在家里，更是实实在在体会到了小朋友看戏的好处，且听我慢慢说来：

　　第一个好处，省心。

　　一天晚上跟外公外婆视频，外婆问小妞，在家里好玩吗？小妞毫不犹豫地答"好玩啊"。确实，虽然二十多天没下过楼，没出过家门了，可人家天天乐呵呵，每天自得其乐，自娱自乐。

　　这段时间，我负责一家四口的吃喝和卫生，除了晚上有点时间陪她读书；爸爸虽然没去上班，但每天忙着写稿，联系专家制作短视频、录制网课，有点时间还要关心关心国事，实在也没多少空闲陪她玩；哥哥就更不用说了，忙着上网课，在我的强烈要求下，总算每天下午我做晚饭时间，他陪妹妹玩。唉，十五岁的年龄差距，显然就是两个独生子女。

　　好在人家会自己玩，看戏唱戏，看书玩游戏（演戏里面的戏），一天大致安排是这样：早上起来自己看书，看《西游记》或者是《初识国粹·京剧》绘本，有时边看边嘟嘟囔囔，自己讲给自己听，这时候我做早餐；吃完早餐，看一集86年版《西游记》（去年下半年开始，我结合京剧《闹天宫》给她看《西游记》的书，后来又开始看86年版《西游记》电视剧），看完《西游记》，就是自己自由玩的时间，大概是上午十点到十二点，基本上是舞舞金箍棒，玩玩木板、积木或涂涂画画，这时候我洗衣服晾衣服，打扫卫生，然后准备午餐，有时候她会邀请爸爸跟她一起玩；吃完午饭，等我收拾好，陪她午休一个小时，下午三点起床后是看戏时间，有时我和她一起看看，大多数是她自己看，看完穿上戏服，唱唱、舞舞，然后就是跟哥哥游戏时间；晚上洗漱好，我给她讲《西游记》、读《三字经》《千字文》各一小段、《千家诗》五绝和七绝各一首。一天下来，人家既充实又兴致勃勃，看得爸爸直赞叹还是女孩省心。

第二个好处，省钱。

小妞在幼儿园上中班，看看同学家长的朋友圈，发现基本上都有上兴趣班，有上英语、舞蹈，钢琴或者是其他音乐启蒙，还有上乐高建构课，这些课费用都不便宜，一年下来至少要一两万。咱家小妞自从两岁开始看戏，我只买了这些设备：一个投影仪、一套戏服、一根马鞭、一把拂尘、一根金箍棒（后来搞坏了，从此家里能拿在手上的棍子都是她的金箍棒）和几把扇子，总共投入二千三百元左右，相比之下真是省了不少，还有去上兴趣班来回跑的成本，以及省下的买玩具买绘本的钱（自从看戏以后就没买过玩具和绘本），这一算可真是一笔不小的开支。

看了两年多的戏，对比哥哥小时候和身边其他小朋友，发现小妞还是有些变化的。

一是有分寸，能出入。前几天哥哥陪玩的时间，哥哥想省事，诱惑她说，我用手机给你看《西游记》吧，谁知人家竟然说我今天已经看过一集了，不看了。惊得哥哥说，嘿，你还挺有分寸的啊。确实，看戏以来，小妞看戏的时间自己控制，与之前看《小猪佩奇》时一直追着看，没得看就哭闹相比，确实是有分寸多了。而且她现在对自己情绪的消化也让我刮目相看，昨天跟哥哥玩的时候，输了，哭着鼻子来找我，我抱抱她，没过一分钟人家就说没事了，然后又笑嘻嘻地玩去了。有时生气了，她会自己待到一边，说等我（生气）过去了再跟你玩。

二是有喜气，能自足。两年多没买儿童玩具了，家里有的玩具就是之前朋友送的一块拱形木板和一套原木积木，还有就是后来添置的戏服、马鞭、拂尘和金箍棒。然而现在家里的棍子、扫把、凳子、椅子和我的围巾都是她的玩具。比如那块拱形的木板，立着放，她可以玩滑滑梯、过桥，早上是她读书的书桌，拿个空鞋盒是她的凳子，有一天还看见她趴在木板下面，说她是小乌龟，木板是她的壳，有时木板又变成洞，她是躲在洞里的小老鼠，还可以架在凳子上当屋顶；倒过来放，她一会儿坐在中间，拿根棍子划小船；划累了，躺在里面睡觉，木板就成了小床，有时候又躺在里边玩跷跷板；有时候在上面玩过家家。一块木板被她玩出了各种花样，玩得不亦乐乎。而家里的扫把、棍子等随时都可以变成她的兵器或道具，举个扫把她就变身天兵天将，头上罩着围巾就是仙女姐姐，这真是无物不可玩，而且人家玩得兴致盎然。之前去幼儿园，一出门遇到天晴，她会说今天天气真好，可以晒太阳；遇到下雨，人家也很开心，说又可以玩水；而如果那天是阴天，她还是很高兴，说又不热又不用打伞，果真日日是好日。

这两年多，一边跟着小戏迷看戏，一边上着课，再看看身边的小朋友，两相对照，竟然也有些小发现。

第一，关于戏与儿童读物（包括动画片和儿童绘本）。之前小戏迷也有过看《小猪佩奇》的经历，基本上是一看就停不下来，追着看，不给看就生气，哭闹打人；但是看戏，她会自己停下来，不会一直追着看，看完开开心心，第二天再看。而且同一部戏反反复复看，如《闹天宫》她就看了几十遍。从2017年开始看，到现在还在看，而且隔一段时间她就会有新的关注点，以前是仙女姐姐、大圣，现在是巨灵神、哪吒和罗猴、青龙白虎、红鸾月孛，还有他们的兵器，甚至每个角色是谁演的人家都清清楚楚。

难怪老师说同一部戏是可以看一辈子的。看完了还会跟着玩，真是百看不厌，其乐无穷。之前也买过一些绘本，朋友也送过一些，这些书也读过，但过了一段时间再读的却很少。感觉与戏曲相比，动画片也好，绘本也好，更多的是入眼不入心，更像是一种消耗或者消费，如果说动画片、绘本是直线，过一段时间就要淘汰一批，很少再回去看，那么戏曲是一个圆，可以从任何一个点开始，可以循环往复，可以看一辈子；动画片、绘本只需要眼睛看，戏曲则可看、可听、可玩、可琢磨，从念白唱腔到表情动作再到服装音乐无一不可看可听可玩，真是看它千遍也不厌倦，这对孩子来说特别滋养。

第二，关于戏与戏。相对于京剧，地方戏（比如我家乡的花鼓戏、还有接触过的粤剧、昆曲和河南梆子），总觉得多少有点偏，不是偏俗，就是偏雅，或者偏刚偏柔，还是京剧更为中和。还记得第一次上课看戏，当时第一天看昆曲《芦林记》，第二天看《朱买臣休妻》，两天看下来我只觉得有些郁闷不爽，然后第三天看《闹天宫》，看完下来感觉人终于舒服了。这两年来，看的多是京剧，看着看着人也清爽了。听老师说，京剧兼得南北之气，鼓励大家多看、多听京剧。

第三，关于戏与诗。最近突然发现其实戏曲与诗很相近。孔子说，诗可兴，而在我家小戏迷身上，我看到了看戏最大的滋养就是那份兴，那份喜气和兴致勃勃最是打动我。

晚上我会跟女儿读《三字经》《千字文》和《千家诗》，结果发现她最喜欢的还是读诗，每次读完，自己还要拿着《千家诗》读了又读。都说中华民族是诗的民族，京剧是中国的国粹，确实，在涵养性情上，诗和戏都是乐、是化，是涵养我们性情的，而在这涵养性情中，既有兴发之气，更有中和之气，有喜气也有分寸，正如孔子说："《诗》三百，一言以蔽之，曰：'思无邪。'""思无邪"而"礼"自生。难怪孔子问伯鱼"学《诗》乎？"又说，"小子何莫学夫《诗》？"而老师带着大家看戏，大致用意也是如此吧。

戏看多了，自然也沾染了几分光明与喜气，有这份光明与喜气，可解困亦可度灾。

关于我家小戏迷就写到这儿吧，言不尽意，不免啰唆了，最后，就用《萧何月下追韩信》的一句念白结尾吧："千不念，万不念，不念你我（与戏曲）一见如故，是——三生有幸。"

日出月落唱不尽

肖　蓉

自从学了京剧，流行歌曲越听越淡，像白开水，因为流行歌曲是直白的、表面的，要抒发情感；京剧中的情感表达是含蓄的、藏着的，从心底里慢慢冒出来。

电影《进京城》里的台词说，"十年的状元，百年的戏子""一天不练，立马回到十天前"。戏曲有多难？在学戏的日子里体现得淋漓尽致，开不了口，找不到调，听了几十年的流行歌曲，很容易就把戏曲唱成了歌味儿；戏曲有多美？磁场一样地吸引着我们，就像书要人读，饭要人吃，屋要人住，戏曲也要……

《梨花颂》中梅葆玖先生开头的一个"梨"字，听得让人心都酥了，一个"落"字，你的眼前会出现一片梨花翻飞的场景，真是真情流露，耐人寻味。戏曲的味道在细节、在神韵、在于无声处。一曲终了，韵味儿还在心里打转呢，百转千回，值得玩味。就像我们每顿饭吃的第一口米饭一样，越嚼越有味，每次唱每次的感觉不一样。戏曲里面有新意，是人间至味，有些地方就是要折个弯儿才打动人。祖祖辈辈都这样唱的，我们哪敢乱来？腔甩出去得把它收回来，气息在身体里如蚯蚓般游走，看不见，能感受得到。

记得几年前，看《坐宫》那段，杨延辉想见阔别十五年的母亲，一出场"金井锁梧桐，长叹空随一阵风"，甩水袖慢吐真言，想见自己十五年未见的母亲，但又难以启齿，反倒让铁镜公主猜他此刻的想法。铁镜公主猜了三次都没有猜到，关键时刻小孩又尿了，这是戏曲高潮处，中国人的境界就是，紧要关头还是要学会放下。

戏曲是虚虚实实，假假真真，不要太当真。但在西方会认为是拖沓，猜那么久还不到关键，而中国人则认为，事情总会有个一波三折，甚至事与愿违，不可能一帆风顺，这符合中国人的生命状态。舞台上永远是一桌二椅，却能演绎出千军万马来，全靠戏曲演员的真功夫。人如果目的性太强，会把自己给憋住，失去呼吸吞吐的空间，活得就会不舒服。

老师总是利用下午半天看戏曲的时间，来谈谈现在大家普遍存在的婚姻、亲子、婆媳等问题，不用问老师问题，每次在老师的讲课中，听者就会寻找到答案。从此，我们爱上了戏曲，一发不可收拾。

因为大家都喜欢戏曲，机缘巧合，2019年春节后戏曲小白班应运而生。小白嘛，顾名思义大家都是零基础，从头开始，戏曲老师是钟老师。

钟老师对我们严厉又宽容，学戏过程中出现的问题她能一针见血指出来，不给任何人面子。饭后喝茶聊天，给我们谈她的人生经历，对我们这些小白都是启迪，充满正能量。

八十岁的郭老师是钟老师的老师，好朴素哦，没有一点架子，像邻家大爷，老人家拉京胡的琴声能一点点把你拉进去，慢慢去酝那个味儿，与其说听他讲课，不如说是在听他拉家常。

记得有一次睡觉不小心凉到后背，肩胛骨酸痛，散步时本能地甩手，地铁上手搭在吊环上，想拉拉手，没用，仍然酸痛，去上戏曲课，在课上老师一直让我们喊嗓子，喊得全身发热冒汗，脸红筋涨的，身体的气脉开始渐渐打通，感觉气息无往不至，第二天肩胛骨没那么酸痛了，继续喊嗓子，肩胛骨又好转很多，直至酸痛全无。

我的妈呀！原来身心灵课上的所谓打开人体七个脉轮的课，在戏曲课上就有啊，喊喊嗓子，把气息打通了，人就对了。学了戏曲，腰板自然而然就直了，坐地铁不再弓腰驼背，坐有坐相。练了声，站相也像那么回事儿了，有份气息往上走，整个人的姿态是向上的。而且我发现我跟上海的兴旺同学一样一样的，不是在车上哼唱，就是在卫生间里瞎唱，自己跟自己唱，自我陶醉那种，呀呀呀！都是一帮不务正业的"草"，虽然不在同一个城市混。

我们从不敢开口唱到一开口左腔右调，找不到北，钟老师和八十多岁的郭老师不断鼓励我们，帮我们一个字一个音地纠正，多听少唱，听的过程中去找韵律、音儿，但凡稍微有点味儿了，老师都会给予最大的肯定，给我们信心。有了信心就有了开口唱的欲望，大家不再拘谨，错了也没关系，老师也是这么错过来的，回去再反复听，听出自己的问题来，经老师一点拨，修正了，归韵了。

钟老师跟我们说过一位戏曲大家的话，"不是唱会了就对了，而是唱对了才会了"。戏曲唱腔吐字要有弹性，像猫捉老鼠，快速咬住，马上放松，收放自如，有真情流露。做到字重而不死，字轻而不飘，有分寸才是美的。

那一日小白班里，大家一起赏析戏曲《贵妃醉酒》，是1953

年梅兰芳先生近六十岁时的经典之作，彼时的梅先生已稍微发福，美不过胡文阁，更美不过李胜素。但是全剧梅先生把贵妃的醉态演绎得天衣无缝，那个水袖搔首弄姿，甩的恰到好处，那个走碎步仿若在水上漂，船里游，一步三摇，醉态万千。贵妃是醉仙，是真贵妃，抓魂啊！小白们纷纷跟着比画，模仿。再对比看其他版本的《贵妃醉酒》，贵妃是表演型的，像鲜艳的塑料花，是美，却入不了心。

学戏期间，我父亲生病了，挺严重的，肺癌中晚期。医生说不手术只有几个月寿命，无奈家里亲人大都从事西医，短短二十天父亲就被送上手术台，切了右肺，整个人元气大伤。

好在父亲也喜欢听戏曲，在医院、在家里，我都不时会放上一段《贵妃醉酒》或《牡丹亭》给他老人家听，期待能缓解病痛。在去医院的路上，从医院回家的路上，我也会在车上时不时放上余叔岩老前辈的唱段，我听，父亲也在听。在家里我练声时，父亲躺床上也总是默默听，偶尔从房间里传出来一声"好听"。如今父亲已走了大半年，我还常常想起在他老人家面前练戏的场景。

听流行歌曲长大的我们，静下心来想想，为什么流行歌曲只流行那么短的一段时间，而戏曲可以通过口传心授，传承一代又一代，活体般的存在？戏曲舞台动作讲究程式化，于唱、念、做、打中完成一套有规矩的表演，凝聚着多少艺术家的心血和汗水！是一个动作一个腔调慢慢抠出来的呀！民间戏曲除了有教化作用，它还是促进人与人交往的媒介，可以知晓你我他的故事。即使没有读过书的人，通过听戏曲，也能知道很多道理。戏曲在民间，民间有好戏，难怪会说人间有味是清欢。

老师说："看戏曲要如千手千眼观音，到处都是'手眼'：锣鼓声、脸面眉眼、甩袖子、正衣冠、手势步伐、引子、定场诗……演员是千手，观众得是千眼才接得住。当能留意到越来越多的细节时，你就开始有能力关心到身边的人了。"

同样，学戏曲是需要下功夫的，不只是在课堂上。课堂上老师教给我们练声的技巧、方法，下来是需要花功夫练、坚持练的。上下班可以练，买菜接娃可以练，做家务可以练，甚至上厕所沐浴时也可以练。戏曲通过嗓子唱出来，才能鲜活起来，戏曲的韵味在身体里游走、荡漾，让人酣畅，滋养着每个细胞，要不然怎么说喊了嗓子人清气爽。谁用谁知道呢。

京剧是"国粹"，是经典，越唱越起劲，唱着唱着把自己唱成了苏三（《苏三起解》），唱成了穆桂英（《穆桂英挂帅》），或者也可以是杨贵妃（《贵妃醉酒》）。就这么唱着唱着，从家里慢慢走出来，不再低看自己，会笑了，是心满意足地笑，日子也好过多了。这大概就是京剧于我的魅力吧！

戏曲养心也养身，更养神，心领神会地养、无处不在地养！我们练的是声，站的是相，唱的是戏，温暖的是自己。

从戏曲中得到滋养，中国女性骨子里的美慢慢展现出来，不用化妆，不用去美容院，戏曲就是最好的化妆品，可以自带光芒。一个兰花指，一个甩腔都会让人喜从心起，让人流连又忘返，迷一般醉入其中。听了十几遍还想再听几十遍，每次听，每次的感受都不一样。百听不厌，欢喜又惆怅，音儿落了，那个韵味比心里绕十八个弯儿还足，不信你也来试试？戏曲不黏滞、不迷茫，我们入得快，出得也快，出入自在。

裴先生说，中国戏曲就像一棵参天大树，她老人家学的只是其中的一个枝丫。戏曲就是裴先生头顶上的一片蓝天，这片天洒下的阳光雨露，不知道滋养了多少人，润泽了多少生命，代代相传，生生不息。

纸上得来终觉浅，欲知戏曲要恭行。戏曲曾经只是春节联欢晚会上借由放鞭炮、上厕所打发时间的一个空当，那么远。现在却不同了，戏曲成了每天都想嚼一嚼的槟榔，离我们那么近，潜滋暗长，戏曲的滋养长长久久，我们学戏人哪敢怠慢呀！

那一嗓子里的温柔敦厚

西　米

　　我喜欢看京剧，很小的时候骑在父亲的肩上，看遍了乡里方圆几十里上演的各种戏，有时一部剧甚至会看上几遍也乐此不疲，比如《打金枝》《铡美案》《龙凤呈祥》等，但小时候看的是热闹。

　　后来离家上中学后就没看过了。再看是近几年，岁月的沉淀居然让我看裴艳玲先生主演的《龙凤呈祥》时看出了很多的滋味。尤其是赵云出场那一声悠扬的清嗓声"嗯……哼……"展开到民间、到传统生活中来讲，听出了这一嗓子里的温柔敦厚。

　　赵云一声"嗯……哼……"提醒堂内的乔玄有客来了，并留有一点时间，该收的收，该整理的整理，做好迎客准备。我也突然明白，儿时乡邻长辈之温良恭俭、诗书礼仪，在我们这一代身上慢慢断掉了，却还无形地在传统戏曲里。

　　就这么一声"嗯……哼……"，让我回到了我记忆之初，小时候生活的院子里。四川的每一个夏天，都是热得飞起，快到傍晚时，父亲会在院子里洒水，还会砍一些清凉的树枝放在地上供我们躺在上面玩。天麻麻黑时，一家人就团在院子里的小桌子边喝凉粥吃小菜。有时候，会听到院子后面有一声咳嗽，或长长的清嗓子的声音，虽没戏曲里赵云的悠扬好听，但也足够穿透，让在院子里的我们听得一清二楚并能辨别是舅舅来了，还是叔叔来了。

说时迟那时快，只见短衣短裤的娘亲飞快地放下饭碗，推开凳子，跑到屋内，换身长衣长裤，再笑容满面地出来迎接刚走进院子的舅舅或叔叔。然后喝酒聊天，欢声笑语，一片祥和。

呵呵，我现在想着有点后怕，若没有那清嗓子的声音，院子里会是怎样的情景?!

我上中学后，有位男同学总喜欢跋山涉水来我家，吟诵唐诗："孤鸿海上来，池潢不敢顾；侧见双翠鸟，巢在三珠树……"这时我经常很自卑，因为我只会背"白日依山尽，黄河入海流"这种你会我也会的。幸好此君有眼水，偶尔也考我一些很难的数学题热热场。数学题嘛，嘿嘿，我是做得出来的。这么一磨，经常几个小时过去了，偶尔会听到父亲在院子里长长的清嗓子的声音，然后过来问我们要不要喝点水吃点水果什么的……后来这位男同学在中科院读研究生时还写信说，最怕是你父亲在院子里清嗓子的声音。

父亲只读了几年私塾，但他酷爱看戏，直到电影兴起，戏曲衰落。我也离父亲越来越远了，如今当我自己也做母亲好多年，重新回到戏曲里，听着唱着，也终于明白父亲虽没多少文化，但却有骨子里的温柔敦厚、诗书礼仪。

倒是我们，离朴实的教育越来越远，在孩子面前总想有所作为。

女儿十岁的时候，还很贪玩，每次出去玩都能准时回家，回家的心情状态也不错，还要在日记本上挥毫一番才美美地去睡觉。我和她爸爸听着娃房里没有动静了，马上眼色一示，立马跑到女儿的书房拿她的日记本看今天的记录，一般是我在里面先看，她爸爸在门口放哨，然后换岗，爸爸进来看，我去放哨。我自认为及时掌握了女儿的隐秘情报，对她的教育也会知彼知己，了然于心，

话说，多行不义必自毙。

在女儿十六岁的一段时间里，我们的关系突然紧张起来。她在书房看书时，我为了能准确知道她在做什么，蹑手蹑脚都觉得不够隐秘，而是光着脚，悄无声息地，一小步一小步地慢慢挪到书房门口，偷看她在学习还是玩电脑。每次看到她笔直地坐着学习的样子，我都充满疑惑，明明几分钟前我在微信上看到她才在朋友圈里点了赞呀。

谜底很快揭晓。有次无意中听她和闺密聊天，闺密讲她爸妈为了防止她在家里玩电脑，在对着电脑的地方装了监控。这一监控把她吓得不轻，在初三那段时间里，为躲避监控，她开始研究蛇是怎么爬得又快又稳的，也开始在家里过上了爬来爬去的日子，在父母撤下监控前，只要父母不在家，她在家里就没站立行走过。

真是上有政策，下有对策啊。她可以准确无误地判断谁的敲门声，谁的脚步声，即便你光着脚以为已经消声了，她也能感知到你的坐标方位。

啊呀呀，每个人都有自己的小隐私，我一定要把它揪出来，孩子该多么不堪呢？

幸好幸好，反复听赵云的"嗯……哼……"后，我进女儿的房间前，都会故意把拖鞋的声音弄得很响，或装着无意地哼哼小曲什么的，明确告诉她，妈妈马上就要进她的房间啦，赶紧收拾

好小隐秘，接驾！

这个优良习惯在她上大学远走他乡后，演变成只做提款机了，一切事情只能靠女儿在"血雨腥风"的四年大学生活里努力地闯过来，拿到优秀的成绩。

父母那一辈乡亲的温良恭俭、诗书礼仪，很大程度与传统戏曲的无形教化有关，他们骨子里的教育智慧、温柔敦厚，也成了我们的宝贵财富。

正如菜根谭说：疾风怒雨，禽鸟戚戚；霁日光风，草木欣欣。

性情转变记

黄斌斌

说起老大的性情，之前我一直以为孩子天生的，虽然我努力很多年，但没有改变，反而更加严重，直到南京课堂上老师提到了成爷家（沈阳同学张成）老大的性格是张成养育成的以后，我忽然意识到原来老大的性情也是我这么养成的。

事情回到2009年，我第一次学习知道，原来当父母也要上岗培训，要学会如何爱孩子，于是我有了以后结婚生小孩，我要和父母用不一样养育方式的想法。

2012年生了小孩以后，我们夫妻俩真是竭尽所能，孩子三个月开始带海南玩，觉得虽然孩子啥也记不住，但是会留在孩子的潜意识里的，接下来每年带孩子去一次海南玩沙、玩海。

从孩子出生开始，受所谓的爱和自由理念影响，孩子玩啥都给玩，最过分的是玩大米。那时候孩子的太奶奶直呼罪过啊，可是在我心里觉得他们不懂，孩子在感受世界呢。如果是现在的我，肯定要阻止的。

接着开始培养孩子的物权观点，比如说出去玩健身器材，别的孩子也想玩，咋办？我那时候脸皮可真是厚啊，会说，这是我家小孩先选择的，等他玩好了你再玩。我对自己那时候可以维护小孩的"权利"而沾沾自喜。唉，写出来现在看着都觉得羞愧。

大概这样到了三岁，我们开始"孟母三迁"，交了赞助费，搬到有幼儿园的小区去，开始了爱和自由的生活。

可是很奇怪的是，在幼儿园里，老师的反馈是孩子一直不会参与集体活动，一群小孩子玩的时候，他是游离在外面的，回家和他聊天，他几乎不认识什么同学。幼儿园里的一个游戏是在一张毯子上工作，别人不能打扰你，同时你也不能打扰别人，估计这是他最喜欢玩的方式了。

家里亲戚朋友来的话，他也不会叫人，有时候朋友逗他玩，我还会义正词严地说不能逗小孩的。

后来一次在福州，奶奶的两个朋友看到老大，说，呦，你孙子长得真是好看呢。结果我家老大朝两位老人发飙：凭什么你们说我？奶奶说当时她脸上挂不住，同时心里有隐忧，这孩子以后咋办。

孩子的不合群问题在幼儿园时期开始凸显，四年住幼儿园所在的小区里，却几乎不怎么找小朋友玩，几乎没有玩伴。就这样，我们一直努力无果，觉得是孩子天性使然。孩子毕业后又搬家到华德福社区。在华德福上了一年的学，期间也差不多没有玩伴，几乎不怎么笑，也从来没有唱歌之类的，总是闷闷的，自顾自的样子。

后来因为各种原因，我们上了一年的华德福就转回公立学校了，由于是9月份出生的孩子，爸爸觉得再上一年级太大了，于是直接上了小区对口的普通得不能再普通的公立小学，遇到了据说是全校最严厉的班主任，也是最老派的班主任。

撕心裂肺的日子开始了。由于没有任何基础，进入小学以后，老大每天都哭，从早上醒来开始哭，哭到上学时间，不要去上学、不吃早饭，不知道学校里发生哪些事情，他回家就哭，一直哭到睡觉。这样的日子经历了两个月，这两个月里，他每天哭，我也几乎每天哭。

这中间老大还时不时站在飘窗上哭着说，我跳楼好了。哎呀呀，那个心痛啊……

中途还有老大拿着空白试卷回家，我逐字逐句告诉他试卷是怎么回事……

学校发生什么事情，老大没有说过，就大概知道老师很凶，每天要凶一堆学生，他每天很害怕，战战兢兢。

可能慢慢熟悉了，没有再这样哭了，但是老大依旧什么都不会说，也没有笑容，也不怎么说学校里的事情，难受的时候回家就把自己关房间里哭。他很容易哭，我们都得很小心地和他说话，很依着他，很担心伤着他。

2021年的暑假又发生了一件事……

有一个课程的主办方开了夏令营，我个人没有了解过这个夏令营是干什么的，单纯觉得是主办方的，应该很厉害，就把孩子送过去了，大半个月，孩子回来了。

回来后，孩子不敢和我们的眼神对视，离不开手机，一说话就哭，惶惶恐恐的感觉。

回来第二天就开始全身长水痘，碰到哪儿都疼，水痘大概长了七天，这期间几乎没怎么吃也没怎么睡，始终离不开手机，人瘦了一圈，老公连着说了三次撞鬼了。

唉，为什么讲述这么艰难的两个事呢？因为后来觉得劫难如果度过了，对孩子来说也许就是好事。

老师说现在的孩子都一个人一个房间，与人隔绝，和家人不流通，不合适。于是我不再让他单独一个房间了（他六岁的时候开始一个人一个房间的），让他和我和老二一个房间，每天晚上我们一起睡觉，他想说话的时候有人可以陪着聊天，可以一起闹腾会儿。

9月份开学后，他玩手机情况稍微好转，10月份周末班，我就带着他一起上在朴山堂的课。下午的京剧课讲的是《贵妃醉酒》，里面提到高力士和裴力士，老师就对现场的孩子说，以后你们要学会像他们一样对待你们的娘亲。惊奇的是，这两天周末课上完以后，老大回家就不和我顶嘴了，原本早上晚上都要干一架的。好像他身上和我顶嘴的劲儿一下子就卸掉了。

12月份再带着他一起去浦东上"明艳之约"，2022年3月份因疫情周末课没有上成。这期间带着他参加上海同学会的一些活动，也参加了小村民课。就是上海薛家村的所有活动，我都尽量带着他参加。说实话，这半年多变化还是非常大的，一个是我的教养理念开始回归中国传统，对待孩子开始有当娘的底气了，另一个是他开始干各种家务活。

接下来三个月的疫情，我们四个人在家，我给老大老二都分配了固定的活儿，老大洗锅、老二洗碗、我烧菜，几乎每天如此。转眼就到了夏天，这半年我好像忽然有了一个清晰的想法，什么夏令营、课外补习班、旅游都没有意义，暑假的所有时间我就准备带着娃泡课堂、干活就好了。

疫情结束，结合自身家庭安排，我们一家四口参加了终南山的课程，参加了建水第一期的课程，接着又在建水生活了一周，然后回到上海参加上海周末班。

那次在终南山课堂上泡了六天，这是俩娃第一次参加六天的课程，老师京剧讲《钟馗》，课堂上会叫我们模仿，俩娃回到房间也会模仿戏曲里的一些小片段，好像这个时候老大有一些打开了。

这次好多上海同学和我说，我自己也发现了，老大放开了，敢闹敢玩敢唱敢上台了，和上海几个同龄小孩也会打打闹闹了。这中间为什么会发生这么大的变化，其实我不太清楚；后来想想也许是老师的课堂都是"水货"，从早笑到晚；下午的京剧课，小丑让人忍俊不禁；"薛家村"里的各种活动让人感觉自在亲切吧。这些将老大的那股郁堵、紧张打开了。十月份老大去南京课堂三天，我问他，你觉得自己有变化吗？他说，我以前都不和人说话的，一个人的，现在我话多起来了。

他还陆陆续续和我说了很多以前我都不知道的事情。

比如班主任怎么批评他的：××，你是要我告诉你妈好消息呢还是坏消息？

我当时还没理解，说有啥好消息，他就笑着说，老师的意思就是要告家长啦（他现在不觉得老师凶了，还会开玩笑面对了）。

比如班级那些同学的八卦，他会娓娓道来（感觉他现在心里有人，看得见同学了）。

比如他说前桌告诉他，转学过来没见他笑过……

比如他说刚转学过来吓得不敢上厕所，尿憋在裤子里的糗事……

比如他说学秋丹阿姨，开始和一部分同学关系混得好起来了……

比如他说以前在华德福被人欺负，被人过肩摔，后脑勺着地，在公立学校没有人会欺负人……

还有一些变化是——

开始唱京剧了，学了好几段，有时候还会模仿一些身段……

可以开他玩笑了，有时候他哭，可以笑他薄膜心还是玻璃心了……

几乎随叫随到，帮家里干活了，有孩子的样子了……

外婆说他从一张苦瓜脸变得有笑脸了……

奶奶以前担忧这个孩子未来怎么办，现在有些欣慰了……

将近十年的小孩性情问题，忽然迎刃而解，感觉像忽然打开了一扇窗户，心情特别明亮。

星星之火，可以燎原

苏　姗

周末带着女儿回父母住处，母亲开心地使唤："欣欣，跟外婆下去拿水果，你帮我一起拿。"一会儿喊："欣欣，把这些毛豆拿去剥了。""来把……打扫了"

吃好饭我和女儿一起洗碗收桌子，老公拖着老爸去聊天，母亲试着我新买给她的衣服，一家其乐融融。

回想三年前，如果母亲说了什么我觉得不对的，是会直接让她跟外孙女道歉的，真是惭愧啊……

第一次听课，是老师讲《史记》高祖回村的那段，我一边觉得老师讲得太打动人了，一边感慨我就是老师讲的那种刘邦和刘备分不清楚的学渣。后面有一天的课由丧葬讲到了现在的孩子肩上没有重量，自然生命轻如鸿毛，说跳楼就跳了。西方讲小孩跟大人平等，中国以前不是，中国的孩子和大人是各有其位的，小孩不可以忤逆大人。

听到这个，简直戳中要害，就在上课前两周，我刚和女儿干了一架，起因是奶奶出门的时候开鞋柜门不小心撞到欣欣了，奶奶跟她讲不是故意的，欣欣还是不依不饶，我就火了："怎么可以这样跟奶奶讲话！"她回："明明是奶奶不对！"

后来我俩对着吵的时候她说了句："凭什么大人可以说小孩，

小孩却不能说大人？"我一时语塞竟不知该怎么讲，但是就是觉得这家伙不能这么没大没小，后面干脆不讲了，便揍了她一顿。事情虽过去了，但是在我心里却留下了一个大问号，完全不知道哪里出了问题，也不知道怎么解决。

这只是意识到问题的开端，真正彻底暴露是在这之后。老公的小叔做了个手术在家休养，我婆婆和老公去探望，我那天有事没在，回来后听说欣欣在那边见了小叔不问好，在老公说了她之后还对着小叔吐口水，我听到这些是震惊的，从来没见过女儿这样一面。老公说："怎么这个样子，太没礼貌了！"我问："你批评她了吗？"他说："说了呀，但好像没用。"我有点恼火："你肯定没严厉批评，要是我在肯定收拾她！"我脑海里浮现出老公既生气又舍不得狠批然后又不知所措的样子，欣欣肯定是"哼！我才不听你的"表情，想想就气不打一处来！

早些年老公因为工作忙基本陪不了孩子，后来没那么忙了，我发觉他也不带孩子，更不会带孩子，宠得没边。每次出去就是游乐场，要什么买什么。一次在游乐场几百块买回来一条在网上不到一百的公主裙，把我觉得不划算没买的各种东西都买给她更是家常便饭。

此外，孩子再过分他也不发脾气，欣欣小时候有个场景我记得很清楚，老公躺着，欣欣坐在他头边玩，一会儿啪一巴掌拍在眼镜上，一会儿啪啪拍在鼻子上，又差点坐他脸上，气得老公使劲打床，虽说娃是亲生的，我着实佩服他的忍耐力，看着这个场景，心想如果换成我肯定当场发飙……不过反正他陪的少，被打又不生气，那就这样吧。

虽然这么宠，这么捧着，女儿却是不要爸爸的。父女俩关系不好，我觉得一定是在女儿小的时候爸爸陪伴缺失的原因，那现在有时间了就补上呗。后面我看他空就尽量戳他去陪娃，几乎每次都是老公过去求抱抱，然后女儿一脸嫌弃，最后以不要爸爸结尾。我很头疼，希望孩子跟爸爸亲，可每次努力让他俩缓和关系都以失败告终。经过无数次努力都是热脸贴冷屁股，老公也有点失望了，跟我讲他和欣欣关系可能就是这样了。

转机出现在某天早上，老公问我，桌上那本书挺有意思啊，昨晚没事翻了看，你怎么会有作者签名？我说就是之前去听课，讲课老师写的书啊，后面马上就有课了，你去不？"行，一起去听听。"他破天荒答应要一起去听课。

十一月一起进了课堂，上了两天发现他比我听得进去，我是听完回来什么也讲不出来，他还能说出个一二三，说"听之以气"和"家庭的位序"这个点打到他了，要开始摆正自己的位。

回到家，我跟欣欣讲："今天爸爸妈妈都累了，晚饭交给你了。""好，我炒饭！"然后就屁颠屁颠地去了。

吃完娃炒的蛋炒饭，我和老公坐着休息，听着厨房里欣欣哼着京剧洗着碗，这次她也没有讲什么娃洗的碗太多之类的话，洗碗这件事就开始变得平常，于是我俩就这样跷着腿吃了一周的蛋炒饭。

周末我同学说好久没见，约一起吃饭，吃饭期间同学夫妻俩一直忙他们家俩娃，夹菜，劝吃饭，我们全程不理欣欣。中间上来了烤鸭，欣欣喜欢吃烤鸭，按照通常惯例，我们肯定是帮她包好，这次老公直接跟欣欣讲："给爸爸包个烤鸭。"小家伙看爸爸一眼，愣了两秒钟，眼神流露出三个字"反了，你"，老公没搭理，继续看着她。她默不作声，低头，动手包了一个烤鸭递给爸爸。拿到手，老公就自顾自吃了起来。

欣欣又自觉包了好几个，递给我以及叔叔阿姨和两个小朋友。平时她都是被动型，这次她主动帮叔叔阿姨包了鸭烤，我和老公互相对望一眼，偷偷地高兴了一下。

课后很长一段时间老公不去主动搭理欣欣了，没想到因为爸爸不来找她，她开始主动跑去找爸爸说话："爸爸你要不要打个二十四点？要不要来个成语接龙？""爸爸你赶紧起床了。"

最近我们的快递都是直接送到一楼大厅，有天到家后我收到消息说，快递已经放在楼下，就让欣欣下楼取，她不肯，各种找借口，我就火了："就下楼拿个快递，哪来那么多废话。"她还是哼哼唧唧的不肯去，老公在房间里听到了，出来头一次对欣欣发火，把她批了一顿，欣欣哭哭啼啼的下楼了。

后面几天我开玩笑问欣欣："妈妈和爸爸哪个凶？"她毫不犹豫地说："爸爸，不敢惹爸爸生气了。"

有天晚上九点左右，老公摸摸肚子，说想吃点宵夜、喝点小酒，叫点外卖，我说不吃，就冲澡去了。等我出来，他小酒已经喝上了，面前放了一盘冒着热气、切的大小不一的胡萝卜炒鸡蛋，"哟！您这么快已经吃上喝上了啊！胡萝卜炒蛋这种搭配我还第一次见到啊。"欣欣还在厨房捣腾，我觉得有点搞笑，可能小家伙只会炒蛋，然后冰箱里有什么就顺便加进去了。老公美滋滋地说："欣欣炒给我的。"那个得意的表情！

我试了各种方法都没有成功拉近的父女关系，靠"常独立"达到了，孩子莫名地和爸爸亲近了。从一个月前的基本不理、视爸爸为空气，到现在快睡觉了还能炒个小菜给爸爸下酒，神奇啊。

不知从什么时候起，欣欣到楼下大厅时会帮人扶门，哪怕对方还有一大段距离。某天早上去上学，我们进电梯碰见楼上不太熟的邻居，跟我说："你们家小朋友真好，上次看到我在楼下东西多还帮忙拿呢。"我笑笑，心里想着，小样儿，这事我都不知道呢。

因为女儿从小性格叽叽歪歪，对她我其实耐性不太好，她又是那种特别幼稚的小朋友，经常是一说就掉眼泪，批评完了照犯，次数多了我看到眼泪怒气就上来了。有老师教过他们，大人生气了，赶紧给大人倒杯水，可以把这个气化掉。我们家也开始学起来了，但是我这个大人不太好哄，气来了一时化不了。女儿好多次端水过来都没用，慢慢地她就开始想办法，看家里有什么东西可以煮水，有煮橙子水，有煮冰糖梨水……有次我还在气头上，她哭哭啼啼端来了一杯水，我喝了一口，齁甜，就问她放了什么，她说没找到可以煮的，就放了冰糖，想让我喝了心情好，我被甜得嘴里直泛酸水，真的不好喝，但气一下都消了。

后面她听老师讲了几次京剧，还学会了一看我要发作立马学柳怀"您说的都对！"和《平贵别窑》里薛平贵两眼一沾手一弹的哭法，有了这几个法宝，她成功化掉了我的怒气。

再来讲讲我自己。我没有斌斌同学化得那么快，有些东西听了就过了。其实第一次把老公带去听课回来是有点后悔的，因为他听了课，我就被迫得把他的位摆正了，口头承认他是一家之主，心里还是没有认这个事的，我也没有那么愿意做家务。但是来来回回听了老师讲的跟那么多同学分享的，我学着做做试试，时间长了我由假装立爷变为真立爷了。在做的过程中慢慢发觉真的把一家之主的位置摆正了，做家务时不会那么心不甘情不愿，当认同"这些就是我该做的事"的时候，干起来就没有不平，理所应当地就去做了。我也学着像李雪同学那样边做家务边哼哼京剧，感觉还挺开心，做事也有劲了。

特别在去年疫情封控的那段时间，父母跟我们住在一起，我每天做饭，家里因为有冰柜囤货多，我每天控制着时间换着花样做菜，竟然做饭做出了成就感。

清明那天，我做了六七个菜，点好蜡烛，带着父母一起祭祖。父母都是从小从宁波老家出来，后来当知青，在郑州定居了三十多年，对各种民俗都不懂，家中老人也都是以最简单的方式办葬礼。我从小到大的记忆中几乎没有扫墓的印象，唯一的一次是父亲带我去宁波某座山上的祖坟看了看，跟山下看坟的亲戚寒暄了一会儿就回了。母亲感慨地说，扫墓去不了，这样拜拜也挺好。看着母亲跪下上香，我有一种说不出的感动。

以前回婆婆家，跟着她到亲戚家串门，听着她们东家长西家短地唠嗑，也去过公公婆婆那边的祠堂，多是例行公事般出现一下，不知道这些是干吗的，一堆人，吃两口赶紧撤退。

听老师讲过几次中国人对祖宗的信仰，我意识到老公老家是个宝地啊。去年过年，带着父母和女儿一起回去过年，特地带他们去看了祠堂。那天祠堂门口放着鞭炮，喜气洋洋。村里人一起用传统方法打年糕，父亲也跟着打了一会儿，学着一起大声喊两句，很是热闹。往回走的时候，老公的舅舅一路指给我们看，这条石椅子是谁捐的，那座桥上的几块围栏是家里谁捐的，上面都有他们的名字……村里每家每户都有出钱出力，这些以前从来不会去注意的东西，一下子有了温度。

前段时间西安同学分享照顾父亲的故事，我那偏得不像话的娃在后面窝着，好像全程在玩，回上海后我想起来问她："我老了你会端屎端尿吗?"我知道她特别怕脏的东西，她说："我小时候你是不是也像阿姨说的一样，刚开始觉得很恶心，后面就经常帮我清大便了?"我说"是"，她说："我可能刚开始也会觉得很恶心，到后面跟那个阿姨一样开心吧!"

听完，突然对我的老年生活有点小期待。

给孩子的那份盘缠

群　华

　　教育之要，可谓"简静"二字。大人简单清朗，方得孩子吉祥安康。

　　祯祯自出生便成为我们全家的焦点。一是他生性可爱，二是从小体弱，自然多一份大家的爱护。祯祯两三岁时，正值西方儿童教育流行，尊重孩子，无条件爱孩子……于是，我照着这种理念养娃。

　　为了鼓励孩子，每天都会无数次地对他说："宝贝真棒!"为了体现对孩子的尊重，他的衣食住行，都会先询问他的意见，他提出的要求，也都尽量满足，每年的生日，都会为他举办隆重的生日派对。

　　祯祯就在这样的柔风细雨中成长着。

　　后来发生的一件事，让我开始反思这种"尊重孩子"的教育。

　　2019年，某天我因有事外出，要我妈来家里照看祯祯。那天，我妹妹来看妈妈，她是个热心肠的人，一进门就叮嘱祯祯："一定要好好学习，不要像你哥哥一样（妹妹儿子），到了高中再努力就来不及了。"祯祯听了很不乐意，两只眼睛瞪着她，说："请你出去，别在我家多管闲事。"气得妹妹七窍生烟，外婆也被他吓着了。

祯祯越来越听不进任何人的话，对什么事也提不起兴致，还迷上了游戏，早上起来无缘无故就会有情绪，我说他这是"起床气"。学校老师、学生家长经常打电话来投诉他的各种不良习惯，家里来了亲戚朋友，他连基本的称呼都很少，还几次跟我有冲突，甚至动手。我开始急了，只知道这不是我理想中孩子应有的样子，可又不知道是哪里出了错。

机缘巧合，我读了《我们太缺一门叫生命的学问》，顿觉释然，在教育祯祯上有了一个新的视角，接着又有幸进课堂听了薛仁明老师的课。

还记得第一次带祯祯进课堂，他坐在板凳上，身子东倒西歪，扭来扭去，老师说他站没站相，坐没坐相，给赶了出来。

次年五月，连哄带骗之下，我又让祯祯去听课，这次他很聪明，挑了个不起眼的角落坐了下来，以备随时睡觉。

那次老师讲教育：说孩子要少教、多化，家长要与老师相忘于江湖。老师又说，他小时候作业来不及做了就一顿乱做，第二天被老师检查出来，罚打几下手板，过不了几分钟，又是一条好汉。小时候背课文也从来没有背出来过，有一次留下来背到最后一个还是没背出来，老师只好放他回家……呀！原来老师读书时是这样的人？也会这样？

祯祯越听越来劲，背越坐越直，仿佛找到了知音，眼里流露出对老师的无限崇拜和羡慕，小时候读书那么不认真，现在也可以这么厉害……

子曰："弟子入则孝，出则弟，谨而信，泛爱众，而亲仁，行有余力，则以学文。"老师从《论语·学而第一》篇章引申开来，提到现在一些孩子能背三十万字经典，却不会洒扫、应对、进退，读再多书又有什么用？教育孩子首先应让他们学着做个好弟子，学会孝顺自己的父母，再来读书。

祯祯边听边点头，似懂非懂。

老师课上会讲《论语》《史记》，会教大家看《戏曲》。那次戏曲课，是裴艳玲先生的《夜奔》，一个是裴艳玲三十岁饰演的林冲，一个是裴艳玲六十岁饰演的林冲，两个版本对照一起看，三十岁的裴先生在戏里身手矫健、刚毅果敢，六十岁的裴先生刚中有柔、气定神情。老师告诉我们，三十岁的裴先生与六十岁的裴先生气质各有不同，但都精气十足，现在的孩子大多气弱，要提气。祯祯看得入神，身子越坐越直，下课后便跟我说要去学京剧。

课程结束后，祯祯望着老师，一脸不舍，老师笑着对他说："回去好好孝顺你妈。"

说来神奇，自从那次课后，祯祯在家里开始帮我做家务，我偶有感冒身体不适，也会给我端茶倒水，照顾我，对他爸的态度也好了起来，以前晨起的起床气也慢慢消失，偶尔会有，唱一唱《夜奔》，一下又好了。

后来又陆续看了《甘露寺》《四郎探母》《贵妃醉酒》等一系列曲目。我们就这样一次次听讲戏曲，慢慢开始感受到戏曲的精妙，戏曲里诉说着各种各样的故事，体现了古人的忠孝节义等，戏曲不仅是一种艺术表演形式，还承载着中华的礼乐文明，有着潜移默化的教化作用。一次次去感受这些大师们的戏，就如同和高手"混"，时间久了，生命状态也会向大师靠近。

祯祯天性散漫、迷糊，学习上经常让我烦心。老师说学习之事，贵在一个兴字，尤其是小孩，存个欢喜之心，生根发芽，来日总是长久。

既然他天性稍有不足，那就后天熏陶吧！

是啊！那就熏陶吧！祯祯除了学习功课，一有时间我就让他看京剧，开始还偶尔陪他一起看，后来他开始自己看，从赵子龙看到林冲，从杨延辉看到诸葛亮、看到杨贵妃，看着看着，也学着裴艳玲先生哼了起来："劝千岁杀字休出口，老臣与主说从头……"又学梅兰芳先生的贵妃："摆驾，海岛冰轮初转腾，见玉兔，见玉兔又早东升……"京剧戏词精练，介于文白之间，唱词近诗，对他的语文学习很有帮助，因此作文在学校还获了几次奖呢！

他爱看电视剧《三国演义》，后来又看书，偶尔，我陪着看，戏里的曹操、刘备、孙权等，他们各有特色。他说喜欢曹操的"胜败乃兵家常事"的洒脱，喜欢诸葛亮的神机妙算，喜欢关羽的义气……好的东西，一定耐看，绝好的东西，更需毕生反复读之。每每吃饭，上学坐车途中，会放点音乐，久而久之，他便对《高山流水》《春江花月夜》等古曲耳熟能详了。

有段时间看《贵妃醉酒》，戏里裴公公、高公公一阴一阳，"娘娘不要生气，人生在世，且自开怀"，实在有趣。祯祯有时会惹我生气，有时我会因为别的事不开心，他就来安慰我，时不时来一句："妈，您不要生气……"逗得我气消云散，笑逐颜开。

不学《诗》，无以言，不学礼，无以立。

学诗，不是要你成为一个诗人，而是要你成为一个有诗意的人。

祯祯读诗，开始没什么兴趣，有时候还会偷懒，我就加点诱惑，先读短诗，再拉长，读着读着，加上看京剧、听戏词，时间久了，忽有一天，便有了兴趣。

一天晚饭后我们一起在小区散步，走到他儿时和玩伴一起玩过的地方，信口吟道："旧时王谢堂前燕，飞入寻常百姓家。"我调侃道："哎呀！成诗人啦！"他不好意思地说："因为看到这个坐台，想念儿时一起玩的玩伴了。"

去年过年，姐姐给家里寄来了年货，他又随即来一句："哎呀，还是荆州来的人大方呀。"（姐姐在湖北武汉），是京剧《甘露寺》里的戏词，搞得全家哄堂大笑。

老师说孩子要知道"礼"和"位"，一个人不学礼，无以立。父子有亲，长幼有序，我们便有了清晰的位。"位"是我们站立的地方。

去年，我们一家到我爸妈家拜年，家里的姊妹都去了，好不热闹。祯祯一进门就给外公外婆拜年，跟每个人打招呼。吃饭的时候，一定要拉外婆坐在桌上吃饭，外婆说让他坐，说他是客，他跟外婆说："小孩子不坐，先让给长辈坐。"

听了这句话，大家都很吃惊，他姨父随即说："我看这下一代只有祯祯教得最好，最懂礼，还是群华会教孩子。"几个舅舅姨妈也凑过来问我："这次祯祯不一样了，懂事了好多，你是用什么法子把他教得这么好了？"我说不是我教的，是我的老师教的，外公听了连忙走过来说："是哪个老师，我要杀鸡给他吃。"（我们当地风俗家里最尊贵的客人来了就杀鸡吃。）

去年新冠疫情放开后，外婆被感染了，出院后我接她来家里住，外婆还没恢复，胸闷气喘，心情烦躁，祯祯放下手中作业，说："外婆，我来陪您聊天吧。"把外婆逗得呵呵笑。外婆心情好了，病也恢复得快了。

有一天，祯祯班上的一位学霸妈妈告诉我，说他孩子回家跟她说："祯祯的品德很好，要是和学校的学霸同学合二为一的话，那会是个完美的人。"哈哈，我回那妈妈说："过奖，过奖啦！"

曾听人说，中国人不教孩子思考人生，而是给孩子准备粮草和盘缠，让孩子走在人生道路上"饿时"有的吃。当时我不怎么理解"盘缠"之意。

前段时间，看电视剧《山海情》，农校毕业的马德富为了让村民过上富裕的日子，和父亲一起给村民做思想工作。村民李大有装沙眼病受不得沙尘暴，自己不去还撺掇大家回来，在这个过程中，两人多次发生争执，在和李大有争吵中马得富对李大有一口一个叔地喊着，因为一个"叔"字，对方的心柔软了，矛盾化解，化干戈为玉帛，村民被一一说服。在村民共同的努力下，吊庄建成了，村民们过上了好日子。

我忽然明白，马得富因为心里有亲和敬，他遵守了他该有的"礼"和"位"，即使与人发生争执，也不忘了自己的位。他们对人对事的那份天然好意，是父母给的这份"盘缠"。

那天看老师的二女儿阿和写的心得，感觉心里涌出一股暖流，多么好的孩子。文章里的阿和与孩子们一起嬉戏打闹，和叔叔阿姨一起进厨房做饭，流露她对孩子的那份欢喜，对长辈们的亲敬，对人对事的那份自然好意。老师经常说阿和天生迷糊，这次因为高考失利，老师把她带出来养一养，带到有利于她的环境里去熏陶。看了阿和的心得，显然已经从考试的沮丧中走了出来，有生机在涌动。那也正是老师给阿和的那份"盘缠"。

那天群里聊阿和写的心得，有同学说，有老师这样的爹真好，若换一个，很可能不敢往后想。

那又何尝不是呢？现在又有几个像老师这样的父母会给孩子那份盘缠？有能力给孩子那份"盘缠"？

如果你也跟我一样没文化，就把你的孩子带到"里仁为美"的风景里去熏一熏、养一养吧！

愿每个父母都能为孩子准备好那份"盘缠"。

愿每个孩子都能拥有那份"盘缠"。

卷四

——

重建人世好风景

二爸的丧礼

张秦潼

2020年1月2日（农历腊月初八）下午三时许，我二爸脑出血再次突发，无法继续抢救而离世。

守在他身边的父亲当时就给我打来了电话："你回老家送你二爸最后一程。"我即刻订票，十三个小时后的清晨，我回到了故乡。

农村家里的堂屋已经布置好灵堂，二爸的遗像和蔼乐观，平易近人。上完香、磕完头，作为亲侄子，随即我的头上被堂哥围戴上了两米多长的麻巾，且知道了这包头的不同样式代表着不同的亲疏关系。来到里屋，见到了二妈，她泪眼婆娑，喃喃着这一切。也见到了父亲，给我讲述了二爸这次病发到离世的经过。

祭拜的亲戚、朋友、同事络绎不绝。父亲作为长者，给我和堂兄弟们追忆着家里的那些陈年往事。尤其是讲述着我们的奶奶，当年如何坚强与不易，作为一个外来户拉扯大自己的四个孩子。回忆起奶奶当年出殡的热闹场景时，爸爸充满自豪。那是奶奶一生中的高光时刻！在这片古老的土地上，人一辈子的定位和荣辱都是在自己的葬礼上体现出来的。为人越好，参加葬礼的人就越多，帮忙的人也就越多，后辈们也就越有家族荣耀感。

远近几百号赶回来的乡邻与亲戚朋友，自觉、自发、自动地形成了相应的组织，一张公开的执事单贴在院子里的墙上，清晰地说明了总执事、执事、司仪、大厨、响炮、迎桌、葬具、立桌、搭煤、烧水、电工、挂吊子花圈、礼房、建房、入殓、采买、车队、机动、妇女组等名单和具体分工。一切井然有序，主家基本上在整个葬礼中只需准备好资金，定好办理此事的总基调给总执事，自己当好孝子贤孙的角色就可以了。

所有的事儿都有人替你着想、替你操办，更多的是看在人情的份儿上给你免费帮忙。而且，当地很多亲朋挚友可以请假几天，甚至将自家生意歇业几天专门来参与此事。

反观现在的一线、二线城市，或者是三线城市，经常听到、看到各类媒体批评农村这种丧礼迷信落后、铺张浪费。但我通过自己的实际经历才发现，事实上，这样隆重的丧礼，根本花不了多少钱，全是人情的流动。而城市里，丧礼表面上办理的十分便捷、快速、高效，快到至亲的人甚至还没有完全缓过劲儿的情况下，就已经将逝者匆匆忙忙地送走了、送完了、消失了。更可笑可悲的是，城市里的丧葬经济，从丧葬一条龙的不同等级服务费到不同等级的墓地选择，没有家底儿的老百姓直言死不起！

这片贫瘠的土地，在20世纪90年代曾掠夺式地挖掘黄金，让故乡这个千年古城水枯石烂，对大自然的破坏程度之大至今都难以恢复。想起小时候在老家，门前一百米不到就有弯弯的河流。庄稼、菜地、荷塘、虫鸟鸡鸭、猪牛驴狗……一片祥和安宁。妇女们在没过脚面的河里洗衣服，男人们撅着腚在地里干活儿，老汉们几个一堆儿的在村口抽着旱烟聊着天。还有那棵老槐树，以及树下的水井……

而今，这个村子除了光秃秃的黄土地，夜黑后也见不到几家灯火，看不到壮劳力，看不到孩子，只留下了十几个老人孤守着……

丽丽姐、超超哥、二狗叔、黑牛伯……这个地方打招呼喜欢用这种"名+关系"的方式，一下子就拉近了人与人之间的感情，外人也会在瞬间判断出他们的关系。而且长时间这么叫着，人们就越发地知位序、不造次。即使这个长辈你可能内心不是十分认可，但根深蒂固的这种称谓习惯会使你依然对他敬重有加。在这种环境中长大的孩子，即便没人刻意教他礼仪礼貌，很小也知道大人说话小孩不插嘴。在这样的环境中，中心和重心永远是这群人中的长者，大家自然地围长者而坐，长者没有表态或者言语时，其他人基本上不大声喧哗和谈论。

在这个群体中，除了孩子的亲娘，最不受关注的就是这些孩子。反观现在的都市儿童，"一切为了孩子、为了孩子的一切"，孩子在哪里都是所有人关注的焦点，但也似乎越来越没有礼貌和规矩了。

大门外的巷道已经被全部征用，搭建了简易棚用于招待这两天的客人。请了地方上有名的土大厨，在院子里搭起了三口土灶，支起了三口大锅。一口主要用来做蒸菜，一口主要用来提前将主菜过油，以便到时直接炒制，最后一口根据做菜的进展或将各类肉提前冒好，或烧一锅热水随时用来洗碗或做面片儿汤。靠这三口大锅，就可以在二十分钟左右的时间内上完二十多桌的菜品。帮厨的男人或妇女根据大厨的指令，将各种食材按要求或切成片、或切成丁、或切成块，个个手脚麻利，一人一把刀做好各项备料。山西的块煤在鼓风机的狂躁下火力十足，零下几度的院子也被映得火红。几十个人来回穿梭在这些空间里。

门框上贴着白纸黑字的挽联，院子里挂着黑布横幅，各类纸扎堆积在院子的一角，灵堂里飘绕的燃香和烧纸，帷幕后静躺的归西老人，旁屋里挤满的妇人和她们带着的孩子。嘈杂的环境中你感觉不到丝毫的恐惧，大家热热闹闹地忙着、说着，甚至笑着。吹鼓手们时而播放着哀乐，时而锣鼓唢呐齐鸣，又有洋鼓洋号的加入，为这嘈杂的环境更添加了应有的佐料。似乎逝者的魂魄也能脱离自身的肉体，走到各处看着家里面发生的一切，这一派热闹的场景让他备感亲切和温馨。累了就睡、醒了就再起身，转转看看。

出殡之前的每天和每个时间段都有既定的章程和仪式，老祖宗这么留下来的，后人们就这样照着做。

随着总执事的一声召唤，孝子贤孙们依要求的位序站列和集体跪拜。然后依不同的位序分次上香、敬酒、叩首。待到无月无星时，长子长孙二人到村子后面的路口，朝向祖宗坟茔的方向进行接灵仪式，接迎祖宗灵位回家引渡刚刚逝去的二爸灵位。

最后，孝子贤孙一队人马在鼓乐与鞭炮声中统一前去迎接祖宗牌位回家。不断地跪拜、迎请。再集体返回院子的灵堂之中，再行叩拜，告知故人。至此，当晚的仪式告一段落，宾客先行散去，留下直系儿女、孙子辈们守灵。

丧礼的高潮自然是出殡当天。去火葬场之前，巷道里男孝子右列一竖排，女孝子左列一竖排，中间站列二爸生前单位的送丧代表。集体祭奠行礼结束之后，再由单位代表诵读悼词。这篇悼词算是从官方的角度对二爸一生进行的总结，对他的工作贡献进行的阐述。然后，由我的堂弟、二爸的二儿子代表家属进行答谢致辞。这篇悼词情深意切，儿女们对父亲的思念之情、培育之恩，平凡中显得那么高大。尤其是堂弟在讲到二爸脑梗十二年来，二妈昼夜无微不至地精心侍奉二爸时泣不成声，当场和堂哥跪拜在二妈面前，磕了三个响头，在二爸的灵位前保证在今后的日子里孝顺好他们的娘亲，让父亲放心。

火化之后，将骨灰盒入棺。随着总执事的指挥，村子里的年轻少壮们开始行动起来，用粗粗的麻绳和杠木将二爸的棺材稳稳地抬了起来向墓地出发。这天凌晨，下了己亥年腊月的第一场雪，坡上的黄土不但没有泥泞，还很温润。一行人非常顺利地到达了墓地。

堂哥和堂弟先进入墓室，众人在地面上顺着墓道将棺木滑入墓室，有风水先生指引着棺木以及各类物品放置的精准位置。摆妥之后，兄弟两个再后退着逐步封闭墓门，剩一个小孔时再将长明灯放入，最后加快墓门的封闭。一切停当之后，送灵的青壮年们再将墓道填土，几十个人轮番上阵，不多时，一座高高的新坟就屹立在了这片黄土高原之上。

墓前的花圈烧完，孝子贤孙们再次集体叩拜之后返回家中。家中庭院已经布置好宴席答谢众邻里乡亲，这桩白事就算基本结束。

生、老、病、死是自然现象，每个人都逃离不了。养老送终、安葬逝者是后辈应尽的责任和义务，地处周礼文化形成的关中老家在丧俗上更为严密和讲究。按父亲的话说，这就是做给活人看的。"死而不亡者寿"，中华民族是全世界最看重丧礼的，这让死者虽逝，却没有在人世间真正消失。正因如此，我们的民族才是长寿的民族，我们的文明才是这人世间最悠久绵长的。

葬之以礼
——记金门阿嬷的丧礼

李　苹

　　常常听薛仁明老师在课堂上强调婚礼、丧礼的重要性，可我从来没有特别的感觉，因为我们金门人向来都是这么做的，有啥好大惊小怪的呢？

　　2021年初与薛仁明老师新春聚会时，因薛老师特别响应安廷参加岳家外婆葬礼一事，我想，从小生长在"非常"讲究礼制的金门，或许可以用我的经历，与同学们分享金门人是如何恪守古风操持丧礼的。

　　记得1978年某个工作日的下午，接到学校值班老师通知祖母病危的消息，要我们姐妹提前下课回家。我匆匆背起书包，先到同校任教职的父亲办公室，但父亲已先一步离开赶回老家。待我回到家中，母亲要我们快快回房间拿取早些日子已缝制好的深蓝色孝衣。由于时间紧迫，我一急，房门一下子打不开了，十岁的我，当下飘着泪咒骂那打不开的门。

　　赶回老家，已是日落后。家中点着昏暗不明俗称"鸡心仔"的小灯泡。神明厅靠墙的位置摆了两条长凳，上面铺着门板，祖母就躺在门板做的水床上。那时我心里思忖着：阿嬷还在啊！

　　从进老家大门后，所有的孩童便被下了封口令，我也不敢做声。只见女性长辈们进进出出，低声讨论着。接着母亲抱着一个布包，里面是祖母病重前委托模范街上的厾姑仔做的寿衣。女性长辈们协力将七层寿衣层层套好，接着请来村里的"好命人"一起为祖母穿上寿衣。

一切摆置妥当后，传来第一声啼哭，所有的子孙此时才能放声大哭。一直到这个时候，我才有点相信，从小疼我的阿嬷走了。

老家的夜里是冷的，子孙们得在神明厅里守灵。第一夜很是紧张，因为姑妈说不能让猫靠近阿嬷。如果看到猫，要尽快赶走，千万不能让猫叫出声，这说法足够我们清醒到下半夜了。模糊中已然天亮，而我始终不敢正视阿嬷。

第二天是丧礼忙碌的开始。首先要发丧，又称报白。重头戏是去阿嬷的娘家报丧。阿嬷娘家姓董，当日由四叔至阿嬷娘家门外跪拜磕头，一边报白一边对于未能将阿嬷照顾好表达极诚挚的歉意。表伯父或为表达心疼董家女儿未获照顾疼惜之情，或为让子孙们有个稍减自责的机会，让四叔跪了好一会儿才接过头白布扶起他。

说来辛酸，阿嬷这一辈子基本上都在"等"，大伯、二伯落番至马来西亚，曲折的交通让他们母丧也回不了家；五叔、六叔迁居台湾，一个月一班的军舰运输，怎么也赶不及见阿嬷最后一面。而从今以后，阿嬷不需要再等了！

接近中午时分，大人们突然赶着我们到大门外数十米远跪着。原来是阿嬷的"大厝"来了。所有子孙呼喊着"阿嬷，大厝来了！"声中，一个庞然大黑棺由数名壮硕的宗族男丁抬进神明厅里，安稳地架在长凳上。前来帮忙的族人络绎不绝，法师也早在厅前做起仪式。佛龛、祖先龛已先用红纸遮住，待稍后封棺时再启。

棺木底铺上厚厚的冥纸，穿戴整齐的阿嬷被请入大厝里。红布盖着她的身体，再用冥纸层层铺满身体及周围。正式封棺时，所有子孙围着阿嬷的大厝站成一圈，在法师摇铃念完祝祷词后，覆上棺盖。盖棺时子孙需转身背对，据说是避免活人的灵魂被盖入棺中。可我好不放心，心疼阿嬷自己一个人。那厚重的棺木盖上后就再也不会打开，我们祖孙再不得见。封棺最后的仪式是要拔起一枚钉子，代表李家子孙代代出男丁。

第二晚的守灵同样在神明厅里，大家围绕在棺木两侧。半夜里忽然惊醒，不知怎的，竟然睡到了棺木下面。一抬头，庞大的漆黑，可把我吓的。整夜窸窸窣窣的声音没停过，大人们的忙碌也没停过。他们熟练地剪刀一剪，两手一扯，一段白布就出现。

根据习俗，凡是来帮忙的亲友、出殡当天来送葬的人，都得给上一条白布。这白布是有规矩的，得有七尺长，两条长凳上都堆满了。因为李家宗亲、族人、内外亲戚每一家都要有人来参加告别式，那人数是很可观的。邻家的女性长辈也都在我们家里忙活着，忙着煮咸粥，让帮忙的亲友们随时有一碗粥可以吃。也忙着蒸发糕，准备祭拜贡品。因为这一天就是阿嬷出殡的日子。

告别式会场就在老家房子外边的小广场，乡里的宗亲早就训练有素地搭建好棚架。法师看好时辰，嘱咐各个仪式中需要避开的生肖。当唢呐声响起，棺木就要抬起移至广场中。此时子孙们得跪在棺木后随着爬行入场，这一跪要跪到整场告别式结束。孝男属重孝，一切得遵古礼。身穿黑衣、外披麻衣、腰系麻绳、头戴草箍、脚穿草鞋，膝盖下跪的是砂石地，脸上流的是伤心泪。

为了表达极致哀痛以至于无暇自顾，这眼泪鼻涕还不能自己擦，只能由邻居的女性长辈帮忙擦拭。所有的一切，再再表达了对亲人的不舍之情，不舍长辈的离世，也不舍子孙的伤心。

家族、亲属、宗族、各方代表一一行礼如仪后，学校也派父亲班级的学生前来吊唁。阿嬷娘家的表伯父手臂上绑着头白布，也来拜别。娘家女性是不参与祭拜仪式的，所以表伯母只能头戴盖头等着结束后跟随送葬队伍，送她们的大姑最后一程。女婿的仪式较为特别，头上戴白色女婿帽，身穿白袍，跪地祭拜后，双手握拳放置额头处，嘴中发出"呼声"表达哀戚。三跪九叩头，甚是辛苦。以此仪式最后一次表达对岳母的感激之情，也算尽了半子之孝。

几个钟头的祭拜仪式，子孙们双手撑地、双脚跪地，不知麻痹了多少回。眼泪湿了又干，干了又湿，伴随沁心的唢呐三弦，这伤心似乎无穷无尽。

长号低鸣一声，白幡扬起，送葬队伍就要启动。宗族的男众十多人架起粗大的木棍，要将阿嬷的棺木四平八稳地抬起。为保持棺木平衡，大家小声吆喝着抬起棺木，生怕惊扰了阿嬷。

棺木上悬着红色布条及彩球，子孙们仍然跪着爬行于后，一行人要带着阿嬷走一圈这个她生活了半个世纪的村落。送葬的队伍陆续跟上，亲疏远近、辈分尊卑各有不同颜色的头盖。各色头盖随风扬起，到玄孙辈的粉红色，其实还挺好看的。送葬队伍绵延一两公里，村里人同来见证阿嬷的福泽仁厚，所以才有如此众多的子孙为其送终。二人一杠的竹竿上满满挂着亲朋好友或各单位致赠的挽联，上面写着音容宛在、德懿长昭……虽是形式，但也表达了哀悼之意，村里人同声赞叹，子孙必贤德，往者才能得这般礼遇。

浩浩荡荡的送葬队伍到了村口，两辆大卡车正等着运送一行人到公墓。老家则由母亲、婶婶的娘家妈妈来"顾房"。屋子里要放置发糕、点上蜡烛，祈求从此自己女儿这一房能发达、平安。

阿公在七年前去世，那年头夫妻讲究生同衾、死同椁。在阿公的墓地前，由法师进行葬礼的最后仪式。阿公的墓穴挖开了一半，阿公的棺木露出了一角。抬棺的族人两边各三人，用绳索让阿嬷的棺木缓缓降落，放入预留的位置中。入葬过程紧张中透着稳重，阿嬷的棺木不偏不倚地与阿公的并排放置。此时子孙们围绕着墓穴周边观看，当棺木落定时，我伤心得甚至想跟着跳下去。

至此，我才真正意识到，此生与阿嬷再无相见之日。从在襁褓便疼我爱我的阿嬷，真的就此永别了。这么多年过去了，那一幕始终萦绕在我的脑海里无法忘怀。

土终究是要落下的。黄土一抔一抔覆盖上棺木，最外层则是用水泥铺盖住，让墓穴恢复原来的样子。新的墓碑多了董氏长顺的名字，整个仪式至此告一段落。铜锣一声落下，大哥坐入轿中，手捧着斗，斗中摆着牌位。此时麻衣褪去，一行人准备返家安座牌位。

虽然带着悲痛，但丧礼结束当日还得宴请宗族亲友，感谢这些天大伙儿没日没夜的帮忙。宴席结束后，还得各家发送一份"糕"跟红圆，避免来客沾染晦气并祝愿亲友们皆能发财、高升，一切圆满。至此，所有的仪式才算暂告一段落。

想当初自己的婚礼，因为礼制，跟我娘不知吵过几回。总认为她们老一辈的人八股守旧，都什么时代了之类。没想到在回忆阿嬷的丧礼过程中，我深深觉得合乎礼制确实有其可贵之处。除了再次感受到自己对阿嬷深刻的情感和思念外，传统丧礼中繁复的仪式皆各有所本。它让子孙们有机会公开表达对失去亲人的伤痛。这对一向拘谨的中国人，真的非常重要。它让生者在仪式中可以发泄情绪、可以表达悔恨、可以略尽孝思。这些仪式既表彰往者德行，也包含逝者对子孙的祝福。所有的仪式都有其深意，而在这些仪式的背后，我更看到中国人的孝与礼。

孟懿子问孝。子曰："无违"；"生事之以礼，死葬之以礼，祭之以礼"。年少时不懂，老认为这跟"孝"有啥关系？待到中年，略懂世事，才有所体会。感恩我金门乡亲族人对古风的恪守，保存了这么完整的礼乐环境。透过这些仪式让我明白，中国人的"孝"是透过生、死以及祭祀的礼来表达的。无怪乎孔子会对子贡说："赐也，尔爱其羊，我爱其礼。"

谨以此文献给我深爱的阿嬷。

后记：李苹同学已于 2022 年 7 月 23 日回到天上与她最亲爱的阿嬷团聚。即便在跟病魔对抗中，课堂上的她，依旧是笑容灿烂、侃侃而谈，几乎让人无法察觉她有任何的不适。她留给同学们的是爽朗的笑声还有金门人对古风的坚守，她是勇敢又让人欣赏的金门女儿。

寻常日子中的人世好风景

晓　艳

　　2020年腊月二十二日的凌晨，还在睡梦中的我一下子惊醒了。看了看手机还不到五点，想要再眯瞪会儿，这时电话响了，一大早的电话让我隐隐有些不安。果然，电话的另一端，妹妹说外婆刚刚去世了，并且舅舅交代，先暂缓告诉我妈（我妈于两日前住院）。

　　商量后，父亲和妹妹先行回家，我等妈身体好转便立即返回。次日妈病情趋于稳定，遂决定出院。走到家门口才告知我妈：外婆病危，现在咱们要回老家，你的随身衣物和药都收拾好了（其实她这次住院就是因为自己身体不好无法照顾外婆，从而过度担心焦虑造成的）。她没有追问外婆的具体情况，或许是她更愿意相信一切还好。一路上我们都沉默不语，当车转过到外婆家最后的那个弯，看到大门口的花圈和人群时，我妈明白了，顿时捶胸顿足痛哭起来……

　　因为我是同辈中最大的孩子，上学的时候我在外婆家还住过几年，虽说后来我们离开老家，但每年还会回去。每次去外婆家，只要一拐过那个弯，便看见外婆坐在大门口，往这个方向眺望，而如今……

　　我妈哭得撕心裂肺，被众人搀扶着走进家门，院子里来来往往的全是人，外婆的灵堂设在正屋，烟气袅袅的祭祀桌后面，我看到了躺在水晶棺里的外婆，二姨三姨和一众人在棺前围坐，看到我妈回来，三姐妹情绪越发激动，哭声此起彼伏。

现在回想一下，我和妈其实应该先去灵前磕头的。但我妈信奉基督教多年，遵循的就是亲人去世不能下跪的理念，即便那是自己的父母也不行，不过她因患有类风湿关节炎，腿也无法下跪，刚好掩盖了这个"尴尬的事"，但看得出她内心是纠结的，特别是看到所有的亲人下跪时，她一人坐在那里是有点不安的。

我呢，其实知道要去磕头，可总觉得磕头这件事做起来怎么这么不自然，因为在我印象中我从来没有磕过头，除了几年前外公和爷爷去世的时候，那也是跟着大家伙儿一起才跪的，当时还觉得下跪这件事怎么这样别扭。

家里这次特意请了司供来主持，他是一位老者，看起来颇有古风，他用一种特有的腔调念念有词："王老太君，您儿女的谁谁来祭拜你了，这都是您教子有方……跪乎……回礼……。"亲朋中有带着孩子一起来的，他们跟着大人在司供的吟唱声中一起祭拜，我看着那恭敬虔诚的神情，看着外婆的孙子、孙媳和曾孙在旁边熟练地烧着纸钱、上香，对宾客回礼，那一刻突然觉得这个丧礼怎么这样庄严，这样有分量……咦，这好像跟我印象中的丧礼感觉不太一样啊！之前觉得丧礼不就是走个过场嘛，不就是封建迷信鬼神嘛，不就是一件不得不去做的事而已嘛！也不知道为何有这些个印象，以至于让我从小就对丧事、对死亡心存恐惧。

外公和爷爷去世时，我的第一反应就是害怕、要找个理由逃走，当然没有理由让我逃，最后是不得不去面对，只是奇怪的是，当硬着头皮去了才发现，怎么没有我想象的那么可怕呢？是呀，如今当我一次次地跪拜在那里的时候，不仅没有害怕，怎么还有了一种前所未有的踏实和安心呢？

刚回去的时候，远远地就听见家里播放着西方哀乐，感觉怪怪的，有种水土不服的感觉。虽然它也足以表达哀思，但总觉得这个西洋乐在中国式的丧礼中显得不够丰富、不够分量，它单薄的声音不能完全烘托这个丧礼的全部内容。

后来戏班来了，当唢呐声响起，那种穿透力和感染力、那种画面感和百转千回的感觉，一下子就让这场丧礼变得厚重、明亮。我想起小时候斗胆去办丧事的人家门口，就是被戏班吸引去的。这次唢呐配合着整个丧礼的全部过程，我不知道用什么语言来形容这种感受：它不仅仅让人只有悲，它还是热闹的，想起薛仁明老师讲过的那句话："中国的东西不是让人缠绵悱恻，而是'乐而不淫，哀而不伤'。"

到了"出殡"那天，一大早，大门口摆好了纸扎——一匹五彩大马拉着马车。我以前看到这种纸糊的假东西既害怕又觉得做作，可今天我在旁边看着司供教我两个姨围着这个"即将带外婆走的马车"怎么做怎么说时，突然觉得，这不是在作秀、摆架势，正是因为有了这些个事可做，才让我们一点一点地接受着亲人离去的事实，她们不仅是在为自己的娘亲尽心，也是让自己在做这些事情的时候慢慢地平复心绪。

丧礼上的很多事，是以前的我根本无法感受到和理解的。

比如说，这边刚刚哭完，那边就能欢声笑语；明明守灵的人在屋里悲恸不已，院子里却因为某些习俗大家伙儿都在嬉闹玩笑……

比如说，儿女、媳妇、女婿、孙子、孙女和外孙、外孙女的孝衣都是不同的；在出殡的时候，不同身份的人在送葬队伍中的位置也是有讲究的……

如今，我恍然发现，丧礼上的很多人都有情绪切换的能力，大家出入自在怡然，并且习以为常。当听围观的街坊们议论："那个戴什么孝的是女婿，那个打幡儿的是孙子，那个孝上系红绳的是谁谁谁……"心里不由得感叹，这些乡邻实在是厉害啊，他们根本就不认识谁是谁，单单从服饰和物件就能辨别出各自身份。中国文明的礼乐在农村真的是处处可见，日日行之，虽然大家不知其理，却是真实具体地浸润其中啊。

这样的场合，闺女们要做的事就是哭，儿子们负责丧礼的诸多事宜。三个舅舅这几日一直忙碌着，我不知道他们的悲痛要如何得以疏解。

火葬场内，二舅代表家人向来宾致辞，刚开言，一声"妈"，已哽咽到不能自己……将外婆推向炉子的那一刻，我看见舅舅们围在外婆旁边哭红了眼睛，一遍又一遍地摸着娘亲的脸……起灵前，三个儿子有单独在灵前祭别的机会，看到舅舅们长跪不起，听到他们哭着说对娘亲的遗憾……

一个家庭中，父亲就是那个神主牌，高高在上却让人敬而远之，他的"位"是虚的。娘亲看似不是一家之主，但她的"位"却是实的，想想戏曲中有《四郎探母》，杨家将中的"佘老太君"……儿女与娘亲之间的情感不同于父亲，那一刻我感受到了更多的温情和柔情。

最后，戏班唱了河南豫剧《秦雪梅吊孝》选段。一段戏唱下来，我看到所有人已经不再哭泣，脸上反而有种说不出的平静。戏曲，是中国文明的礼乐风景，也是中国文明独特的光明喜气。

那个"无声不歌、无舞不动"的戏曲让人在那个当下得以解脱，它唱尽了哀思，"疗愈"了悲伤。事后，家人提起此段戏曲，我在他们脸上看到的是满足和愉悦。

丧礼最后有两个小环节特别耐人寻味。其一就是在坟前家人用自己的孝去砸幡儿顶端的那朵五彩莲花，因为谁把它砸掉谁就是最有福气的。看着你一下我一下，气氛瞬间欢乐起来。另一个就是到家门口的时候，在掺有剩饭剩菜和少许硬币、脏水的大盆里捞硬币，捞到多的人寓意着福气大，不管捞到捞不到反正一个个都捞得不亦乐乎。

该哭的时候好好哭、尽情地哭，哭完了人就不堵了、通畅了。丧礼中我们难过过，但丧礼最后的这两个小活动，让人一扫几日的悲情，心中敞亮，欢喜收场。

回家之后，长辈们便开始坐在院子里聊天，他们讲着小时候兄弟姐妹之间发生的趣事，偶尔笑成一团；小孩们则在一起你追我赶地嬉笑打闹；堂屋的案桌上外公外婆的照片已摆放在一起，香炉里烟气袅袅，绵绵不断……离家前，我一人去了外婆家旁边的麦地，那日阳光明媚，晴空万里，站在田地中间，一片开阔之势，绿油油的麦苗生机盎然，焕发着勃勃生机……

从老家返回平顶山的路上，我和爸妈说："今年过年我想正式祭祀一次，祭拜一下列祖列宗和外公外婆。"我那"基督教信徒"妈听了，并没有像以前那样立刻反对，片刻说："那在你家做，别来我家。"大年三十那天我妈再次让我家先生提醒我不要去她家祭祀。我有点发愁了，晚上要和妹妹一家去我妈那吃年夜饭，而祭祀当然是要用年夜饭的呀。可我妈已经有言在先，这该如何是好。思虑了一下，且不管她，于是我带着祭祀用的东西直接去了她家。

其实这应该算是我人生当中第一次做这个祭祀，因为在此之前我不仅抵触，也有点害怕做这些事情，焚香烧纸等让我觉得今生都不会去碰触。可奇怪了，一场丧礼后，这种不可能被一种坚定的念头取代了。见年夜饭准备妥当，我开始摆放香炉，贴好写有"供奉列祖列宗"的红纸，将摆放饭菜的桌子推到供桌前（我所做的这些祭祀形式也是从影视剧中看来的，简单得不能再简单了），然后招呼一家人都过来。

我妈来到客厅看到这一切没有吭声，默默地坐在了沙发上。所有人按位序开始叩拜，轮到我的时候我先磕了头，本想着磕个头就算了，可那一刻不知为什么话自然地从心中流出来了："祖宗在上，后辈在此祭拜你们了，我们准备了丰盛的年夜饭，你们都好好吃吧。外婆、外公，你们也慢慢吃吧。"话出，我听到妈失声痛哭，我们都没有去劝她，是该让她尽情地哭一哭……吃饭的时候，本以为气氛会很压抑，没想到这样哭过之后，氛围却是格外地轻松和愉快！

2021年年底我妈住院，外婆祭日那天她还未出院，那几日明显感觉她情绪不好，我问她咋了，她说想妈了……我妈是那种特别坚强的"革命女性"，不会对某人某事轻易低头和改变，既然她目前还没办法去祭拜外婆，看她整个人僵在那里堵得难受，于是我和妹妹商量，带着孩子们以她的名义祭祀外婆。妹妹把整个过程拍了视频发给我妈，晚上，我妈与我视频通话，第一句话就问："你的头起疙瘩了？"我听得莫名其妙，"嗯？""你不是撞到桌子了吧？"喔，她是在视频中看到我磕头起来的时候撞到桌子了。我听得出她不仅是在表达关心，我更感觉到了关心背后，她有一份说不出的心安。

以前我从来没有和父母提过他们百年之后的事，后来在奶奶过世后（爸妈双亲皆已过世），我和爸妈说起了这件事。

爸妈说他们到时候不想在这里，要回老家。我说："你们放心，这个肯定可以做到，到时候我要像外婆的丧礼一样给你们办，还有老家的房子之前大家都主张要重新盖一下，现在我倒觉得房子是要修缮一下，但不是为了让我们回去度假，而是等着你们有一天'回家'。"我妈听完后竟然没有反对，她笑着说："好，你爸估计也没听明白（我爸耳聋），我待会给他再说一遍。"

咦，我妈这一次竟然没有驳斥我。

2022年过小年那天，让儿子和闺女准备摆放祭灶神的食物，他俩从第一次时的嘻哈敷衍抵触，到今天参与其中，这个变化是怎么发生的，我也说不清楚。

看着他们在旁边按序等待，规规矩矩地磕头，清不清楚的也不要紧了，能有此恭敬，有此一拜，我想，这便是寻常日子中最宝贵的人世好风景吧！

生命中的"本"和"根"

许　栋

黄帝陵是中华文明的精神标识。

近年来，在河南新郑举行的三月三拜祖大典，通过央视新闻频道直播，多家省辖市卫视同步转播，国内外多个网络平台直播，声势浩大。

2006年，河南将新郑炎黄文化旅游节正式升格为拜祖大典，国家领导人参与了此次大典，央视也进行了直播。此后，历年新郑拜祖大典都有副国级领导参加。

随着年龄的增长，越来越喜欢做一件事——"返、复"。总是要隔段时间回头望望走过的路，思量一番。在看到拜祖大典的直播画面时，心里总有种东西在碰撞，虽然我说不好，但是有一种念想深深地扎根，供奉祖宗牌位是我眼下最应该干的事。

于是，我专门和父亲回了趟老家，寻得了家谱，了解了祖先的由来，知道了自己在家族中的排字。当我拿到族谱那刻，心中自豪、敬重、欣喜之情涌上心头。

一个念头在心中萌生——立祖先牌位！我从来没有像现在这样急切过。

我先和父亲汇报了这个重大决定，我说："爸，虽然我们每年清明节都回老家祭祖、添坟，但是我觉得还是不够，平时想给祖先汇报一下得失，好像没有地方，我们是不是找个途径，建立起与祖宗的联系方式啊，我觉得在家里立祖宗牌位，能解决这一系列问题，您觉得如何？"父亲说道："你以前是最不屑陪我一起回老家的啊，现在是怎么了？不过你这个决定我支持！"

征得他的首肯后，2021年新年我们郑重地立起了祖宗牌位。妻子买来红纸，亲自用毛笔书写。上写"许门堂上历代祖先"，牌位上方"谢天谢地"四个大字！大年初一由我给祖宗敬香叩拜，供上三杯酒水和若干食物、水果。妻子和两个女儿分别磕头，共同汇报一年来的生活、工作、学习情况，感谢祖先庇佑。

就是在这一刻，我感觉内心无比沉静。也就是从此时此刻起，我特羡慕影视剧里的一些桥段。每逢重大节日，一个姓氏的族人共同在祠堂祭祖，老少爷儿们围坐在一起，相互交谈，我觉得这才是一个家族的根基所在。

我从小生活在城市里，只有逢年过节才会回老家。每次回去，娘亲都会帮父亲来打前站，先是一通好话，总有种哄着的感觉，才能完成一次回乡之旅。到了家，我觉得哪都是灰，无处坐、无处站，坐立不安，饭也不想吃。

妻子最近跟我说："这两年你变化了，从回老家就能看出来，你能坐得住了，不像以往那样像完成任务一样，把东西放下就想走。"回想起来好像还真是这样，好像有种力量牵引着我回老家看看，有时候我会跟父亲说，没事回老家瞅瞅呗。现在的我再回去，能安心坐下听长辈们聊天，喜欢回到老家，生起土灶，主动下厨，一大家子围坐在一起开心吃饭。喜欢拉起爷爷奶奶辈们的手，聊聊身体状况，听听他们的教导。拉着他们的手，心里感觉特别踏实、特别放松。

　　大女儿常说，给祖先敬香叩头，汇报学习情况时，她特别紧张。在大女儿惹父母生气，贪玩不用功读书时，小女儿总会在一旁敲打，你现在干的事，老祖宗们都看着呢。于是老大便会望向祖宗牌位，立刻收敛起来。我想这就是敬畏吧！每每敬拜时，我从心底能感受到那份虔诚，正是通过敬拜，也使我们逐步涵养出原始反终与知恩图报的品性。

　　清明节，我们回乡扫墓，追祭祖先。看着两个女儿认真端正地磕头，我心里也无比地踏实。这才是一个家，一个家族的根，一辈人与一辈人就这样被连起来，搅在一起却又位次分明地延续着。这才是中国人本该有的生命状态。我恍然大悟，中国人为何那么重视丧礼，那么重视祭祀，那么重视家族，那么重视香火，因为，这全都牵涉信仰问题。让生者觉得死者还在，还不断地想念着、感激着，这就是祭祀的本质。

　　朋友常说："你这两三年感觉轻松了，人也沉下来了。"妻子说："你变得温良了，知道回头看看自己走过的路了，整个人不像以前那样激进了。少了很多抱怨，以前总是在说收入都一样，为啥干活最多的是自己？现在好像不怎么抱怨了，活不仅干了，而且抢着干，开心愉快地干。"是的，因为我已经找到与祖先沟通交流的法宝，觉得在干活的过程中能成长，在干活的磨炼中可以蜕变，这是最重要的修行法门。我觉得自己变得可爱了，没活成别人讨厌的样子。

　　从"格物致知"到"息"到"化"，再到中国人的"哀而不伤，乐而不淫"。让我有了时常回头看看的觉知，虚实之间生命有了喘息的机会，更清楚自己的根在哪里。

　　日日是好日，便是我当下的状态和最真实的写照。

婆婆的归处

管维莹

火车在飞驰，我望着窗外，思飘到了千里之外的那个村庄，不知痛失慈母的夫君现在心情如何。

想得头有点晕，我干脆闭上了眼睛养精神，后面几天要忙丧礼，应该会很辛苦吧，我琢磨着。

第一次参加丧礼，是初一那会儿，外公突然去世，娘亲悲伤的神情依然清晰。黑色的殡仪馆，冰冷的棺材里，外公躺着。化了妆，我怎么看怎么都觉得那个人不是我外公，眼里却止不住地流泪。其实，我平时与外公接触并不多，外公知我爱吃橘子，每每去他家，他都会出去买几个橘子回来。

从那以后，生命里最亲的爷爷、二舅、外婆、奶奶陆续离我而去。丧礼似乎越来越西化，和电影里一样，每个人手里拿着一朵白色的花，听着家属边哭边念亡者的生平。我最怕的就是那葬礼进行曲，所有事先准备好的防线都会被攻破，情绪不知不觉就被带了进去，哭得不可自已。丧礼通常就几个小时，送来宾碗筷、手帕作为礼物后，不论是有多难受，此事也就终了了。耳边听人说，"这种事情就是做做样子，给活人看的"。

是的，那时丧礼在我的印象中，就是一个仪式，一个流程，和亡者最后的告别时刻。而在这个过程中，还会目睹亲戚们为买多豪华的骨灰盒而争辩，为建坟买地要花多少钱而哀叹，目睹明明对奶奶很恶毒的婶婶，却假装一把眼泪一把鼻涕地哭给别人看。那时觉得，丧礼从简倒是个好主意，人都没了，要那些虚的东西干什么？要那些假的眼泪作甚？

一路瞎想一路瞌睡，傍晚时分，到了县城。老公来车站接我们，说今晚好好睡一觉，明天我们上山回村。

在家族的名义下

历史的发展换个角度看，无非是"承敝易变，使人不倦"。自古以来，中国人国家的概念是不强的，中国人强调的是"家族"的概念，是家天下。

中国人的丧礼，可以说是一场"在家族的名义下"的聚会，是一次人际关系的格物训练。

坐在车上，我看着窗外。老公告诉我，怕天热，婆婆已经被火化了，现在都是丧事从简，要是以前，必须停灵七天的。

远处是连绵起伏的山，近处是层层叠叠的梯田，耳边响起一句歌词"人都说养儿能防老，可儿山高路远在他乡"，山和田都变得模糊起来。

两小时后，我终于回到了村子。

家里的院子里四个大桌子已经摆开，里里外外都是我不熟悉的脸，灵堂里只有婆婆的骨灰盒。老公一句"妈妈，他们回来了，回来看你了"，大家都哭了。这时，旁边那些不熟悉的婆婆妈妈们就都过来劝："后面还有好几天要累的，保重身体。"

院子里人进进出出，几大筐的碗被扛了进来，几大盆的菜被抬了进来，电线拉好了，水管接长了……按照规矩，同宗直系亲属只负责守灵和跪拜回礼，其他亲属只负责吊唁和聚餐，余下很多事就要由邻里们来帮忙。嫂子说，"他们都是从厦门、福州等地请假回来帮忙的"。

我看到墙壁上贴了几张红纸，一张是工作任务分配名单，一张是菜单，还有一张是后面几天各个流程的良辰吉日以及需要回避的属相。那张任务清单分工主要有：大厨、宰牲、接待、财务、煮饭、放炮，最后写着的一句话挺有意思：其余未列人员迎难而上，切菜打杂。

在后面几天里，这些邻居真的是迎难而上，一桩桩一件件都替丧家安排好，甚至最后一天早上五点上山安放骨灰，他们也都早早准备好了所有物品，一路相随。

以前对"远亲不如近邻"一词无感，因为二者与我都无啥关系。刚结婚那会儿，对老公称呼隔壁邻居家的哥哥为"堂兄"很是不解，在他眼里似乎所有的人都是亲人。老公说，即使这代没有亲戚关系，上溯到爷爷辈之前，还都是亲人呢。

这次丧礼，让我看懂了这层关系，中国人的"家族"概念，可能超出了我这个城里媳妇的想象。而平时维持的这层关系犹如给土以养分，在丧礼时，则大放异彩，一个家庭人品如何、混得好不好，都在这一刻得到检验。

丧礼是人离开这个世界后的余音缭绕，是生者对死者的一份惦念，是"死而不亡"。如果一个人离开这个世界时，家族里最亲近的人都不会想念他，都不以一种形式来纪念他，那真是"死即乌有"，是最大的哀伤。这份中国人特有的文化根底，在民间还是被很好地保留了下来。

沟通和聊天

从2008年开始学习心理学，"沟通和表达"一直是我关注的重点。我追求一致性沟通的境界，注意"我字句"开头还是"你字句"开头，可即使夫妻之间，沟通到后来，常常成了我教导老公该如何"一致性"。

很多时候，越说越累，我百爪挠心，却无从下手。更别说和老家的公婆、哥嫂沟通了，他们都不会说话，掩盖内心的虚假对话无非是浪费我的精力。

守灵，觉得时间过得好慢。

老公和哥哥、侄子等人坐在对面的长椅上，我和嫂子、女儿坐在另一边。看着院子里的人进进出出，我开始有一句没一句地和嫂子聊起天来。嫂子初时有点发愣，慢慢地话越来越多。

嫂子说："平常邻居家有红白喜事，我和你哥哥也都要请假回来帮忙，你们住得远，没办法回来，这些事情就都我们做了，要不然今天，哪里会来这么多人帮忙。"

嫂子说："前阵子在村里买了块地，明年想盖房，主要也是为了这些事情。老房子破了，我们回来都没地方住，你们也好在老家有个落脚地儿。"

嫂子说："公公一直大男人的很，平时事情都是妈妈做，现在好了，妈妈先走了，公公也要学习自己照顾自己了。"

嫂子说……

这是我结婚十多年来，和嫂子说话最多的一次。后来几天，我有事没事就找人聊天。和老公也聊天。听他说说在婆婆最后几天里他的陪伴，听他语无伦次地说着说着就流下眼泪。

想起一句话："夫妻间，少沟通，多聊天。"

原来只要聊天，我就不自觉地成长为一个好听众了；只要聊天，我没有期待和预设，好轻松；只要聊天，我居然不费吹灰之力，对方就愿意打开心门。原来，丧礼不仅是和亡者最后的对话，更是给所有亲人一段安静相处的时间，守着婆婆的灵，也守着家族的魂。

虚虚实实间的进进出出

看京剧《青梅煮酒论英雄》，曹操正和刘备说话，一回头，长袖一挡，他就和观众说起了独白，戏好像有了个停顿，再一回头，曹操又进入了和刘皇叔的对话，这是戏曲的出入自由。

曾经听国家一级演员周红老师的评弹，一会儿她是女主，一会儿是旁白，一会儿是群众演员，一会儿又是男主，这进进出出简直眼花缭乱，而周老师则掌控自如。

中国没有艺术治疗，中国的艺术是用来养人的。西方的艺术把人带向深度思考，探寻人生真谛，越深入越有格调。可中国人的戏曲，就是让人欢喜让人觉得没什么大不了，在虚虚实实、进进出出中，不黏不滞，看到人生也不过如此。

下午，唢呐队来了。他们五六个人，有一套音响设备，还有演出服。后来我才知道，这些是为第三天晚上的表演准备的。

唢呐队来之前，坐在灵堂前的我们，除了聊天，不免睹物思人，老公也唉声叹气。唢呐声一响，空气似乎被撕裂了一个口子，新鲜的风就这样透了进来。

受西方影响，唢呐队成员也都会吹萨克斯、长号等，他们一会儿唢呐，一会儿萨克斯。

忽然见老公急匆匆从楼上下来，原来是公公说他突然觉得心情很难过，我一听，是有人吹起了那个让人掉进坑洞的《葬礼进行曲》。

第二天，正式的拜祭开始了，我们披麻戴孝，有亲人来上香，是男众的，男性家属要跪地回礼；是女众的，我和嫂子、女儿要跪地回礼。每次下跪，心里都会感谢前来送别婆婆的那些人，虽然很多人我不认识。一天下来，膝盖肿了起来，可我的心越来越安定。这是我为婆婆做的最后一件事情，代她也代我自己，谢谢大家。来宾会在我们下跪后，迅速过来搀扶，嘱咐一句"不要太难过，老人家走得也算安然"。

最隆重的礼节，是在婆婆娘家人要来前（一直到今天我其实也没太搞明白，为什么在这种场合，娘家人会这么威武，要知道，平时奉行的是"嫁出去的女儿泼出去的水"）。嫂子告诉我，赶快走到村口去迎接，唢呐队也跟着我们一起去。我糊里糊涂地跟着，站在村口等，有人跑来跑去报告："车到前面了""堵住了""车到了""走过来了"。我仿佛看到《红楼梦》里元妃省亲的那段场景，哥嫂搓着手，原地转来转去。忽然闻得一声"来了，来了"，只见哥哥嫂嫂就地跪下，唢呐声划破长空，鼓乐齐鸣。我也赶紧拉着女儿跪下，嫂嫂大哭起来，用客家话唱着哭调，大意是妈妈你怎么就走了，我们都舍不得你之类的。

我趴在地上，只见一双双脚从我面前快速地走过。正当觉得膝盖又疼起来的时候，有人来拍我肩膀让我赶快起来，原来嫂嫂已经快步赶上前面的队伍，我顾不得膝盖疼赶紧跟上去。只见娘家人很识相地在灵堂门口站定，整齐地排成一队，等着我们走入灵堂各就各位。看我们都准备好了，他们再一个个进来祭拜。

嫂子还是一样要哭着唱一番，旁边人也来劝我们节哀啦，别难过啦，婆婆走得安详啦……。等他们都拜完了，纷纷到院子里去吃饭了，嫂子一抹眼泪，又带着我们去敬酒说笑去了。

啊呀呀，这样的丧礼怎么像演戏？这就是我以前最为批判的虚情假意呀，就是我最为看不明白的、借着死者的名义大吃大喝呀。可现在，我却跟得有滋有味，仿佛自己也成了名角儿，在一出戏里进进出出，掌控自如。

这样的丧礼，给你时间去哭、去念、去守护，但也让你别太沉沦；哭有真心的哭，也有哭给别人看，要停的时候还要停得住，个中虚虚实实你心知肚明就好。《中庸》说："喜怒哀乐之未发，谓之中；发而皆中节，谓之和。"什么叫作"和"？这就是"和"。不仅看到自己的悲伤，也看到他人的关怀；可以有对逝者的不舍，但还有很多事情等着去做，哪里容得你一蹶不振？

曾经对红白喜事上都要吹唢呐不理解，明明是难受的时候，为何要如此高亢嘹亮？亲身经历，才知以一曲唢呐致敬亡者，金光灿灿。而失去亲人的痛苦在这样的音乐面前，居然慢慢愈合。丧礼的过程中，送葬的直系亲属是要把衣服反过来穿的，最后一天送走婆婆骨灰后，一邻居大娘立刻走过来把我们的麻布扯掉，让我们把衣服穿好，"都过去了，翻喽翻喽"。晚上那出表演，有边唱边烧纸钱的，有表演《西游记》的，鬼哭狼嚎般的演唱让我只能塞住耳朵，把氛围衬托得更不像是一件悲伤的事。

于是，整个丧礼，就在这样的真真假假、虚虚实实中进行着。该表达的悲伤表达了，该为婆婆做的也都做了，人虽然很累，但心也就安定了，该放下的倒也全都放下了。

整个过程，没有人介意骨灰盒要买多贵重的，也没有为墓碑的豪华与否争论的。大家来帮忙，尽的是一份心，还得是你平时积累下来的一份情。大家看的是你在亡者面前哭了没，你在我面前又笑了没，你难过了，但也别老是难过，人生的路长着呢。真正是皆大欢喜。

亡者与生者

我曾了解过一点佛法，对比中国民间的丧礼，二者的着力点完全不同。佛教，更重视亡者，或者说更重视来世。人死后，四十八小时内不要触碰，因为他感觉高度敏锐，他会因为不舒服而起嗔恨心；家属不可以哭，甚至连心里的不舍都要控制，因为这样亡者会牵挂，会影响他投胎转世；四十九天内要为亡者超度，不可杀生，要为亡者累积功德；等等。

民间的丧礼，除了纪念亡者，也更为重视生者。婆婆丧礼的每个环节都由村里的"八仙"操持并计算时辰，因为要在吉时以保护风水保护后代；丧礼上杀猪宰鸡以做祭拜，并用畜生的血来辟邪，以使鬼魂等不来伤害生者；婆婆的墓地就在后山上，选择放在哪个方位也是考虑能否庇护子孙。

丧礼结束的那天下午，老公和哥哥一起去婆婆的娘家回礼，表示人虽然走了，但是我们的关系还在。头七那天，娘家人也要再次上门，表示他们也同意继续保持关系。

我们相信，婆婆知道这一切，婆婆以一种更高的能力存在于天地间，她是乐意看到这一切的。而我们更希望，我们的后代也能永远和谐相处，当我们离开世间的那一天，孩子虽是独生子女也不会孤孤单单，也会有这么多的人来帮助他一起操持一场华丽厚重的谢幕仪式！

清明归乡

韩正文

　　2018年上半年例行性的出差，临出发前，新合作票务公司的工作人员发现我竟然是个女的。而我机票上的性别，他们根据助理给的名字，没再多做确认，想当然地记为男性。于是我只好十万火急地传了护照数据佐证，及时更改机票上的性别信息，才不致被挡在航空公司的报到柜台，误了正事。

　　从小到大，屡屡遭遇被"变性"的尴尬，常令我啼笑皆非。可这错又怪不得人，问题在父亲给我取的名字。

　　童年时住台中的乡下。那个年代，女孩儿的名字里，哪个没有"铃""娟""淑"？哪个不是"兰""秀""华"的？这些字听起来多秀气、多婉约啊！两个姊姊的名字也都娟秀。偏偏生到我，父亲好像算准了我不是个安分的孩子似的，突然想到给这个老三排家族辈分。于是，本来取好的名字，硬生生地大转弯，排入"正"字辈，最后一个字，就避开所有父亲记得的长辈名，取了"文"。

　　这下可好，入学后，每每上课点名，总被老师误认为男生，引来全班哄堂大笑。学业成绩还行，常得上台领奖状，但我从来没高兴过。因为每回被唱名上台时，总是被不认识的同学们讪笑我是个取了男孩儿名的女孩儿。这让本就害羞寡言的我，总是窘得无地自容。我因此常向父亲抱怨，为何要给我取个让人笑话的名字？父亲总是耐心地跟我解释："你的名字可有意义呢！老家只有男孩儿才排辈分，我偏让女孩儿也排。而且你看，两个字只有九画，写起来多省事！"当时的我，哪里听得进去？只觉得我根本就是父亲思乡情切下的"牺牲品"。于是，有个女性化的名字，成了我幼小心灵最华丽与遥不可及的梦想。

20世纪80年代，父亲辗转跟沛县老家的家人联络上，开始偷偷地通信。每次放学回家，只要感觉平时沉稳的父亲，情绪特别的波动，就猜想应该是又收到老家的来信了。

记得父亲总是拿着粗糙泛黄的信纸，津津有味、欲罢不能地一读再读。读完之后再小心翼翼地把信收进抽屉的隐秘处。有一回父亲看完信，喊着我的小名很得意地跟我说"真是心有灵犀啊！老家'正'字辈的老大竟然也叫'正文'"。听父亲这么一说，嘿嘿！这下我可转了起来。想不到我这总是引人讪笑的名字，竟然"大有来头"呢！

20世纪90年代随父亲返乡探望爷爷，一回沛县老家就发现，全村几百口人，百分之八十以上姓韩，或远或近，全都沾亲带故。祖先从陕西辗转来到河南，最后落脚沛县。从来没遇到过这么多姓韩的，也不知道自己竟然会有这么多亲戚，一时间让我慌了手脚。

看到父亲恭敬地喊着只长他一岁的一位亲戚"姑奶奶"，我简直不可置信。晚辈中有两位小女孩儿，明明只差个三两岁，一个叫我姊，另一个却得喊我姑，这一切实在让我万分错乱。为了避免失礼，每见一位亲戚，我总是先偷偷确认对方的名。"大"字辈的一律得称老爷爷，"有"字辈的要喊爷爷（即使根本没长父亲几岁)，"方"字辈比父亲大的得喊大爷、比父亲小的得喊叔叔，"正"字辈的就论年纪，以兄弟姊妹相称。而当我这个小"正文"第一次返乡时，正字辈的老大、大我二十岁已经当爷爷的老"正文"，可是一脸严肃又害羞地喊我一声妹妹呢！遇到"兆"字辈的，我就神气了，每个都得乖乖地喊我姑，有几个年纪与我差不了几岁。拿着相机帮一群"谊"字辈的孩子拍照，我这"姑奶奶"可拍得一点都不含糊喔。

多年后上了薛仁明老师的课才理解，为何家族名字要排辈分了。必也正名乎，不然就都乱了套。从小认知的"长幼有序"，一直以为只有年龄的差距，原来辈分的高低才是重点。

在中国传统的家族思维里，很少凸显个人，个人的存在依附在绵密的家族网络里，是靠这个绵密的网络来定位每个人的。就如同读《史记》中的《高祖本纪》，刘邦哪需要名字啊？就是刘家排行老三的刘老三。脱离了家族网络，个人是没有太多意义的。家族网络就如同拼图般复杂有趣，每个人就像一块小小的拼图片，虽然渺小但又一个都不能少，得都放对了位置，拼图才能拼完整。因为跟着父亲返乡，我才真切地感受到我的名字除了有着父亲对我很深的期许，更有着来自家族的传承与延续。

沛县地处黄淮平原，之前不太富裕，就因为出了个平民天子刘邦，让这个县承载着不成比例的盛名。20世纪90年代的沛县老家，除了一望无际的小麦田还是小麦田。在麦田里，常常可以看到远远近近一个个的黄土堆。好奇的我，问亲戚那是啥？他们就很淡然地指着一个个黄土堆告诉我，哪一个下面是老爷爷、哪一个下面是二老爷爷、哪一个下面是大爷爷、哪一个下面又是谁家的爷爷或奶奶……经他们这样一"指点"后，胆小如鼠的我，即使大白天经过那些麦田，都开始东张西望、变得疑神疑鬼。这般胆小的行径，让老家的亲戚笑弯了腰。而他们在面对许多祖先长眠于下的土地时，脸上展现的踏实自在，则是当时的我，完全无法理解的谜。

父亲过世后，很长一段时间，心里极不踏实。即便常去安置父亲骨灰的灵骨塔跟父亲说话，依然觉得东飘西荡。一直试图去寻找与父亲的联结，只为能重温父亲在世时那原有的安稳。2013年和2014年，在中断了快二十个年头之后，连着两年独自回沛县省亲，跟老家的亲戚又联系上。尔后，因缘际会地在台北书院听薛仁明老师的课。从出入天人之际的刘邦到祭祀与格物的联结，再透过老师在戏曲欣赏中的提点，在台湾被称为"外省第二代"，长期与天地、历史及祖先断开的我，就这样慢慢沉淀梳理出寻觅已久的安稳之道。

2018年过年时跟姊姊约好，清明一起回沛县扫墓。行前与姊姊还有外甥女折了许多七彩纸莲花，准备烧给爷爷奶奶还有在沛县老家的祖先们。

几年没回去，老家原本一望无际的麦田变成棚棚相连到天边的塑料大棚，里面栽种着可以短期获利的各类蔬菜。原本一年只能一收、几乎无利可图的小麦，变成一年至少四收的蔬菜。这转变让老家的人忙得不可开交同时大大地改善了生活。从他们黝黑的刻满风霜的脸庞与布满厚茧双手上，我看到更多的踏实与自信。村里的主要道路从坑坑洼洼的泥巴路，变成了水泥路。电动农用车穿梭在绵亘田间的小路上，世代居住在这里的家族父老们，终于可以不用再如以前，只能纯然用体力的劳动换取生活所需了。

清明未到，田间隆起的土堆旁，已经能见到祭拜过的痕迹。家族亲戚在农忙之余，边帮着我跟姊姊折纸莲花，边跟我们聊着家族历史与往事。我像块干透了的海绵，听得认真，记得仔细，就怕有所遗漏。

去祭拜爷爷奶奶的那天早上，八十三岁的婶婶来的比平常晚。正在纳闷被啥事给耽搁的时候，看见婶婶跟堂妹从外头急急忙忙地走进来，手里拿着两根如小指般粗细、手臂般长的树枝。耳背的婶婶用浓重的乡音跟我解释："这是榆树枝，俺特别去找的，等会儿俺绑七朵纸莲花在上面。正文啊！你要把它插在爷爷奶奶的坟头上。"我好奇地问婶婶原因，婶婶说："这是亲的啊！是有直接血缘的亲人来看了啊！你是爷爷奶奶的孙，你爸爸给你取了'正文'这个名，即便是个女娃，也要插上的。要让人看、要让大家知道的啊！"听到这儿，我只能用尽全身的气力，以无语来强忍住即将掉下的泪。儿时跟父亲胡闹，要求父亲给我改回原来取的女孩儿名的一幕幕，霎时全涌上心头。我多么感谢父亲没有理会我的胡闹，我舍近求远绕了一堆冤枉路后，这才发现，父亲早早就给了我满满的祝福。

在堂兄弟们跟婶婶的陪同下，走在田间小路上，穿过一片又一片的田地，到了爷爷奶奶的坟前。我们拔掉坟上的野草，堂兄弟们添上新的黄土后，我跟姊姊跪在爷爷奶奶的坟前磕头。我在心中一直跟爷爷奶奶道歉，隔这么久才来看他们。我不断地跟爷爷奶奶说，台湾的家人，一切安好。烧了给爷爷奶奶折的纸莲花后，我恭敬地把婶婶刚刚用榆树枝绑上纸莲花做的幡，插在爷爷奶奶合葬的坟头上。心中长期累积的不安，就随着这榆树枝做成的幡，定在祖先的土地上。

老家的族人，除了极少数，基本上没读过太多书。帮我用榆树枝做幡的婶婶，根本不识几个大字。

他们世代居住在这片土地上，辛勤地劳作维生、乐天知命、繁衍后代。他们不懂繁文缛节，更没见过啥世面，但他们却在父亲离家后，理所当然地代替父亲奉养着他们口中的三爷爷，也就是我的爷爷。他们书读得不多，但他们会在日常生活中跟子孙们讲述祖辈的事迹还有做人的道理。他们会指着田间隆起的土堆，跟手上抱着的儿孙说，哪堆是爷爷，哪堆是老爷爷，哪堆又是大家的老爷爷。他们没有远大的目标或理想，他们也不曾无病呻吟地追寻自我，他们只是安稳地守着历代祖先的土地，一代传着一代，他们过得如此踏实，而我却过得惴惴不安。

在爷爷奶奶坟前磕头的当下，我不再是当年跟在爷爷的板车旁在村里溜达，让爷爷逢人便说"这是俺孙女，大学本科毕业的"正文，更不是族人口中第一个喝过洋墨水的正文，而是三爷爷的孙女、是父亲期许最深的女儿、是沛县"昼锦堂"韩家的子孙。我这块迷路已久的小拼图片，终于摆对位置，回到家族网络的拼图里。

爷爷奶奶的坟头，在父亲走后的第十四年，再度插上直系血亲祭拜过、上头绑着七彩纸莲花的幡。

阳光下，那莲花迎风摇曳，自在安详。